Touren für Genießer

Der nördliche Schwarzwald für Wandermuffel

Gemütlich unterwegs auf leichten und kurzweiligen Touren

J. BERG

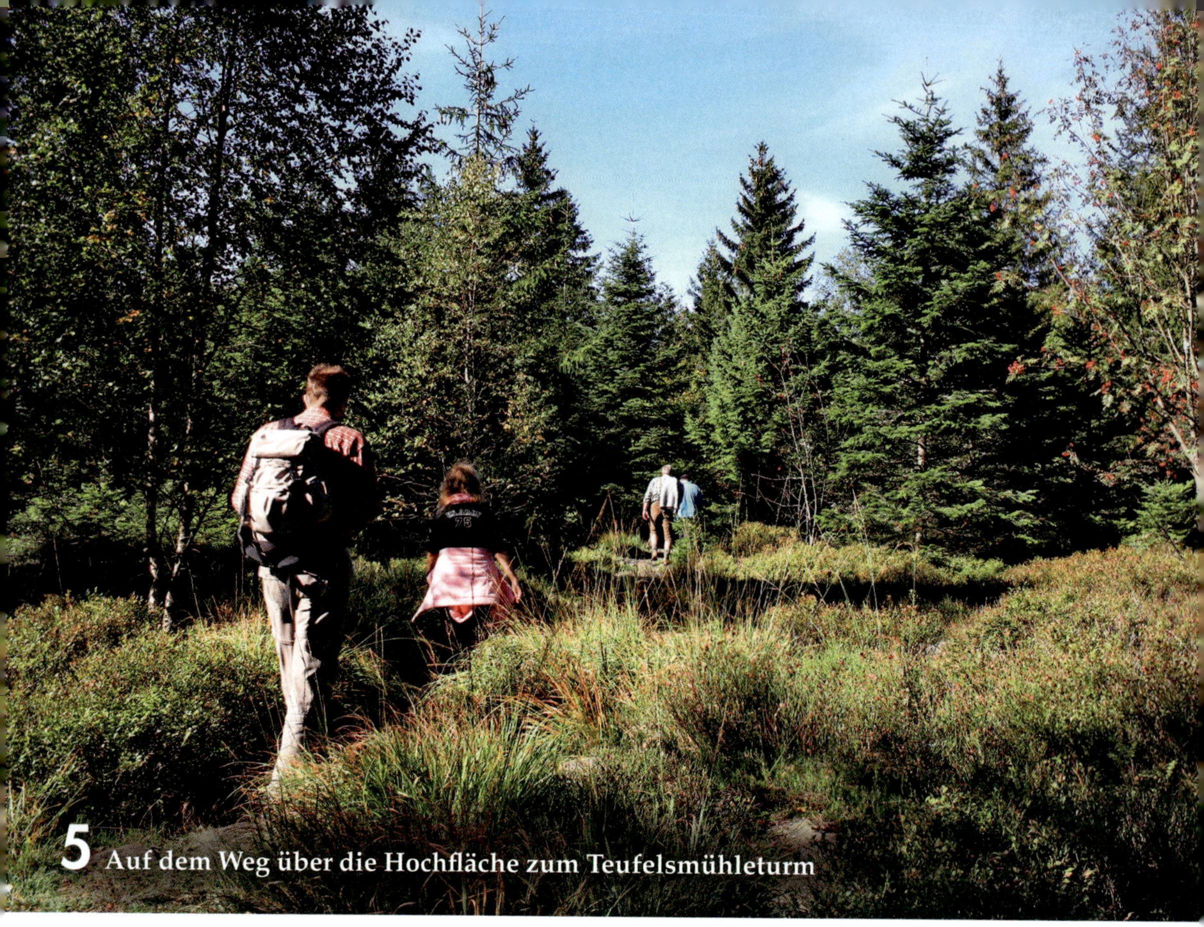

Inhalt

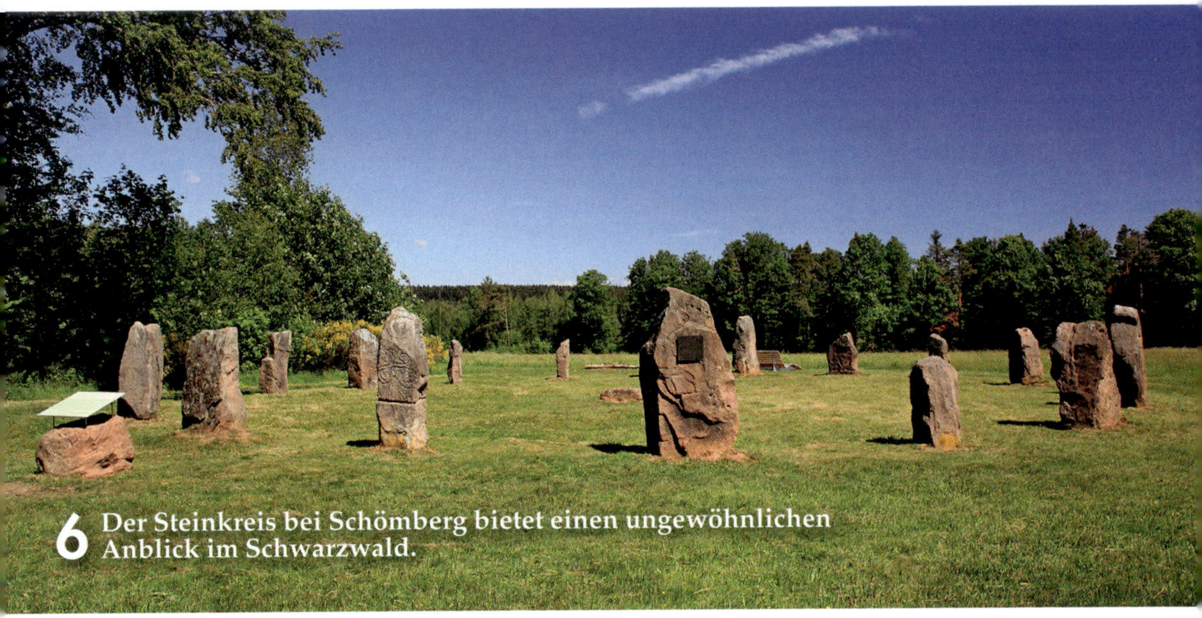

6 Der Steinkreis bei Schömberg bietet einen ungewöhnlichen Anblick im Schwarzwald.

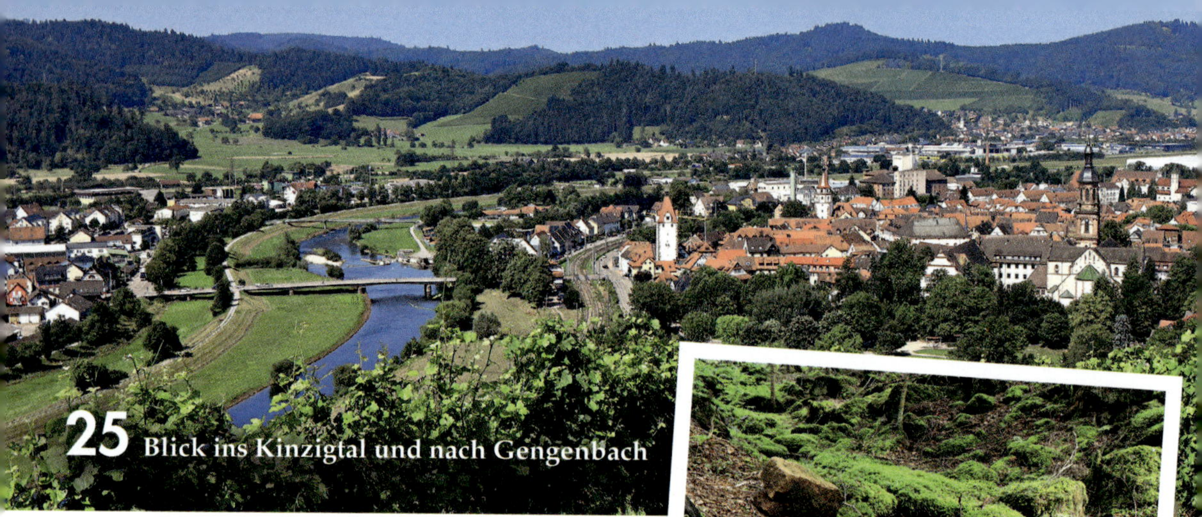
25 Blick ins Kinzigtal und nach Gengenbach

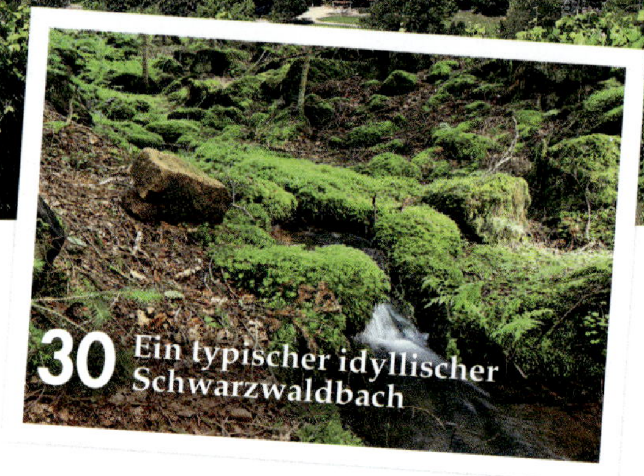
30 Ein typischer idyllischer Schwarzwaldbach

Tourenüberblick

Tour		km	Hm	Std.	Einkehr	Kinder	Kultur	Sommer	Winter	Blüte	Bergbahn	ÖPNV	Rad
1	Panoramatour über Ettlingen	3,7	120	1.10	•	•	•		•	•		•	
2	Pfinzgaublick von der Schwanner Warte	7,9	140	2.10	•	•	•		•	•		•	•
3	Von Waldrennach zum Angelstein	5,5	170	1.40		•	•			•		•	
4	Über das Alte Schloss zu den Battertfelsen	3,3	170	1.10	•	•	•			•		•	
5	Vom Teufelsmühleturm zum Langmartskopf	5,9	100	1.40		•	•	•		•			
6	Schömberger Attraktionen	7,3	150	2	•	•	•	•	•	•		•	
7	Am Rand des Schwarzwalds	6,9	180	2	•	•		•	•			•	
8	Vom Merkurgipfel zur Talstation	9,6	50	2.45	•	•	•			•	•	•	
9	Auf den Sommerberg bei Bad Wildbad	8,6	120	2.15	•	•	•		•	•	•	•	•
10	Zur Einsiedlerhöhle	8,4	270	2.30	•	•	•			•		•	
11	Zur Krokusblüte nach Zavelstein	9	180	2.30	•	•	•		•	•		•	
12	Blick ins Rheintal vom Mehliskopf	8,5	220	2.30	•	•	•	•		•		•	
13	Von Herrenwies zur Badener Höhe	7,4	260	2.15	•	•	•			•		•	
14	Um die Schwarzenbachtalsperre	6,6	100	1.45	•	•	•	•	•	•		•	
15	Mummelsee und Hornisgrinde	5,3	150	1.30	•	•	•	•				•	
16	Wilde Natur beim Vogelskopf	6,4	145	1.45	•	•		•				•	
17	Vom Schliffkopf über den Grindenschwarzwald	5,5	80	1.30	•	•		•				•	
18	Hinauf zum Rinkenturm	7,1	170	2	•	•	•		•	•		•	
19	Vorbei am Märtesweiher	7,5	150	2.10	•	•		•	•	•		•	
20	Rund um Kälberbronn	4,7	90	1.15	•	•		•		•		•	
21	Über den Egenhäuser Kapf	5,3	90	1.30	•	•		•	•			•	
22	Vorbei am Freudenstädter Aussichtsturm	8,2/ 6,2	70	2.10/ 1.40	•	•	•		•	•		•	•
23	Durch den Freudenstädter Wald	8,5	50	2.10	•	•				•		•	
24	Vom Zauberland zum Aussichtsturm	4,7	100	1.15	•	•	•		•	•		•	
25	Durch die Weinberge von Gengenbach	8,8	130	2.30	•	•	•	•	•	•		•	
26	Von Reinerzau zum Stausee Kleine Kinzig	5,1	110	1.40		•				•		•	
27	Auf den Brandenkopf	4,1	170	1.15	•	•	•			•			
28	Um St. Roman	5,5	140	1.40	•	•				•			
29	Aussichtsturm auf dem Mooswaldkopf	8,9	110	2.30	•	•	•	•		•			
30	AugenBlick-Wanderung bei Tennenbronn	7,5	100	2	•	•		•		•		•	

Vorwort

Liebe Leserin, lieber Leser,

Wandern ist »in«. Man wandert wieder – alleine, zu zweit, in der Familie oder im Freundeskreis. Nun ist aber eine gestandene Wanderung durchaus eine tagesfüllende Unternehmung, es geht rauf und runter und man sollte nicht nur Zeit, sondern auch etwas Kondition mitbringen. Was ist aber, wenn man dies alles nicht hat? Oder wenn man zwar wandern will, aber die Sache gemütlicher angehen und sich Zeit lassen möchte? Zeit für Pausen, zum Schauen und Genießen oder einfach, um langsamer zu gehen?

Ein normaler Wanderführer ist darauf nicht eingerichtet, dort werden »richtige« Wanderungen über Stock und Stein und über mehrere Stunden mit zum Teil kräftigen Höhenunterschieden beschrieben. Hier wird aber ein Wanderführer vorgelegt, in dem es gemütlich zugeht. Es sind trotzdem Wanderungen und keine Spaziergänge. Sie können sich also schon mal auf einem Naturweg verlaufen und auch auf und ab gehen. Insgesamt sind sie aber gemütlicher. Sie sind kürzer, zwischen sechs und zehn Kilometer lang und so ausgelegt, dass sich die Höhenunterschiede in Grenzen halten. Oft führen sie zu einer gastlichen Einkehrstätte oder zu einer Sehenswürdigkeit.

Alle Touren verlaufen im nördlichen Schwarzwald, der aber in diesem Buch auch einen Teil des sonst Mittlerer Schwarzwald genannten Gebietes mit einschließt. Die südlichsten Wanderungen liegen kurz unterhalb des Kinzigtals. Das Schöne an diesen Gebieten ist: Man kann dies alles genießen, man kann sich Zeit lassen. Die Zeit, die man braucht, liegt zwischen zwei und drei Stunden – für »richtige« Wanderer eher eine Halbtagesetappe, für gemütliche aber eine Unternehmung, bei der der Spaß an der Bewegung an der frischen Luft nicht zu kurz kommt. Total erschöpft ist hinterher niemand!

Ich wünsche Ihnen frohe Wandertage, allzeit schönes Wetter und viele angenehme Begegnungen.

Dieter Buck

Einleitung

In diesem Buch sind kürzere und eher gemütlich zu gehende Wandervorschläge beschrieben. Meist sind die Wanderungen zwischen zwei und drei Stunden lang. Sie verlaufen in der Regel auf festen, geschotterten oder asphaltierten, einzelne Teilstrecken aber auch auf unbefestigten Wegen. Höhenunterschiede fallen zwar nicht übermäßig an, aber je nach Tour sind es mal mehr, mal weniger. Wie der Weg beschaffen ist, wird im Infoteil jeder Tour genannt.

Die Wanderungen sind vom Frühjahr bis in den späten Herbst möglich, wobei man berücksichtigen muss, dass in den höheren Lagen oder im dichten Wald der Schnee etwas länger liegen kann. Bei feuchtem Wetter sollte man Routen bevorzugen, die auf festen Wegen verlaufen, denn unbefestigte sind bei Feuchtigkeit schmierig und glitschig und schlecht zu begehen.

Orientierung und Karten

Die Wanderungen dieses Buches orientieren sich meist an den markierten Wanderwegen des Schwarzwaldvereins. Die entsprechenden Wanderschilder und Wegweiser dieses Vereins sind genau angeführt. Wege, die sich nicht an den vom Schwarzwaldverein markierten Routen orientieren, sind mit ihren Verzweigungen genau beschrieben, sodass es eigentlich keine Probleme mit der Orientierung geben dürfte. Zudem sind die Wegverläufe auf den Wanderkarten im Buch gut ersichtlich.

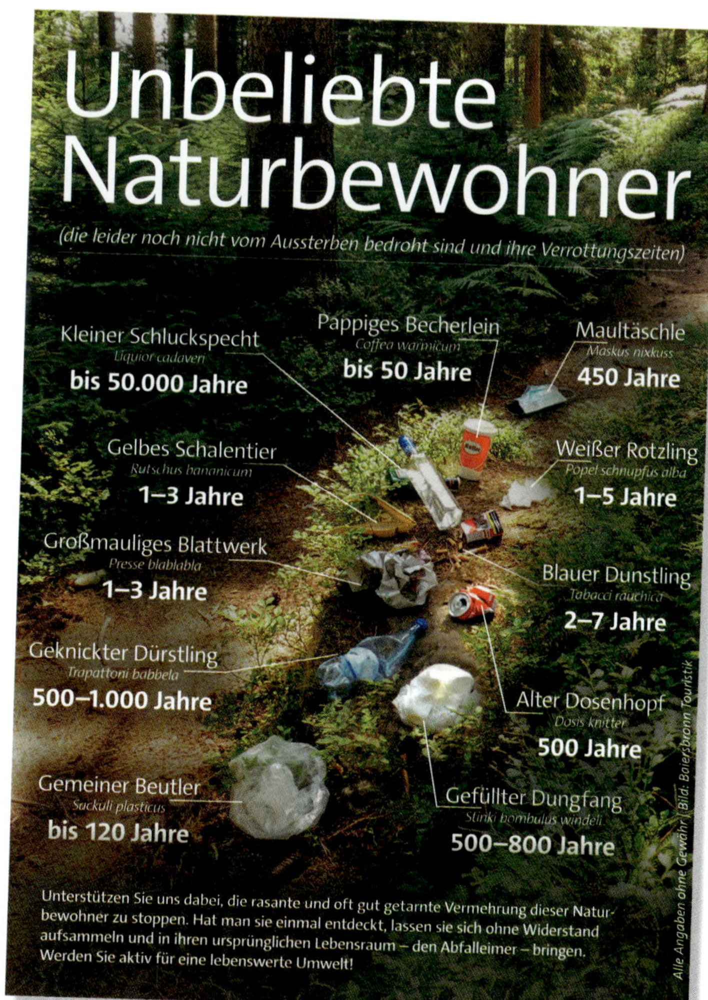

Sollte es doch einmal Probleme mit der Orientierung geben, sind die beiden Apps Maps.Me und Phonemaps für das Smartphone nützlich. Sie sind beide kostenlos, benötigen unterwegs fast kein Netz – ich hatte eigentlich nie Probleme bei der Benutzung – und arbeiten auf GPS-Basis einwandfrei. Mit ihnen kann man sowohl seinen Standort wie auch den Verlauf der Wanderwege selbst im Wald bestens feststellen. Auch mit Komoot habe ich gute Erfahrungen gemacht. Wer sich die angebotenen Tracks zu den Wanderungen herunterlädt, hat eh keine Probleme mit der Orientierung.

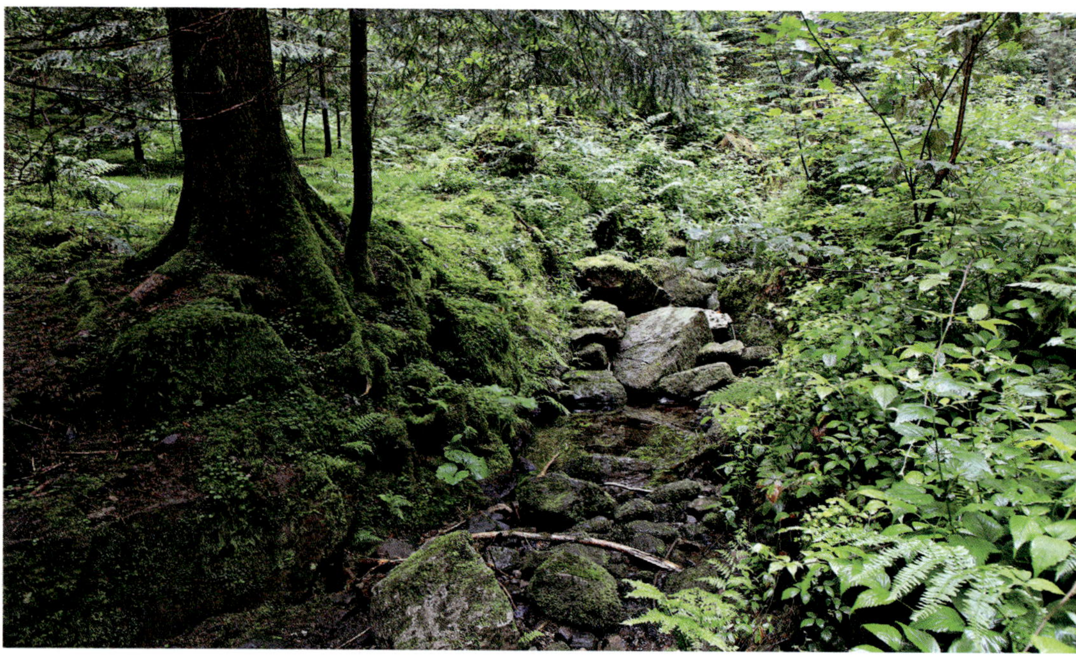

Ab und zu bietet sich uns auch ein Blick in noch wilde Waldstücke, in welchen der Wald sich selbst überlassen bleibt.

Zumindest im Hinterkopf sollte man außerdem ungeplante Verzögerungen einkalkulieren. Diese sind schließlich immer möglich – sei es weil man einen Abzweig verpasst hat oder aus anderen Gründen einen Umweg gegangen ist oder weil ein Weg wegen Waldarbeiten gesperrt oder sonstwie unpassierbar ist. Aus diesem Grund ist die Mitnahme einer guten Wanderkarte sehr zu empfehlen.

Deshalb an dieser Stelle ein paar erklärende Worte zum Thema Wanderkarten: Vor ein paar Jahren hat das Landesamt für Geoinformation und Landentwicklung Baden-Württemberg (LGL) mit der Herausgabe einer neuen Serie von Wanderkarten im

Maßstab 1:25 000 begonnen, die im Laufe der nächsten Jahre die bisherigen im Maßstab 1:35 000 nach und nach ersetzen werden. Wo schon neue Karten erschienen sind, sind sie bei den Kartenempfehlungen angegeben. Sollten noch keine neuen Karten vorhanden sein, habe ich die Freizeitkarten im Maßstab 1:50 000 eingesetzt. Da sie für Wanderungen aber etwas unübersichtlich sind, sollte man sich bei diesen Touren bei seinem Buchhändler erkundigen, ob es für die entsprechende Region schon neue Karten gibt.

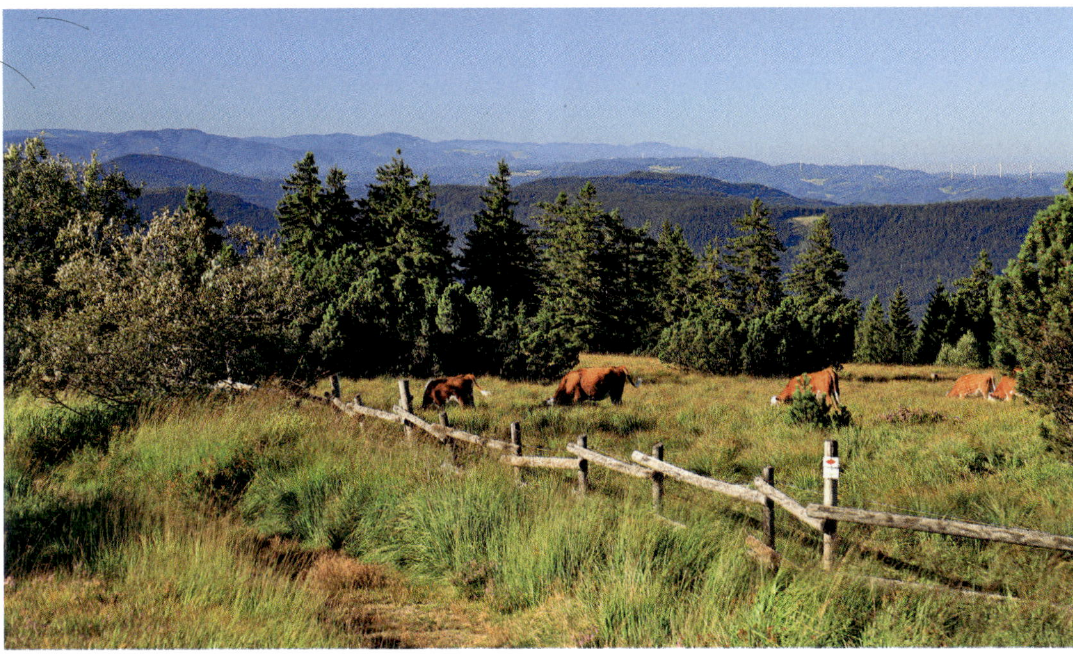

Blick vom Schliffkopf über die Schwarzwaldhöhen

Zeiten und Höhen

Es gibt feste Formeln für die Errechnung von Gehzeiten wie auch für die Höhenmeter. Dabei wird von vier Kilometern in der Stunde auf ebenen Strecken und Zuschlägen für Höhenunterschiede (eine Stunde für 400 Höhenmeter) ausgegangen. Danach sind auch die Angaben in diesem Buch ausgerichtet, wenn auch etwas nach oben gerundet. Entnommen wurden sie einer der gängigen Wandernavigationssoftwares. Pausen zum Ausruhen, Einkehren, Fotografieren oder um Infotafeln zu lesen sind dabei allerdings nicht mitgerechnet. Generell gilt, dass es sich bei den Angaben zur Länge und Dauer der Strecke und den Höhenun-

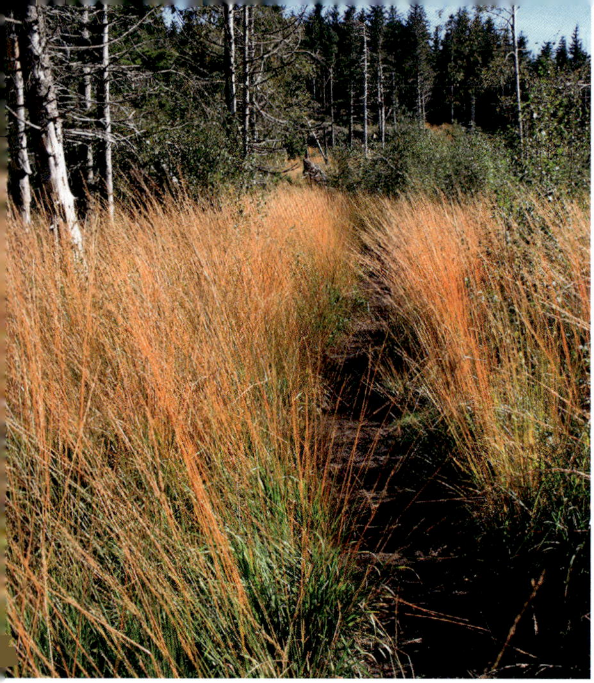

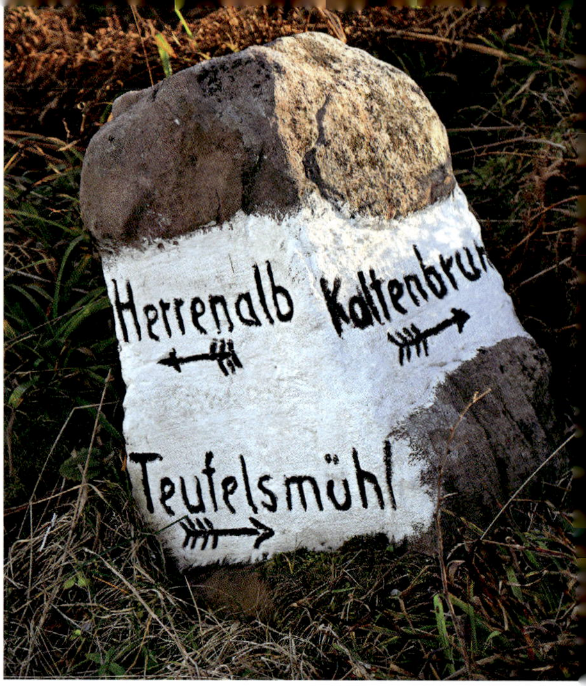

Links: Uriger Abschnitt auf der Hochfläche

Rechts: Immer wieder sieht man die ehemaligen Wegweiser: große, beschriebene Steinbrocken.

terschieden um ungefähre Zahlen handelt, individuelle Abweichungen sind natürlich möglich.

Sie werden vielleicht langsamer und gemütlicher unterwegs sein als »normale« Wanderer – bei den doch recht kurzen Touren dieses Buches ist das ja auch kein Problem. Spätestens nach den ersten beiden Touren wissen Sie aber selbst am besten, wie Sie sich einzuschätzen haben. Deshalb empfehle ich Ihnen, nach Ihren ersten Erfahrungen Ihre vermutete »echte« Gehzeit selbst festzulegen. Seien Sie dabei ruhig großzügig mit dem Runden nach oben – es ist immer besser, doch früher als geplant anzukommen, als am Schluss hetzen zu müssen.

Die Entfernungen und Höhenunterschiede wurden GPS-basiert ermittelt. Je nach Gerät und Software gibt es aber Unterschiede in der Messung – hundertprozentig genaue Angaben wird es wohl nirgendwo geben. Trotzdem dienen sie als gute Anhaltspunkte, an denen man sich orientieren kann.

Ausrüstung

Was braucht man zum Wandern? Eigentlich nichts Besonderes. Man zieht sich einfach wandergeeignete Kleidung an: gut waschbar, bequem und je nach Wetter auch wind- und regendicht (oder zumindest -abweisend), aber auch atmungsaktiv. Auch für einen

Anorak gilt das. Jeans als Hosen sind, wenn es nicht absolut regensicher ist, weniger geeignet: Sind sie einmal nass, dauert es lange, bis sie wieder trocken sind. Da man auf Waldpfaden auch manchmal auf engen Wegen geht, in die vielleicht dornige und stachelige Zweige ragen, sollte der Stoff fest sein und nicht gleich kaputtgehen, wenn man mal von einer Brombeere »angegriffen« wird. Bei Wanderungen, die teilweise auf wenig begangenen Wegen verlaufen, ist dies besonders wichtig. Der Fachhandel hat ein großes Angebot an wandergeeigneter Kleidung auf Lager.

Wichtig sind aber vor allem die Schuhe. Hier sollte man nicht sparen. Gute Wanderschuhe – wasserdicht, sodass man auch einfach mal durch eine Pfütze gehen kann, ohne sie mühselig umgehen zu müssen, knöchelhoch und mit einer Sohle, mit der man problemlos über Wurzeln und Steine steigen kann – sind sehr zu empfehlen. Hat man Kinder dabei, dann sind für diese gute, passende Schuhe noch wichtiger. Hier würde man am falschen Platz sparen, es wäre geradezu ein Verbrechen am kindlichen Fuß, dem Nachwuchs nicht das passende Schuhwerk zu besorgen.

Nützlich sind auch Teleskopwanderstöcke. Sie bieten nicht nur auf schwierigen Strecken eine gute Unterstützung und Hilfe, sondern entlasten auch beim Bergabgehen die Kniegelenke, die sonst übermäßig gefordert werden – das bekommt ihnen sonst auf die Dauer nicht besonders gut.

Schon immer beliebt war die Krokusblüte in Zavelstein.

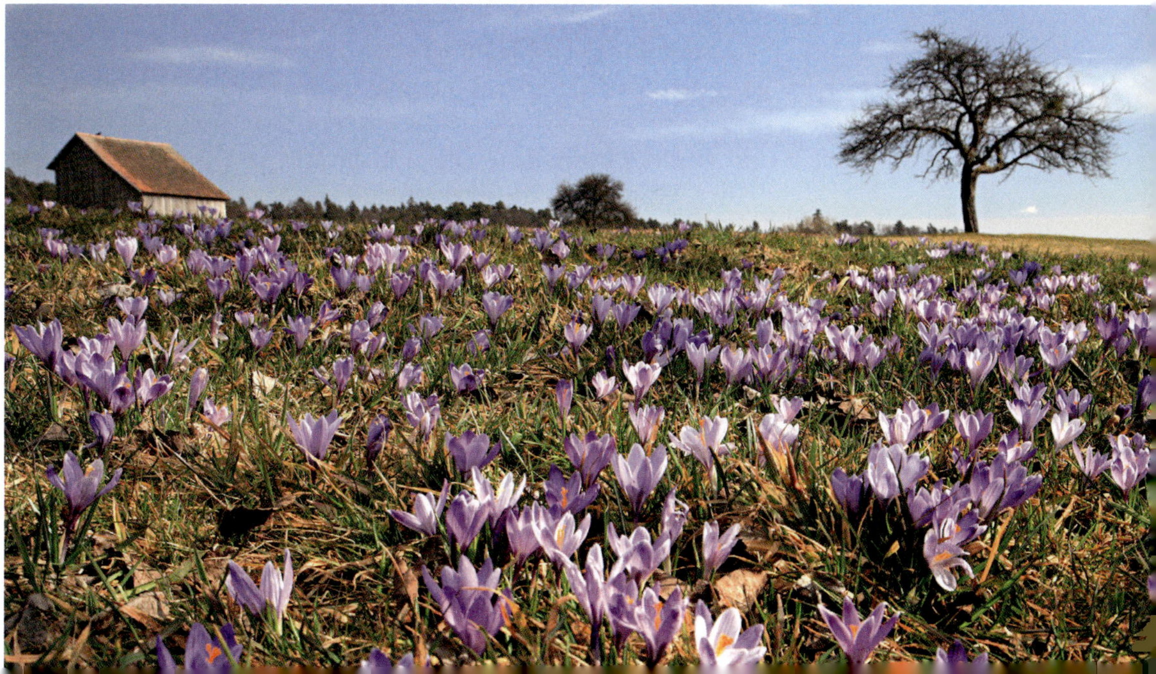

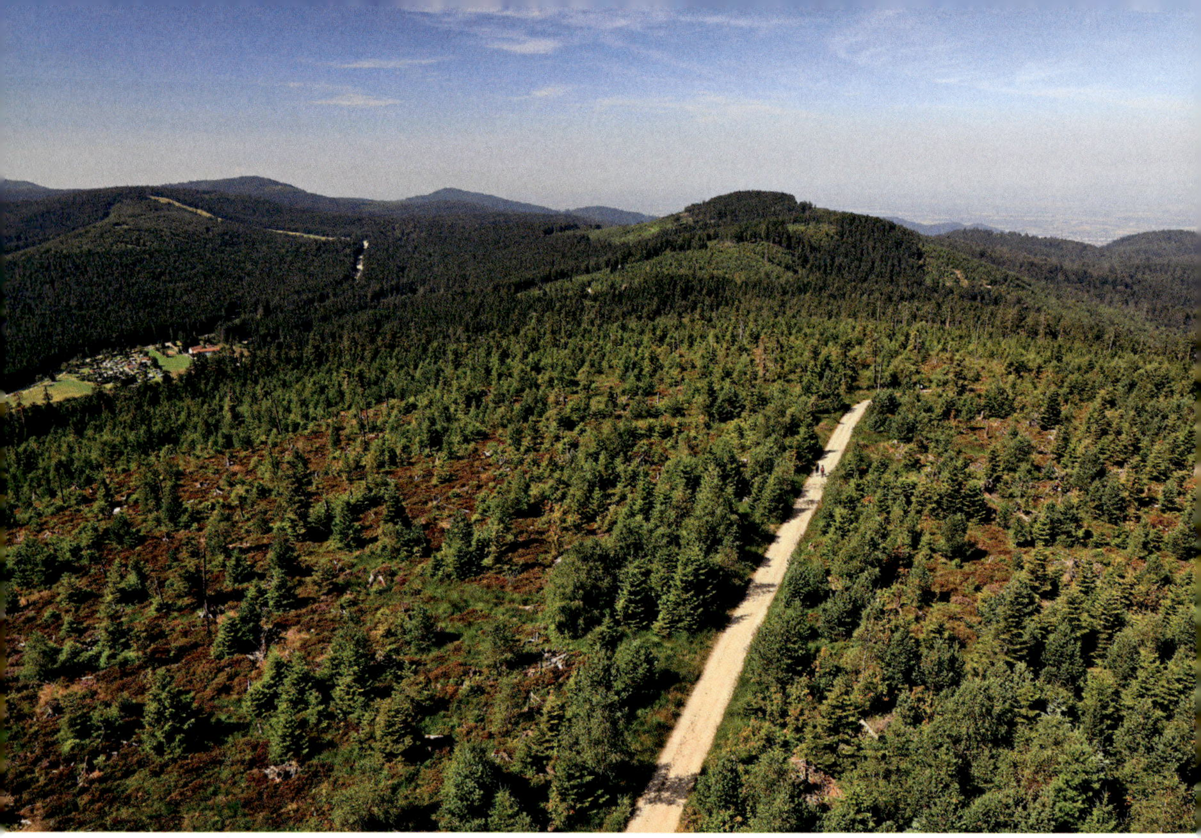

Blick vom Hohlohturm

Ganz brauchbar sind immer wieder ein Taschenmesser, eine Schnur und eine Tüte (für den Abfall, aber auch zum Sammeln irgendwelcher Fundstücke – vor allem, wenn man Kinder dabeihat). An mögliche Verletzungen denkt man nicht gerne, aber man sollte im Fall der Fälle vorbereitet sein. Gerade auf Pfaden hat man sich schnell mal den Fuß übertreten. Eine elastische Binde kann hier Wunder wirken und zumindest den Weg zurück zum Ausgangspunkt ermöglichen. Einen Schnitt, einen Riss oder eine aufgeschürfte Stelle hat man sich auch schnell zugezogen. Hier sind Pflaster oder Verband und ein Desinfektionsmittel im Rucksack hilfreich. Gegen Insektenstiche gibt es Mittel und Wege: Geräte, mit denen man einen Stachel oder das Gift in der Stichstelle entfernen kann, oder Salben, um den Juckreiz zu mildern, erhält man in der Apotheke.

Gefahren im Wald

Löwen, Tiger und giftige Spinnen treffen wir in unseren Wäldern zwar nicht an, aber es gibt ein paar Dinge, die in den letzten Jahren an Bedeutung gewonnen haben und über die man sich Gedanken machen sollte.

Waldgebiete sind immer auch Zeckengebiete. Auch der Schwarzwald ist nicht davon verschont. Und ein Zeckenbiss kann schwere Komplikationen verursachen, von Hirnhautentzündung bis hin zur Borreliose. Es empfiehlt sich dringend, geschlossene Kleidung zu tragen und die Hosenbeine in die Schuhe zu stopfen, um den Beißern die Angriffsflächen nicht gerade auf dem Silbertablett anzubieten. Nach der Tour sollte man sich absuchen, am besten sogar duschen, und bei Zeckenbissen in den nächsten Tagen auf Rötungen um die Bissstelle achten. Dann ist ein Arztbesuch angesagt. Gegen Hirnhautentzündung kann man sich impfen lassen – lassen Sie sich dazu von Ihrem Arzt beraten.

Auch die Gefahr durch den Fuchsbandwurm, einen Parasiten, der auch den Menschen befallen kann, ist nicht zu unterschätzen, man sollte sich deshalb vorsehen. Geschädigt werden vor allem die Leber, manchmal auch Lunge und Gehirn. Dass man befallen ist, wird oft so spät bemerkt, dass keine Hilfe mehr möglich ist. Vorsorgen kann man, indem man keine Beeren und dergleichen im Wald isst, zumindest keine aus Bodennähe, und sein Vesperbrot nicht ins Gras legt. Händewaschen, wenn möglich unterwegs, aber auf jeden Fall daheim, ist hier angesagt.

Information:

Naturpark Schwarzwald Mitte/Nord e.V.

Haus des Gastes
Hauptstr. 94
77830 Bühlertal
Tel. 07223/957715-14
www.naturparkschwarzwald.de
info@naturparkschwarzwald.de
naturparkschwarzwald.blog

Im Haus des Gastes gibt es auch einen Laden, in dem man verschiedene Produkte kaufen kann.

Ursache für eine Erkrankung durch das Hantavirus sind oft Rötelmäuse beziehungsweise deren Ausscheidungen. Sie werden beim Wandern zum Beispiel im trockenen Laub aufgewirbelt und der Erreger eingeatmet. Besonders hoch ist die Infektionsgefahr von April bis September.

Tetanus (Wundstarrkrampf) kann man sich durch eine Verletzung (Stich, Biss, Schnittwunde) und Verunreinigung der Wunde holen. Die meisten Menschen sind wahrscheinlich dagegen geimpft. Eine weitere Gefahr ist eine Blutvergiftung (Sepsis), die man sich durch eine Verletzung (Stich, Biss, Schnittwunde) zuziehen und die unbehandelt zum Tod führen kann.

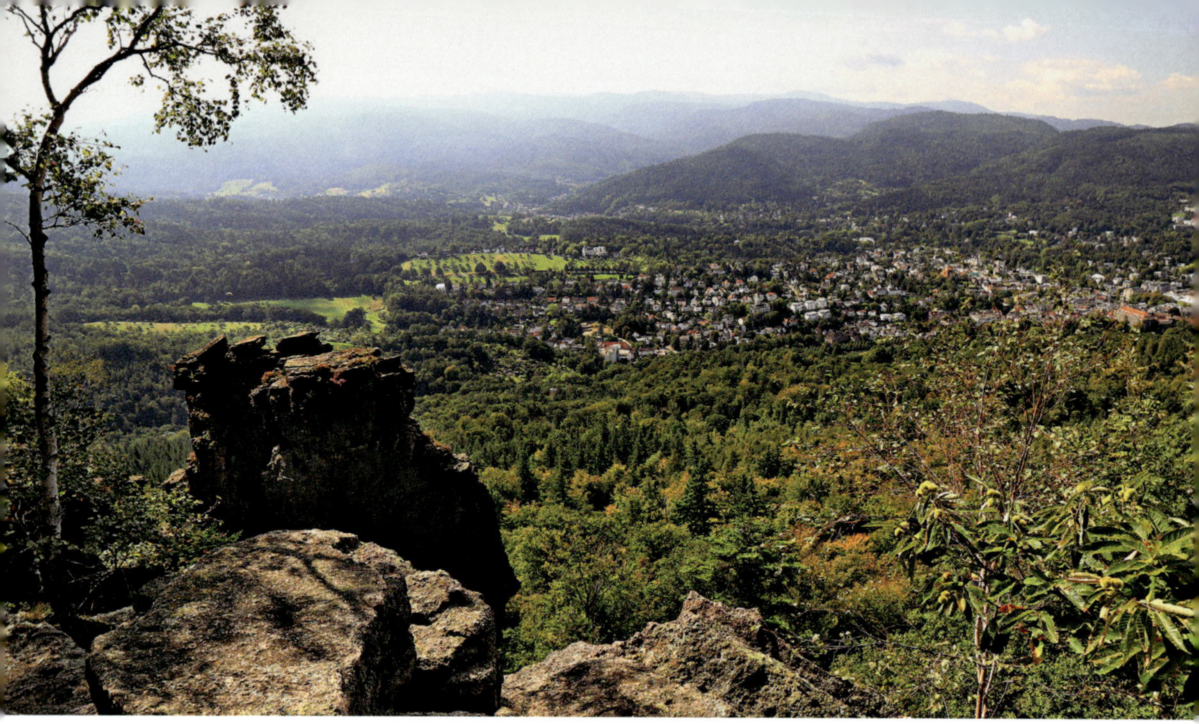

Blick über die markanten Kletterfelsen des Battert bei Baden-Baden

Sicherheit auf der Wanderung

Grundsätzlich sollte man seine eigene Leistungsfähigkeit kritisch betrachten. Schafft man die Strecke und die Höhenmeter? Dabei sollte berücksichtigt werden, dass man an heißen Sommertagen schneller an seine Grenzen kommt. Trotzdem ist es wichtig, immer genügend zu trinken dabeizuhaben, und ein kleiner Vorrat an Essbarem ist auch bei kürzeren Touren empfehlenswert.

Besser als alleine zu wandern ist es, wenn man mindestens zu zweit unterwegs ist. So kann im Fall des Falles immer einer Hilfe holen. Auch wenn die Strecke harmlos ist: Ein Fuß ist schnell verknackst und dann kommt man oft nicht mehr weiter. Alleinwanderer tun gut daran, irgendwo eine Info zu hinterlassen, wo und wie lange sie unterwegs sein werden.

Hilfe herbeirufen kann man mit dem Handy, das heute wohl jeder dabeihat, wobei es in manchen Tälern oder auf den Höhen um den Empfang eher schlecht bestellt sein kann. Lässt sich die Notrufnummer 112 nicht wählen, sollte man das Handy ausschalten und beim Wiedereinschalten gleich 112 eintippen, anstatt sich in sein eigenes Netz einzuwählen. Wenn man Glück hat, sucht sich das Gerät das nächste verfügbare Netz. Sollte es möglich sein, bewirkt ein Standortwechsel oft auch Wunder.

Naturpark Schwarzwald Mitte/Nord

Die Wanderungen dieses Buches finden alle im Gebiet des Naturparks Schwarzwald Mitte/Nord statt, dem größten Naturpark in Deutschland. Er wurde im Jahr 2000 gegründet, 2003 wurden 375 000 Hektar zum Großschutzgebiet erklärt. Seit 2021 ist der Naturpark 420 000 Hektar groß.

Von Nord nach Süd ist der Naturpark längstens 90 Kilometer lang, von West nach Ost 65 Kilometer. Teile der Landkreise Calw, Freudenstadt, Karlsruhe, Rastatt, Rottweil, des Enz- und des Ortenaukreises liegen im Naturpark, außerdem die Stadtkreise Baden-Baden, Karlsruhe und Pforzheim mit ihren 114 Gemeinden. Innerhalb des Naturparks liegt auch der Nationalpark Schwarzwald. Der Naturpark ist als Verein organisiert. Mitglieder sind 114 Gemeinden, sieben Landkreise, drei Stadtkreise und verschiedene Verbände innerhalb des Naturparks.

Ziele des Naturparks

- Bewahrung von Schönheit, Charakter und Vielfalt der Landschaft
- Erhaltung der Tier- und Pflanzenwelt
- Weiterentwicklung der Potenziale für Erholung und Tourismus
- Förderung der traditionellen bäuerlichen Landwirtschaft
- Sicherung der Pflege der offenen Landschaft

Zur Erreichung seiner Ziele (siehe Kasten) unterstützt der Naturpark Projekte im Bereich des nachhaltigen Tourismus, der Regionalvermarktung, des Erhalts der Kulturlandschaft und des Naturschutzes sowie der Umweltbildung. Zwei dieser Projekte sind die GeoTouren und die Wanderungen der Naturpark-AugenBlicke, von denen auch einige in diesem Buch beschrieben sind. Diese Rundwege führen nicht nur in die wunderbare Landschaft, sondern haben als Ziel immer einen bestimmten Aussichtspunkt. Dort stehen eine Sitzbank, ein Tisch und – besonders wichtig – eine Panoramatafel, auf der die bedeutendsten Punkte der Umgebung bezeichnet sind.

Landschaftlich gesehen ist der Naturpark Schwarzwald Mitte/Nord sehr vielfältig: Man findet Berge, tief eingeschnittene Täler, Hochflächen – besonders interessant sind hier die Grinden –, Felsen, Wälder, Weiden, Moore, Bäche mit Wasserfällen und Karseen.

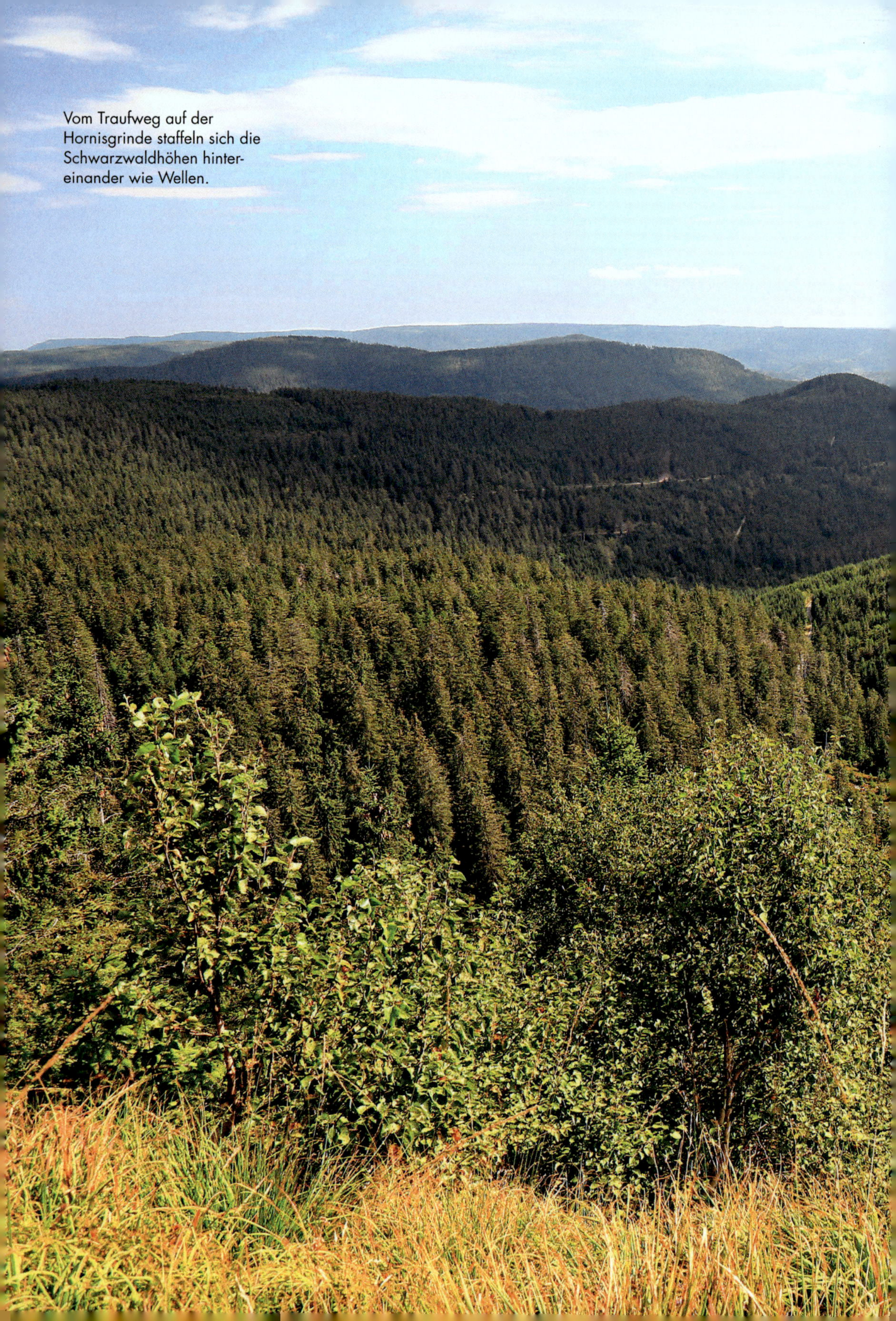

Vom Traufweg auf der Hornisgrinde staffeln sich die Schwarzwaldhöhen hintereinander wie Wellen.

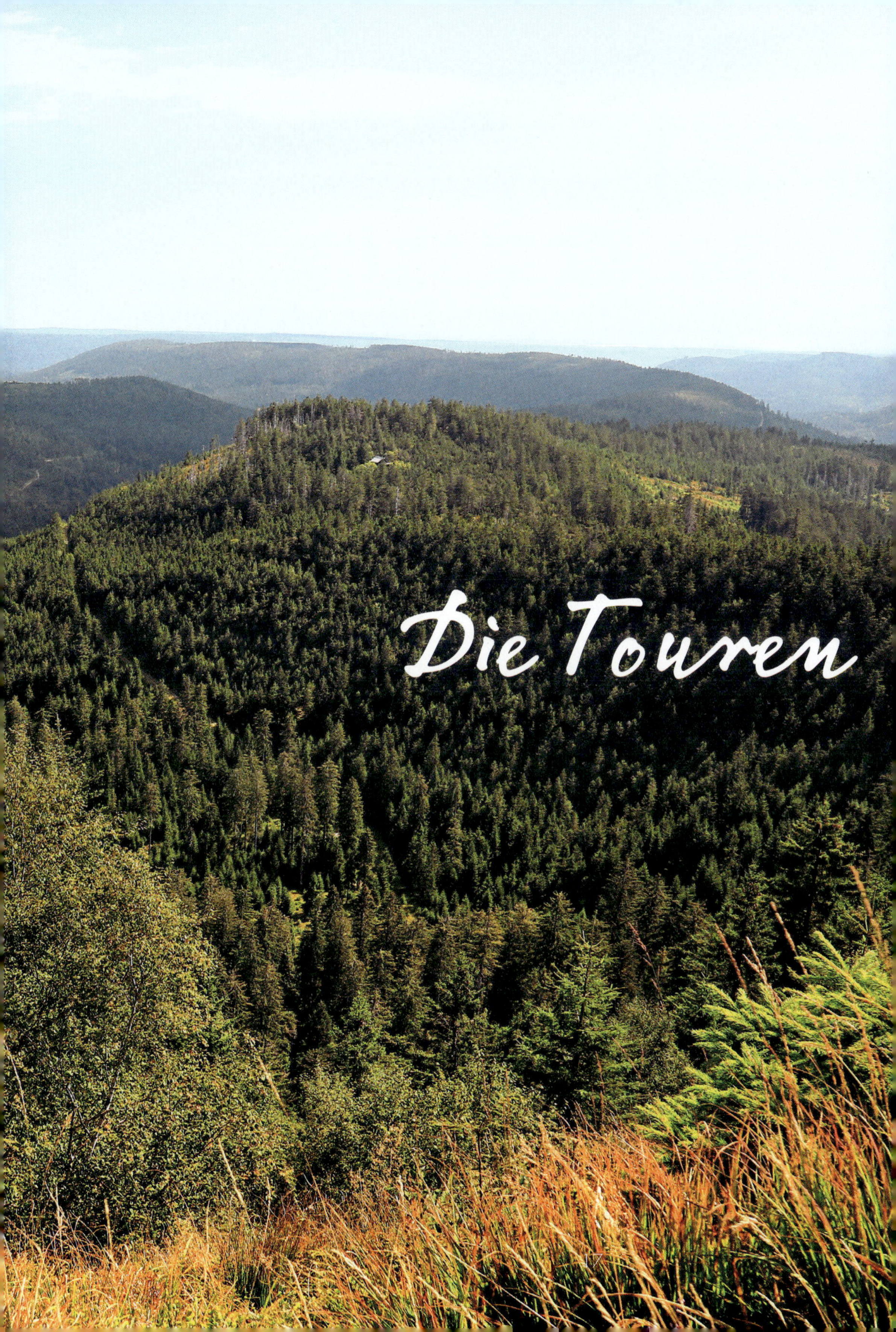
Die Touren

1 Vom Weißen Häusle zum Bismarckturm

Panoramatour über Ettlingen

mittel | 3,7 km | 120 Hm | 1.10 Std.

Altersempfehlung
Ab 8 Jahren

Tourencharakter
Steiler Anstieg auf holprigem Stein- bzw. Naturweg

Kinderwagen
Nein

Ausgangs-/Endpunkt
Ettlingen, Bismarckstraße, Parkplatz unterhalb des Wasserbehälters. Einen Alternativparkplatz finden wir bei der Kaisereiche am Vogelsangweg.

GPS
48.942742, 8.418482

Karte
Stadtplan Karlsruhe, Freizeitkarte F516 Karlsruhe, 1:50000, Landesamt für Geoinformation und Landentwicklung Baden-Württemberg (LGL)

Anfahrt
Auto: A5 bis Ausfahrt Ettlingen, dann bzw. von Karlsruhe aus auf der Karlsruher und der Pforzheimer Straße, dann auf der Bismarckstraße hinauf zum Parkplatz
Bus & Bahn: Bus bis Ettlingen, Haltestelle Volkshochschule; Info: www.efa-bw.de

Einkehr
Ettlingen

Information
www.ettlingen.de

Diese Wanderung ist zwar nicht lang, verlangt uns aber am Anfang einen kurzen Anstieg ab. Danach genießen wir gemütlich auf einem Panoramaweg die Aussicht über Ettlingen und die Rheinebene nach Frankreich.

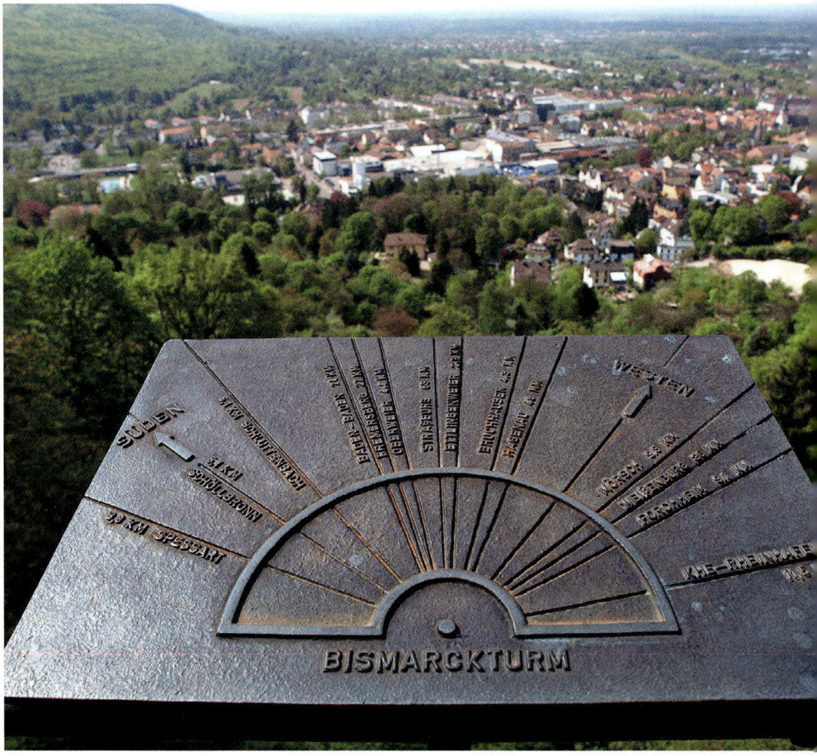

Vorbei am Weißen Häusle Wir gehen vom Parkplatz am Wasserbehälter aus hoch zu dem alten Bildstock. Dort biegen wir am Schild Am Bildstock (185 m) rechts ab. Ab jetzt steigt es ständig an. An der Verzweigung beim Schild Robberg (210 m) und der an den Dichter Robert Betsch erinnernden Tafel halten wir uns links und gehen entlang der Trockenmauern hoch zum **Weißen Häusle** 1.

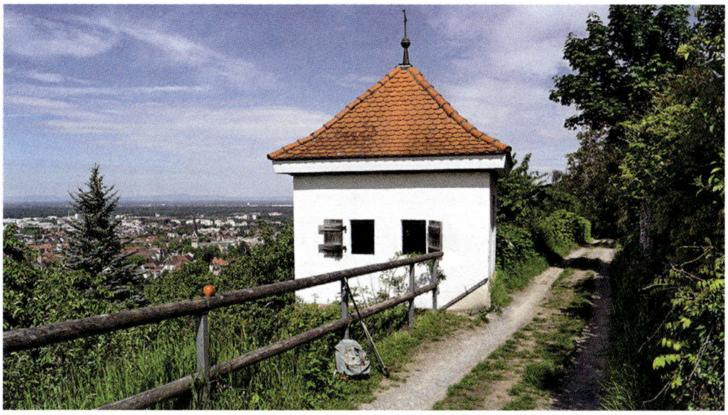

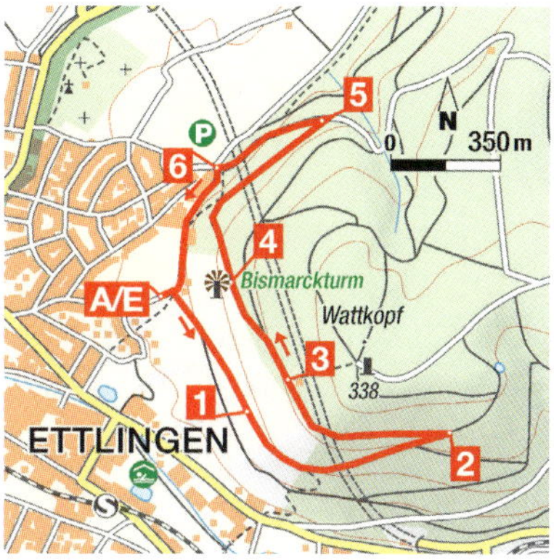

Das Weiße Häusle leuchtet auch heute noch in ganz hellem Weiß.

Linke Seite: Eine Tafel, auf der die Aussicht erklärt wird, ist immer praktisch und informativ.

Aussicht vom Bismarckturm Am Schild Beim Weissen Häusle (240 m) wandern wir in Richtung Bismarckturm geradeaus weiter. Wir spazieren auf dem Saumweg und mit Blick ins Albtal zum Schild Oberer Robbergweg (270 m), danach erreichen wir die **Lehrtafel zum Orkan Lothar** 2. Hier zweigen wir links ab. Es geht noch ein Stück hinauf bis zu einem querenden Forstweg beim Schild Oberer Mittelweg (295 m), nun haben wir den Anstieg geschafft.

Wir folgen dem Forstweg nach links, kommen an der **Hütte Friedrichshöhe** 3 vorbei und halten uns an der folgenden Verzweigung links. Nun geht es hinab zum **Bismarckturm** 4. Wir wandern nach dem Turm geradeaus weiter und behalten auch

Weißes Häusle

Das Weiße Häusle am Panoramaweg auf dem Robberg, von dem nur noch die Grundmauern des Kellergewölbes erhalten waren, wurde 1987 erneuert. Seine Geschichte lässt sich bis etwa 1520 zurückverfolgen. Bereits 1725 wurde es von der Stadt um 70 Gulden erneuert; war es frisch gekalkt, konnte man es von Weitem hell leuchten sehen. Als 1770 Studenten auf der Plattform des Straßburger Münsters den Geburtstag ihres Kommilitonen Johann Wolfgang von Goethe feierten, bemerkten sie, dass das Häuschen nur noch schwach zu erkennen war. Dieser »Lustige Magistrat von Straßburg« sammelte daraufhin drei Gulden und 43 Kreuzer und schickte eine Fuhre Kalk nach Ettlingen mit der Bitte, das Weiße Häuschen doch neu zu kalken.

Friedrichshöhe

Das Häuschen auf der Friedrichshöhe, die an den badischen Großherzog Friedrich I. (Regierungszeit 1856–1907) erinnert, wurde 1877 vom Verschönerungsverein Ettlingen als Pavillon errichtet. Als nach dem zweiten Weltkrieg das Brennholz knapp war, brachen Ettlinger Bürger den Pavillon nach und nach ab. Anfang der 1970er-Jahre wurde die heutige Schutzhütte errichtet. Der 15 Meter hohe Bismarckturm wurde 1901 im Auftrag der Karlsruher Studentenschaft erbaut. Damals entstanden in allen Gegenden derartige Aussichtstürme. In seinem wuchtigen, massigen Stil erinnert er an den Bergfried einer Burg. Auf seiner Rückseite wurde das Wappen Bismarcks (drei Eichenblätter und drei Kleeblätter) angebracht. Auch wenn er verschlossen ist, bietet sich uns hier ein prächtiger Blick auf Ettlingen und die Rheinebene.

da unsere Richtung bei, wo der Wanderweg links abzweigt und abwärts führt. Bald erreichen wir nach einem **Wasserbehälter** 5 einen Querweg, dem wir nach links hinab zur **Kaisereiche** 6 und einem alten Flurkreuz folgen. Hier finden wir den erwähnten Alternativparkplatz.

Am Schild Kaisereiche (190 m) gehen wir links auf der Straße weiter in Richtung »Bildstock«. Nach einem Haus steigen wir auf Stufen hinab zum Bildstock. Wer am Wasserbehälter gestartet ist, findet seinen Ausgangspunkt rechts davon.

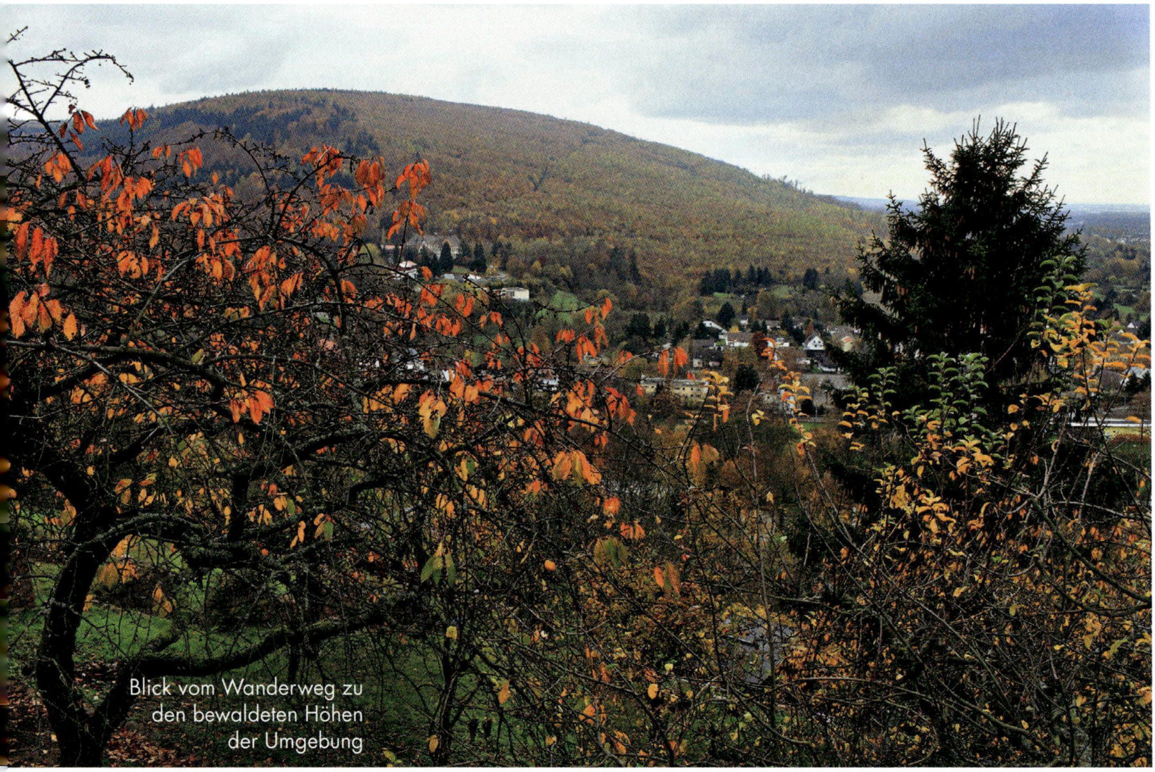

Blick vom Wanderweg zu den bewaldeten Höhen der Umgebung

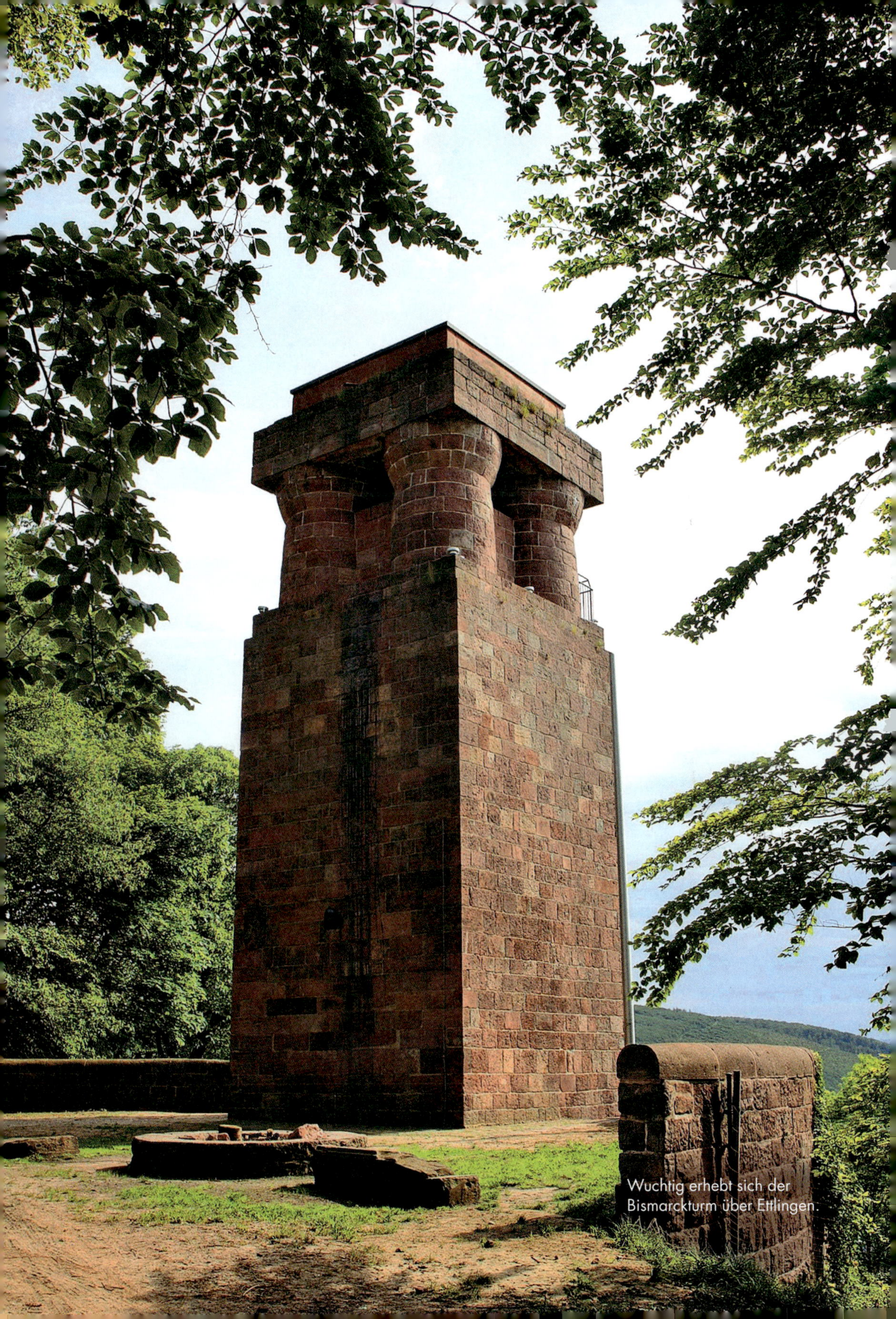

Wuchtig erhebt sich der Bismarckturm über Ettlingen.

2 Von Schwann nach Feldrennach

Pfinzgaublick von der Schwanner Warte

mittel | 7,9 km | 140 Hm | 2.10 Std.

Altersempfehlung
Ab 8 Jahren

Tourencharakter
Wir wandern meist auf festen Wegen.

Kinderwagen
Ja

Ausgangs-/Endpunkt
Straubenhardt-Schwann, Mönchstr. 3, Parkplatz am Waldrand

GPS
48.839042, 8.548155

Karte
Freizeitkarte F502 Pforzheim, 1:50000, Landesamt für Geoinformation und Landentwicklung Baden-Württemberg (LGL)

Anfahrt
Auto: A8 bis Ausfahrt Pforzheim-West, dann auf der L562, der K4538 und der L565 über Neuenbürg nach Schwann. Dort der Dobler Straße nach links zum Parkplatz am Waldrand folgen
Bus & Bahn: Bahn bis Pforzheim, Bus bis Schwann, Haltestellen Rathaus oder Schwann Warte; Info: www.efa-bw.de

Einkehr
Schwann

Information
www.straubenhardt.de

Vom Aussichtsturm Schwanner Warte aus bietet sich ein fantastischer Blick nach Norden über den Pfinzgau, links im Westen beginnend mit den bewaldeten Schwarzwaldbergen bis ins flache Vorland und nach Osten in Richtung Kraichgau.

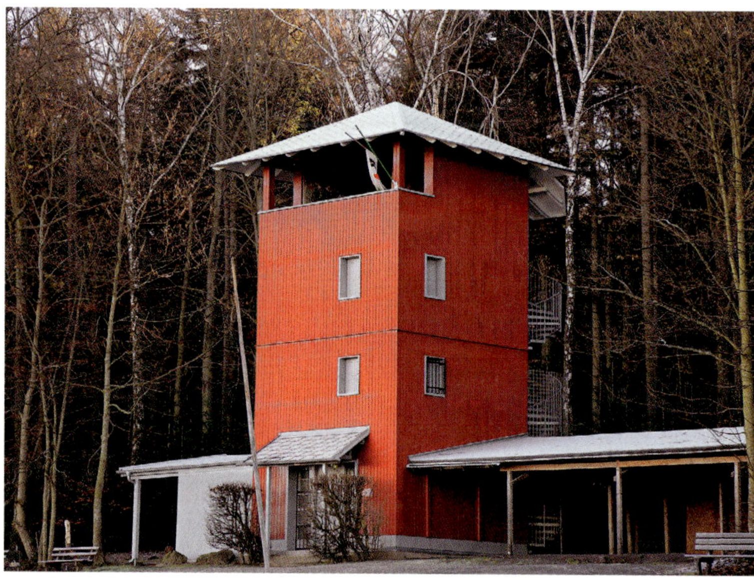

Auf dem Panoramaweg Vor dem schön angelegten Aussichtsturm Schwanner Warte findet man einen großen Parkplatz. Wir gehen zur Friedenslinde von 1871 am Waldrand, wo das Schild Schwanner Warte (478 m) steht. Dort biegen wir mit dem Zeichen blaue Raute nach Westen in die Mönchstraße ein. Das nächste Haus umgehen wir mit dem Radwegschild rechts, spazieren dann am Rand des Segelfluggeländes entlang und treffen auf einen querenden Weg. Dort halten wir uns kurz links, dann wandern wir nach rechts auf dem nicht ohne Grund sogenannten Panoramaweg am Waldrand entlang zum **Wanderschild Etzäcker** (478 m) ❶.

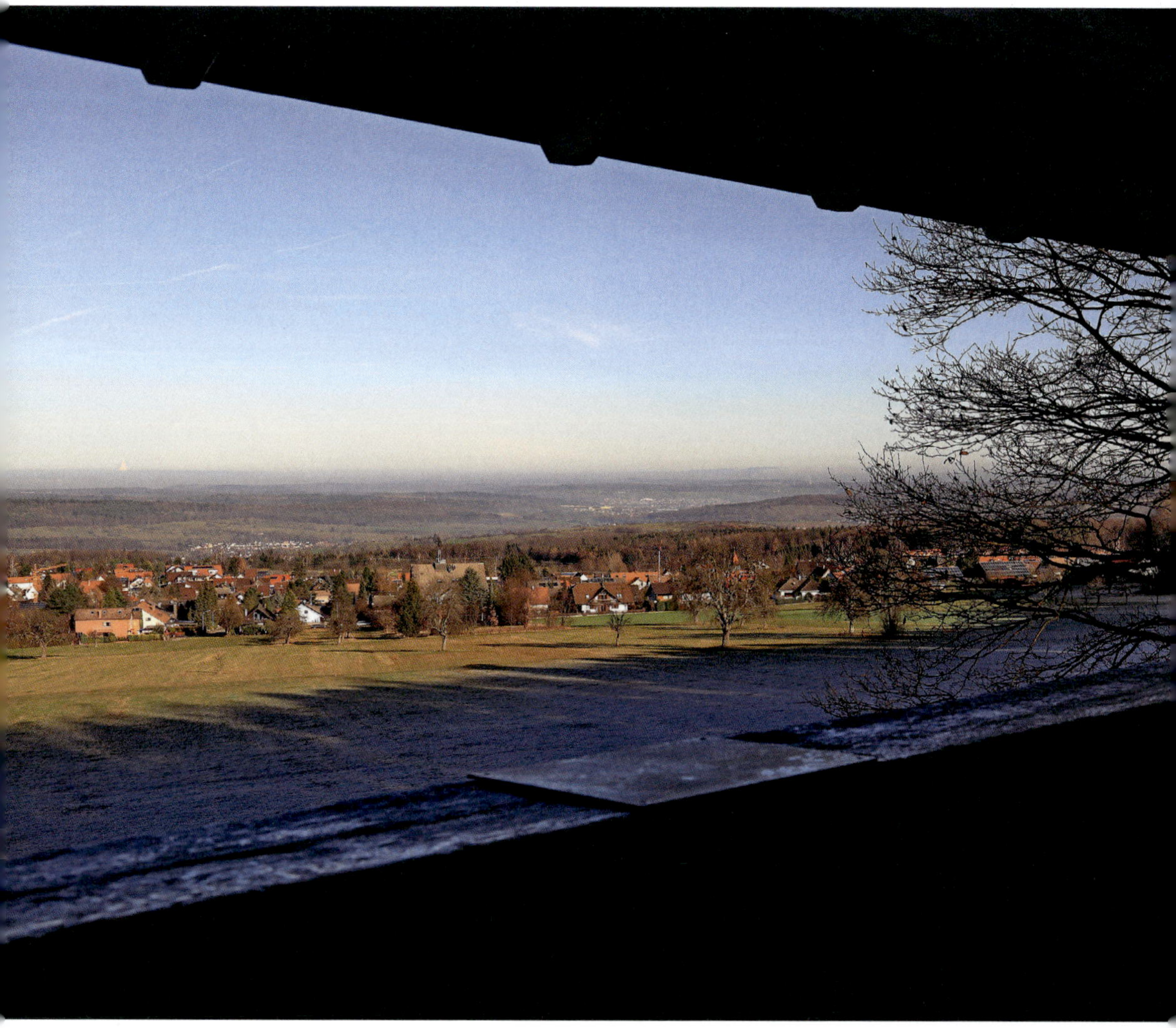

Blick vom Aussichtsturm über Straubenhardt und die sanft gewellte Landschaft dahinter

Linke Seite: Der Aussichtsturm schmiegt sich dicht an den Wald.

Über Conweiler nach Feldrennach Wir wandern weiter am Waldrand entlang bis zum Schild **Conweiler Tennisplatz** (421 m) **2**. Nach rechts spazieren wir in der Straße Am Sportplatz nach Conweiler. Hinter der querenden Herrenalber Straße geht es mit der gelben Raute in der Römerstraße weiter; an der Verzweigung mit der Buckelstraße nach Haus Nr. 37 biegen wir mit dem Radwegschild rechts ab und wandern in der Römerstraße etwas abwärts. Wo im Tal die Ganzhornstraße kreuzt, gehen wir rechts am Kindergarten entlang in der Lindenstraße geradeaus, dann zweigen wir links ab in den Parkweg. Gleich darauf am Schild **Conweiler Friedhof** (386 m) **3** biegen wir links ab in Richtung »Kegelplatz«.

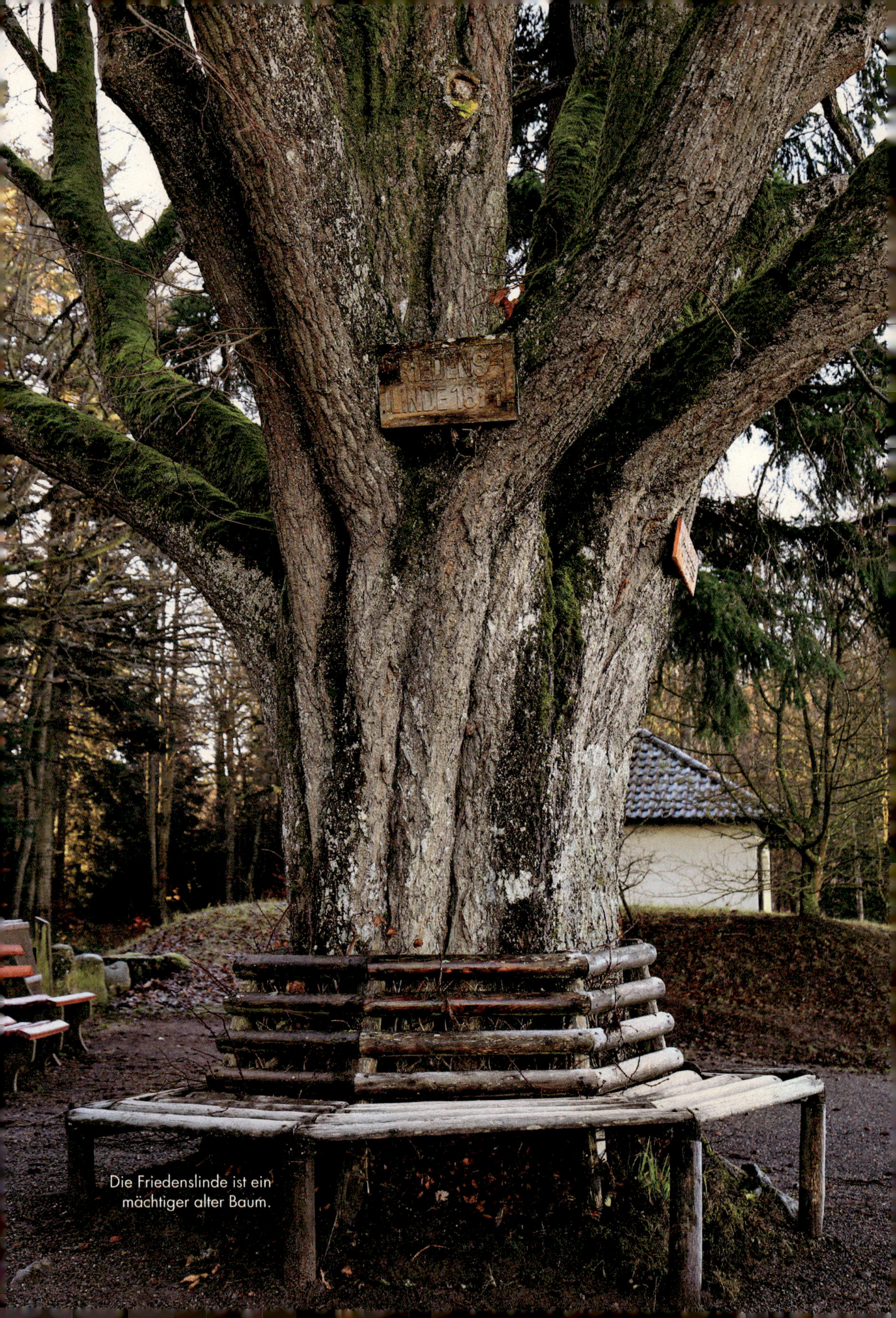

Die Friedenslinde ist ein mächtiger alter Baum.

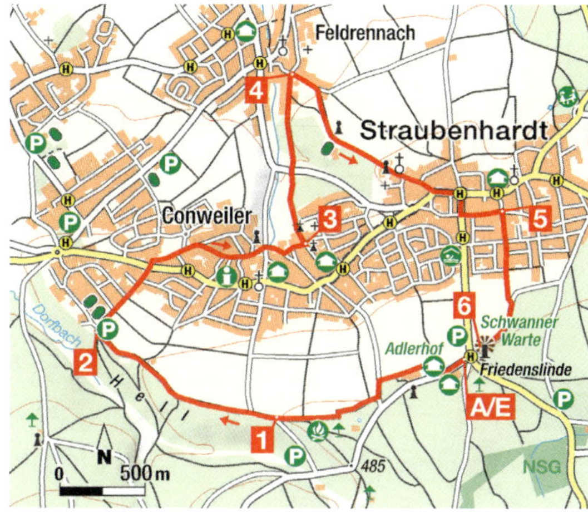

Nun fällt es wieder. Nach dem Friedhof geht es kurz am Wald entlang, dann überqueren wir die K4547. Wir wandern immer nach Norden, bis wir nach dem Schild Kegelplatz in der Kiefernstraße zum Ortsrand von **Feldrennach** kommen. Hier biegen wir rechts ab in die Kirchstraße ❹.

Aussichtsweg und Aussichtsturm An der nächsten Verzweigung halten wir uns rechts und wandern nach **Schwann**, das wir nach dem Friedhof betreten. Die Feldrennacher Straße bringt uns nun zur querenden Hauptstraße. Wir halten uns links und biegen kurz danach rechts ab in die Dobler Straße. Gleich darauf zweigen wir links ab in die Marktstraße. Danach folgen wir der Eichwaldstraße nach rechts ❺. Sie bringt uns zum Waldrand mit dem Schild **Mähfeld** (474 m). Zurück über den **Aussichtsturm** ❻ zum Parkplatz sind es nun nur noch 300 Meter auf dem Aussichtsweg nach rechts. Jetzt sollten wir zum Abschluss der Tour auch den Aussichtsturm besteigen.

Schwanner Warte

Ein erster sechs Meter hoher Holzturm an dieser Stelle auf der Schwanner Warte wurde am 27. Juni 1886 eingeweiht und bestand bis 1918; die Baukosten betrugen 600 Mark. Baumeister war Zimmermeister Strecker aus Neuenbürg, sein Besitzer war bis 1918 der Schwarzwaldverein Neuenbürg. Er wurde dann wegen Baufälligkeit abgebrochen. 1926 bis 1945 stand hier ein aus Stein und Holz für 2700 Mark erbauter 16 Meter hoher Turm, der dann durch Beschuss zerstört wurde. Der heutige 14 Meter hohe Turm ist eine Holz-Eisen-Konstruktion, wobei der Zugang außen über eine eiserne Wendeltreppe verläuft. Um den Turm befindet sich eine große Überdachung. Er wurde 1953 erbaut und kostete 7800 DM, weitere Baumaßnahmen fanden 1989 bis 1990 statt, hierbei wurden 220 000 DM aufgewendet. Besitzer des Turmes ist seit 1926 der Schwarzwaldverein Schwann. Steigt man die 54 Stufen empor, hat man vor allem einen Blick nach Norden über die freie Fläche und Straubenhardt hinweg ins Rheintal, zum Odenwald, zum Pfälzerwald, in den Pfinzgau, zum Stromberg und nach Westen in Richtung Ettlingen, und natürlich über den Schwarzwald, wobei etwa der Mahlberg zu entdecken ist. Nahezu verdeckt sind die Vogesen; markante Punkte und Orte sind der Katzenbuckel, Mannheim, der Dom in Speyer und Karlsruhe.

3 Von Waldrennach zum Angelstein

Wilder Wald und mächtige Felsen

mittel	5,5 km	170 Hm	1.40 Std.

Altersempfehlung
Ab 8 Jahren

Tourencharakter
Wir wandern meist auf festen Wegen, nur um den Angelstein auf einem Pfad. Er sollte bei Eis und Schnee nicht begangen werden.

Kinderwagen
Nein

Ausgangs-/Endpunkt
Waldrennach, Wanderparkplatz beim Friedhof, Talblickstraße

GPS
48.836786, 8.610315

Karte
Freizeitkarte F502 Pforzheim, 1:50000, Landesamt für Geoinformation und Landentwicklung Baden-Württemberg (LGL)

Anfahrt
Auto: A8 bis Ausfahrt Pforzheim West, dann über Birkenfeld nach Neuenbürg, nach dem Ort links hinauf nach Waldrennach. Die Talblickstraße geht am Ortsanfang links in Richtung Friedhof ab.
Bus & Bahn: Bahn bis Neuenbürg, Bus bis Waldrennach Haltestelle Enztalstraße;
Info: www.efa-bw.de

Einkehr
Auf der Strecke keine

Information
www.neuenbuerg.de

Die Wanderung um das kleine Schwarzwalddorf Waldrennach zeigt uns den Schwarzwald von seiner schönsten Seite: Ein Mix zwischen festen Wegen und Pfaden, idyllischer Natur mit viel Totholz und Waldszenen, die man als kleine Kostbarkeiten bezeichnen könnte.

Durch das Dorf in den Wald   Wir spazieren vom Friedhofsparkplatz und dem Wanderschild Waldrennach Friedhof (540 m) mit dem Wanderzeichen blaue Raute in der Talblickstraße kurz zurück. Dann biegen wir links in die Uhlandstraße ein. Bald treffen wir auf die Eichwaldstraße, der wir nach rechts folgen.

Beim Wanderschild **Waldrennach Ortsmitte** (555 m) halten wir uns links in die Langenbrander Straße. Vorbei an der gleichnamigen Bushaltestelle verlassen wir den Ort. Kurz danach biegen wir links ab (1) und kommen in den Wald. Nach etwas Bergab stoßen wir auf das querende Hundstalsträßchen. Hier biegen wir beim Schild Klingenäcker (525 m) (2) in den linken der beiden Wege ein; ein Schild weist uns darauf hin, dass wir jetzt durch das **Waldrefugium Kempfenrain** wandern.

Durch urige Natur zum Angelstein   Wir sehen wunderbar idyllische Szenen mit bemoostem Totholz und mächtige Felsbrocken, die auf unser Ziel, den Angelstein, hinweisen. An der nächsten Verzweigung bei einer Art bewachsenem Verkehrsdreieck endet dieses Waldrefugium (3). Wir gehen auf dem linken der Wege praktisch geradeaus weiter, ein Radwegschild weist hier nach Pforzheim. Nach dem 1910 gefassten Kohlbrunnen kommen wir zum Schild **Kohlbrunnen** (453 m) (4). Hier halten wir uns links, nun etwas ansteigend. An der nächsten Verzweigung nehmen wir den rechten Weg, der wieder bergab führt. Bald kommen wir zu einer Verzweigung, an der wir wieder ein Waldrefugium-Schild sehen. Hier folgen wir der blauen Raute in der Rechtskurve.

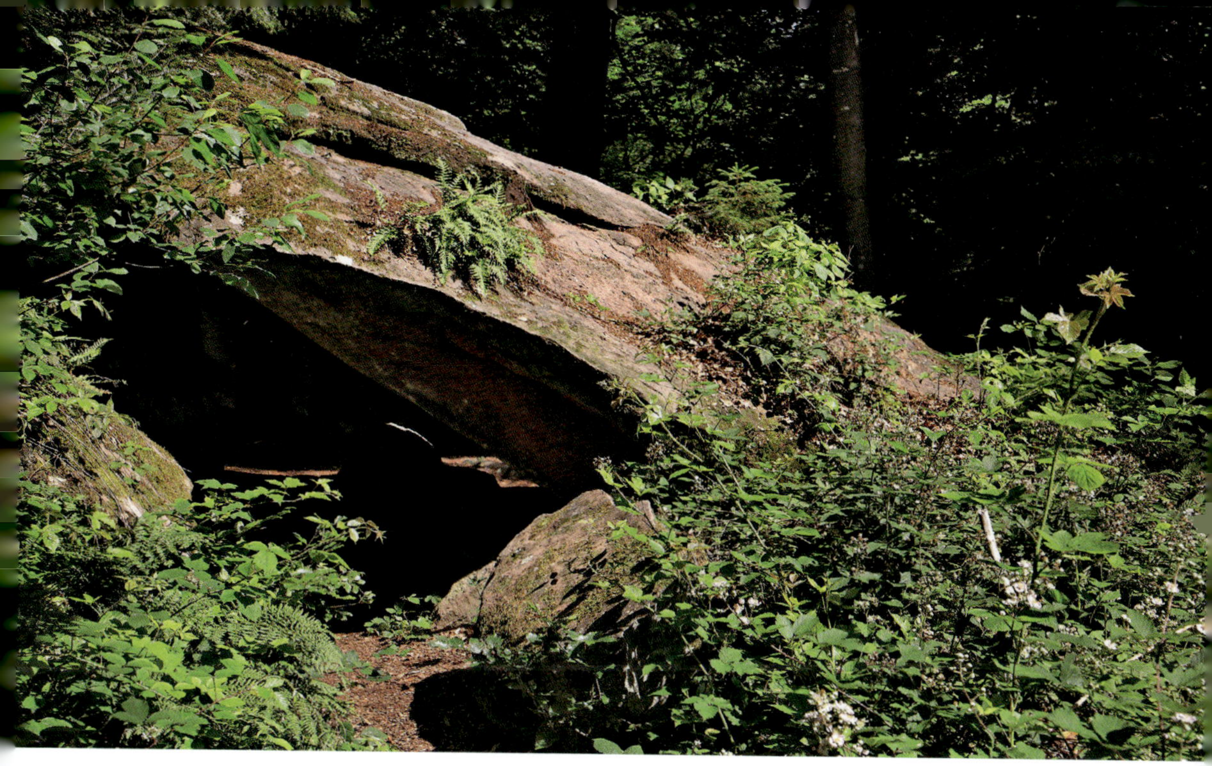

Kurz danach werden wir aber am Schild **Unterm Angelstein** (510 m) nach links auf einen Pfad **5** verwiesen. Nun steigt es an und bald sind wir am **Angelstein** **6**, einer aus verschiedenen mächtigen Felsen bestehenden Formation; einmal müssen wir sogar gebückt unter einer Felsplatte durchgehen.

Um den Angelstein sehen wir mächtige Felsgebilde. Unter diesem führt der Weg hindurch.

Zurück zum Ausgangspunkt Wir folgen immer den Markierungen durch die verschiedenen Felsklötze, bis wir beim letzten Felsklotz scharf nach links verwiesen werden. Etwas später stoßen wir auf einen querenden Pfad. Ihm folgen wir nach rechts. Er knickt kurz darauf links ab, danach wird er breiter. Wir passieren die **Enzblickhütte**, die aber keine Aussicht bietet.

An der Verzweigung danach gehen wir auf dem rechten Weg geradeaus weiter. Bald biegen wir nach einem Schotterstück in einen geschotterten Forstweg ein **7**. Er fällt steil ab, dann zieht er nach links und bringt uns zur Alten Waldrennacher Steige. Sie führt uns nach links zurück zum Ausgangspunkt.

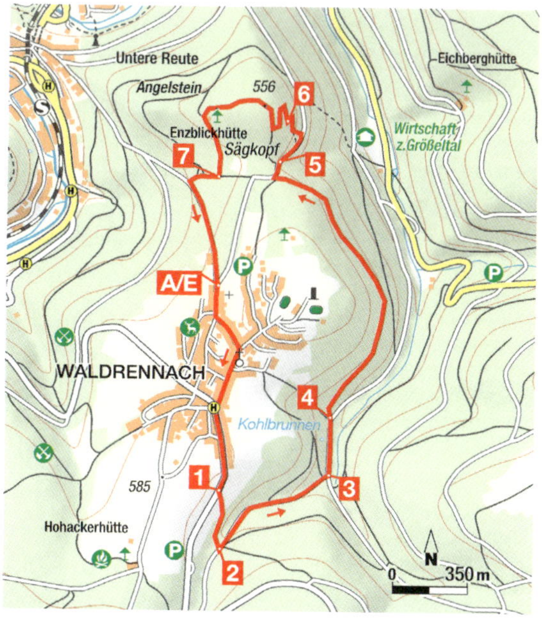

4 Über das Alte Schloss zu den Battertfelsen

Ruine, Aussicht und Kletterfelsen

leicht | 3,3 km | 170 Hm | 1.10 Std.

Altersempfehlung
Ab 8 Jahren

Tourencharakter
Pfade und Forstwege. An den Felsen sollte man trittsicher sein. Vor allem auf Kinder sollte man dort gut achten.

Kinderwagen
Nein

Ausgangs-/Endpunkt
Baden-Baden, Parkplatz unterhalb der Ruine Hohenbaden, Alter Schlossweg 10

GPS
48.776815, 8.243538

Karte
Wanderkarte W225 Baden-Baden, 1:25 000, Landesamt für Geoinformation und Landentwicklung Baden-Württemberg (LGL) in Zusammenarbeit mit dem Schwarzwaldverein e.V.

Anfahrt
Auto: A5 bis Ausfahrt Baden-Baden. Zum Ausgangspunkt folgt man in der Stadt der Ausschilderung »Altes Schloss«.
Bus & Bahn: Bahn bis Baden-Baden, Bus bis Haltestelle Herrengut. Von dort rund 30 Minuten Fußweg zum Alten Schloss; Info: www.efa-bw.de

Einkehr
Altes Schloss

Information
www.baden-baden.com

So kurz diese Tour ist, so interessant ist sie auch. Sie führt zu einem der herrlichsten Aussichtspunkte um Baden-Baden, dem Felsmassiv des Battert – hier findet man sogar eine ganze Reihe von Aussichtsfelsen.

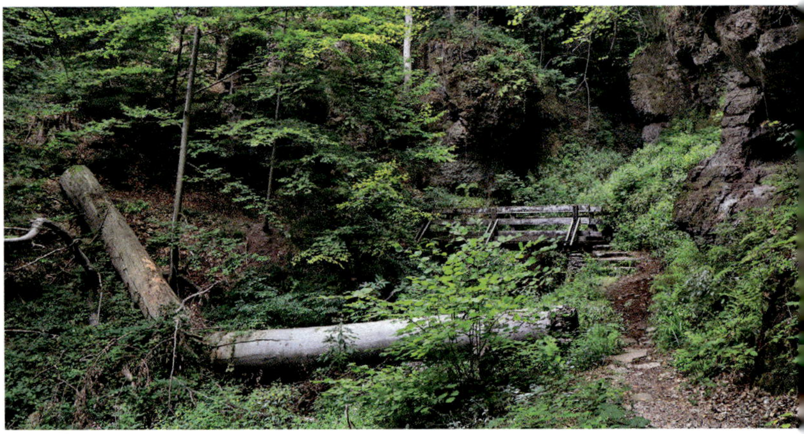

Über die Schlossruine zur Ritterplatte   Vom **Parkplatz** aus folgen wir dem Weg, der mit der Beschilderung »Zu den Felsen« durch die Anlage des Alten Schlosses führt. Wir orientieren uns immer an den Zeichen des Battert-Rundweges (orangener Kreis).

Nach der Ruine folgen wir dem Oberen Felsenweg oder dem Serpentinenweg hinauf zur **Ritterplatte** (1) mit ihrem Pavillon. Hier befinden wir uns direkt über der Ruine und haben eine herrliche Sicht auf sie, auf Baden-Baden mit dem gegenüberliegenden Berg Merkur und zur Rheinebene – diese Aussicht wiederholt sich fortan an allen freien Punkten.

Vorbei an den Felsen zum höchsten Punkt   Für den Weiterweg halten wir uns vor der Ritterplatte links, an der Verzweigung noch einmal. Nun steigt es weiter an. Kurz nach einem Linksknick zweigen wir mit dem Zeichen rechts auf eine Felsentreppe ab. Nach kurzem Anstieg sind wir bei der Batterteiche. Sie ist rund 600 Jahre alt und damit der vermutlich älteste Baum im Stadtkreis Baden-Baden. Danach kommen wir zur **Oberen Batterthütte** (568 m), dem höchsten Punkt des Battert **2**.

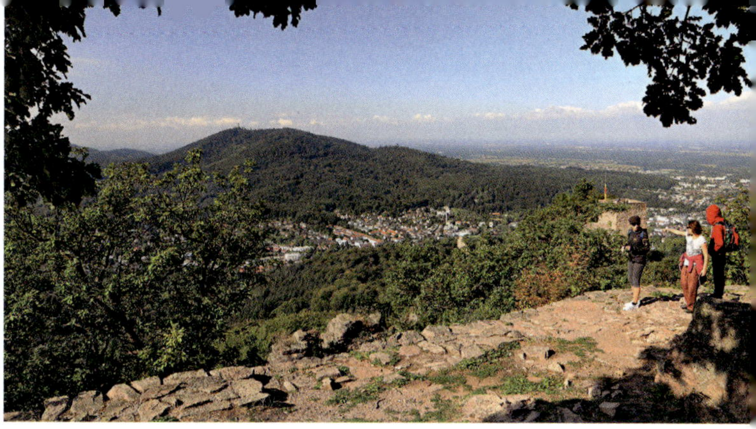

Hier gehen wir auf dem schmalen Steig nach rechts, auf Steinstufen hinab durch das Gewirr eines Labyrinths von mächtigen Felsen und über graue Holzbrücken bis hinaus zu einem herrlichen Aussichtspunkt. Man braucht auf diesem Abschnitt keine Angst zu haben: Der Weg und die Brücke sind ungefährlich.

Blick von der Ritterplatte auf Baden-Baden und weiter in die Rheinebene

Linke Seite: Manche Waldszenen unterwegs sind recht urtümlich und wild.

Rückweg über die Untere Batterthütte Anschließend spazieren wir zurück zur Hütte und folgen dem Weg nach rechts. Kurz darauf werden wir zum »Oberen Felsenweg« beziehungsweise zur »Unteren Batterthütte« nach rechts verwiesen.

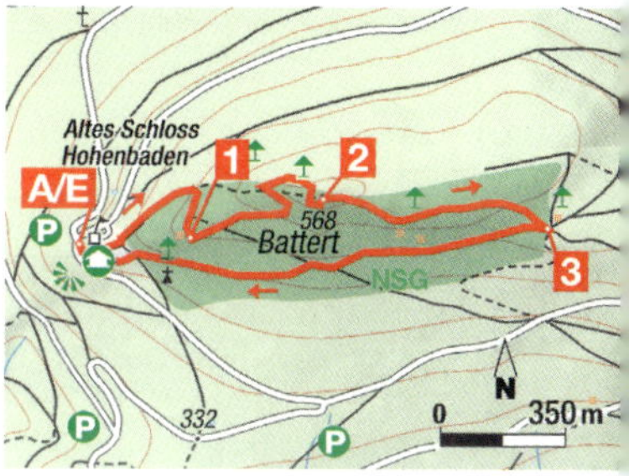

Es geht weiter an den Felsen entlang, zu denen man sich ebenfalls hinauswagen kann; man folgt dem Oberen Felsenweg und sieht rechts eine weitere Hütte mit Kletterfelsen. Wenn man weiterwandert, knickt der Weg etwas später rechts ab, nun geht es

Altes Schloss

Das Alte Schloss wurde auf einem großen Porphyrfelsen an der Südwestspitze des Battert erbaut. Die Oberburg (Hermannsbau) wurde im 12. Jahrhundert von Markgraf Hermann II. (1074–1130) – er nannte sich 1112 als Erster Markgraf von Baden – und vielleicht seinen Nachfolgern gleichen Namens (bis Hermann VI.) errichtet und im 13. Jahrhundert ausgebaut. Über den unteren Burghof gelangt man zur Unterburg im Süden der Anlage, die 1390 bis 1400 durch den reichen Markgrafen Bernhard I. (1372–1431) errichtet wurde. Hier steht der Bernhardsbau genannte Palas. Sein Sohn Jakob I. (1431–1453) führte die letzten Erweiterungs- und Verschönerungsarbeiten durch, indem er den väterlichen Bau mit der Oberburg verband und mit dem Jakobsbau den unteren Burghof nach Osten abschloss. 1479 verlegte Markgraf Christoph I. (1453–1527) die Residenz in das Neue Schloss in der Stadt. Das Alte Schloss diente dann nur noch als Witwensitz; 1599 brannte es ab und wurde nicht wieder aufgebaut.

teilweise auf Treppen und vorbei an einer großen Felsformation hinab zur **Unteren Batterthütte** ❸. Hier halten wir uns rechts in den 1839 angelegten Unteren Felsenweg und spazieren relativ eben zurück zum Alten Schloss. Unterwegs kommen wir an zahlreichen mächtigen Felsen vorbei, an denen wir Kletterer beobachten können.

Battert und Unterer Felsenweg

Der Battert, das größte und eindrucksvollste Felsmassiv des Schwarzwaldes, ist ein rund ein Kilometer langer Felsriegel, der in einem 35 Hektar großen Naturschutzgebiet liegt. Hier stehen Dutzende von bis zu 50 Meter hohen Felstürmen und Felswänden, die ein beliebtes Klettergebiet sind. Durch die Lage der Felsen auf dem bis zu 568 Meter hoch gelegenen Bergmassiv sehen sie noch imposanter aus. Der Fels ist aus einem verkieselten Porphyrkonglomerat gebildet, einem widerstandsfähigen, rotbraunen Gestein vulkanischen Ursprungs, entstanden vor rund 250–300 Millionen Jahren. Etwa 200 Millionen Jahre später, im Tertiär, wurde er durch Kieselsäure, die entlang einer Störungszone aufdrang, weiter verfestigt. In den Konglomeraten findet man Gesteine wie Rhyolithe, Granite, Quarze, Bruchstücke von großen Kalifeldspäten, Arkosen (also an Feldspat reiche Sandsteine) und teilweise wieder aufgeschmolzene Gneise, ebenso einen grau gefärbten Granit, der vor allem Biotit und Hornblende enthält. Da das umliegende Gestein weicher ist, wurde es nach der Hebung des Schwarzwaldes abgetragen und nur die Felsen blieben übrig. Am Fuß der Wände findet man ausgedehnte Blockhalden von abgesplittertem Gestein, und Felsklötze liegen wie gigantische Steinwürfel herum. Die Felsen dürfen nicht begangen werden, da sich hier seltene Tiere wie die Mauereidechse, die Schling- oder Glattnatter oder die Kreuzotter sowie seltene Pflanzen wie empfindliche Moose angesiedelt haben. Beachten sollte man auch die farbenprächtigen Flechten, die ein Indikator für die gute Luftqualität sind. Allerdings wächst im Gegensatz dazu die orange- bis goldgelbe Wandflechte am besten, wenn sie durch Niederschlag von Phosphat und Nitrat gefördert wird. 1981 wurde die Gegend unter Schutz gestellt, nicht zuletzt deswegen, weil an den steilen Hängen naturnahe Wälder erhalten blieben. Auf dem Battert befand sich 400 v. Chr. eine keltische Ringburg mit einer 800 Meter langen Mauer, die heute noch zu erahnen ist; im Norden und im Osten stößt der Ringweg an die Reste des Ringwalls.

Der Untere Felsenweg wurde 1839 angelegt. In der Zeit ab etwa 1880 kamen dann die Kletterer. Allerdings wurde erst 1923 die 60 Meter hohe Falkenwand bestiegen. An den Namen, die die Sportler den Felsen gaben, kann man auch die Entwicklung des Klettersports ablesen: Wurden sie erst nach bekannten Alpengipfeln benannt wie Fermeda, Saas Maor oder Guglia in den Dolomiten, hießen sie später Freundschaft, Weg der Brüder, Pfundiges Wandl oder gar Hitlerwandl (heute Graue Wand). Heute tragen sie etwas frechere Bezeichnungen wie Opas Aufstand, Jenseits von Eden, Affenschaukel oder Muffensause. Es gibt etwa 400 Routen bis zur Schwierigkeitsklasse VII.

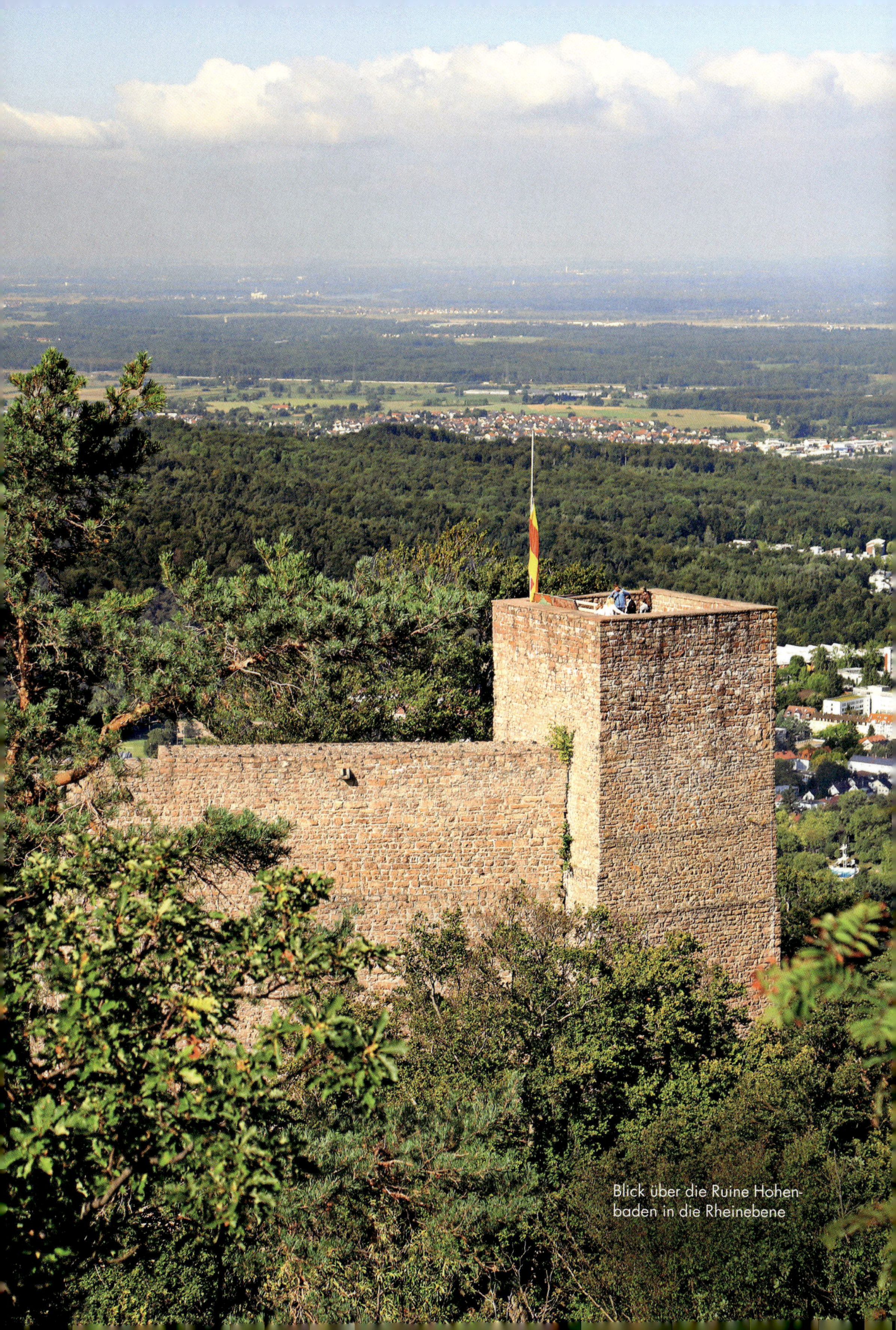

Blick über die Ruine Hohenbaden in die Rheinebene

5 Vom Teufelsmühleturm zum Langmartskopf

Aussichtsreich über die Hochfläche

mittel | 5,9 km | 100 Hm | 1.40 Std.

Altersempfehlung
Ab 8 Jahren

Tourencharakter
Wir wandern auf Forstwegen und Pfaden. Vor dem Aussichtsturm ist die Strecke etwas mühsam.

Kinderwagen
Nein

Ausgangs-/Endpunkt
Loffenau, Grenzertparkplatz bei der Teufelsmühle

GPS
48.758037, 8.410828

Karte
Freizeitkarte F502 Pforzheim, 1:50000, Landesamt für Geoinformation und Landentwicklung Baden-Württemberg (LGL)

Anfahrt
Auto: A5 bis Ausfahrt Ettlingen, dann durch das Albtal bis Herrenalb und weiter bis kurz vor Loffenau. Auf der L564 am Ort vorbei, dann links abzweigen und hinauf zum Grenzertparkplatz vor dem Aussichtsturm.
Bus & Bahn: Keine geeignete Verbindung

Einkehr
Höhengasthaus Teufelsmühle (bei Redaktionsschluss wegen Besitzerwechsel geschlossen)

Information
www.loffenau.de

Die beste Aussicht dieser Wanderung bietet sich vom Teufelsmühleturm. Aber auch von unterwegs hat man immer wieder einen Blick über die Schwarzwaldhöhen in die Ferne. Die Tour führt durch eine interessante Schwarzwaldlandschaft, wie sie für die Höhenlagen typisch ist.

Aussicht von der Steinernen Sitzbank Beim **Grenzertparkplatz** (860 m) nehmen wir den mit der gelben Raute markierten Weg, der nach rechts in Richtung »Steinerne Sitzbank« abgeht. Auf der anderen Straßenseite bringt uns ein Pfad hinab zu einem Forstweg, auf dem wir nach rechts bis zum Schild **Steinerne Sitzbank** (915 m) wandern (1), wo wir wieder eine Aussicht haben.

Weiter zur Langmartskopfhütte Hier gehen wir, vorerst ohne Zeichen, geradeaus weiter. Bald treffen wir auf einen anderen Forstweg, direkt an dessen Haarnadelkurve. Wir wandern etwas bergauf, bis von links der mit der roten Raute markierte Westweg in den Forstweg einmündet. Gleich darauf zieht er nach rechts

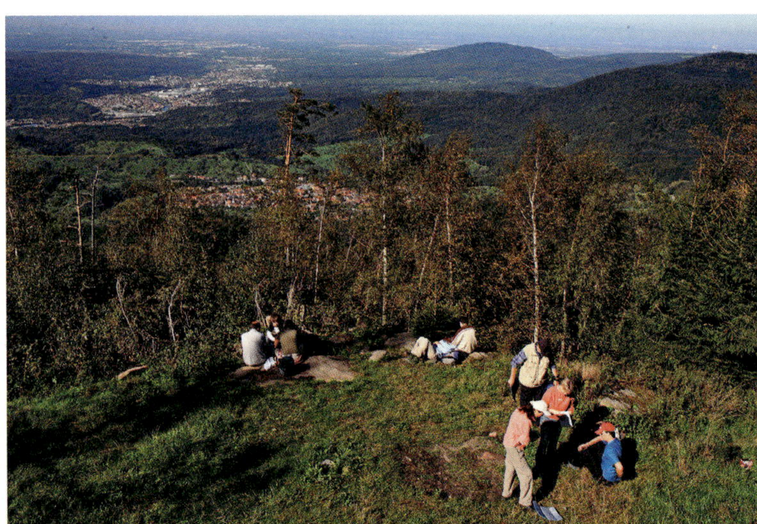

und bringt uns zu einem Querweg. Hier orientieren wir uns rechts und treffen bald auf die **Langmartskopfhütte** (915 m) 2.

Linke Seite: Vor dem Turm lässt sich bei herrlicher Aussicht gut rasten.

Zurück auf dem Grenzweg Wir biegen mit der blauen Raute rechts ab, nun geht es auf einem Pfad weiter. Später treffen wir auf einen festen Schotterweg, dem wir in Gehrichtung folgen. Wir müssen aufpassen, dass wir das Schild **Metzgerstein** (910 m) 3 nicht verpassen. Hier biegen wir rechts ab in Richtung »Langmartskopf« und treffen bald auf einen querenden Pfad, in den wir links einbiegen. Er bringt uns zum Schild Langmartskopf (913 m), wo wir unsere Richtung beibehalten. Unterwegs kommen wir an Grenzsteinen mit dem badischen und württembergischen Wappen vorbei. Der mit großen Steinen durchsetzte und deshalb mühsam zu begehende Weg führt uns zu einem querenden Forstweg mit dem Schild Teufelsmühle (900 m). Rechts davon sehen wir schon das Höhengasthaus. Hinter ihm geht es nach links zum Aussichtsturm.

Aussichtsturm Teufelsmühle

Der Aussichtsturm Teufelmühle wurde vom Schwarzwaldverein in Etappen erbaut: 1910 entstand erstmals ein zehn Meter hoher Turm, der 1952 auf 21,5 Meter erhöht wurde. Heute steigt man auf 71 Stufen hinauf zur Aussichtsplattform, die einen Blick zur Hornisgrinde, zur Badener Höhe, zu den Vogesen, zum Straßburger Münster, zum Pfälzer Wald und zum Speyrer Dom bietet. Über die Öffnungszeiten von Gasthaus und Turm sollte man sich vorher erkundigen. Auch wenn der Turm geschlossen sein sollte, hat man von seinem Fuß einen herrlichen Ausblick über die Schwarzwaldberge und ins Tal.

Auf dem Weg über die Hochfläche – die Wege wurden vom Schwarzwaldverein bestens beschildert.

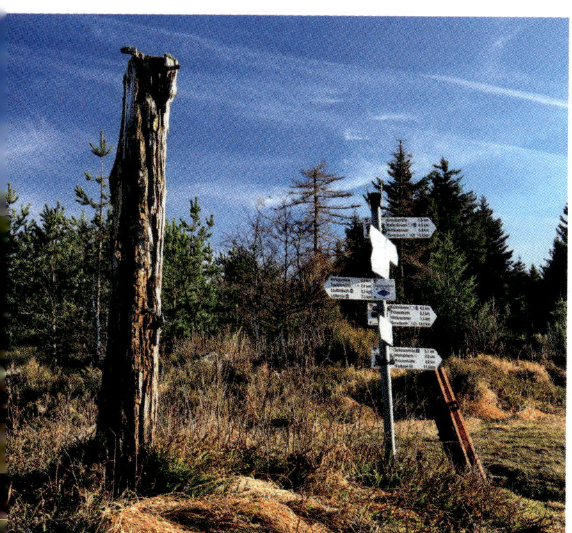

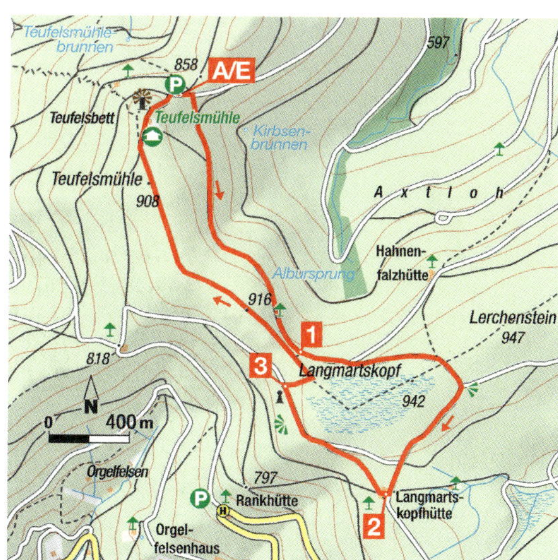

6 Schömberger Attraktionen

Ein Steinkreis und viel Aussicht

mittel | 7,3 km | 150 Hm | 2 Std.

Altersempfehlung
Ab 10 Jahren

Kinderwagen
Eher nicht, die erste Hälfte der Tour auf den Pfaden ist sehr holprig.

Ausgangs-/Endpunkt
Schömberg, Parkplatz Steinkreis, an der Pforzheimer Straße westlich von Schwarzenberg

GPS
48.791034, 8.666109

Karte
Freizeitkarte F502 Pforzheim, 1:50 000, Landesamt für Geoinformation und Landentwicklung Baden-Württemberg (LGL)

Anfahrt
Auto: A81 bis Ausfahrt Heimsheim, dann über Heimsheim Tiefenbronn, Unterreichenbach nach Schwarzenberg, kurz hinter dem Ort in Richtung Schömberg liegt der Parkplatz.
Bus & Bahn: Bahn bis Pforzheim, Bus bis Schömberg Haltestelle Dr.-Schröder-Weg; Info: www.efa-bw.de

Einkehr
Schömberg

Information
www.schoemberg.de

Kommt man an einem heißen Sommertag zum Steinkreis, könnte man meinen, irgendwo auf den Osterinseln oder sonstwo in der Südsee zu sein. Diese Ansammlung von in Stein gehauenen Kunstwerken ist eine der Attraktionen dieser Wanderung, die andere ist bei guter Sicht der Zollernblick.

Auf Pfaden zum Zollernblick Wir gehen vom **Parkplatz** zur Pforzheimer Straße. Vor dieser noch biegen wir am Wanderschild Parkplatz Steinkreis (624 m) rechts ab auf den Weg rechts der Straße. Ihm folgen wir nach rechts. Er zieht etwas später nach rechts von der Straße weg. Wo er auf die L343 trifft, biegen wir scharf links ab. Nun wandern wir kurz auf der Landstraße, halten uns aber gleich in den auf der anderen Straßenseite abgehenden unbefestigten **Pfad** (1).

Nach einem querenden breiten Weg zieht der Pfad nach links, ab jetzt steigt es eine Weile immer sanft an. Wir stoßen auf einen querenden breiten Weg, hier biegen wir rechts, dann gleich wieder links ab auf einen **Pfad** (2). Nachdem von rechts ein Pfad eingemündet ist, kommen wir zu einer **Kreuzung** (3). Wir gehen nach rechts weiter ansteigend hinauf. Dem breiten Forstweg, auf den wir treffen, folgen wir mit dem Zeichen des Zollernblickwegs nach rechts. Gleich darauf werden wir nach links verwiesen (4). Kurz danach halten wir uns an einem querenden Weg rechts, dann gleich wieder links und kommen zum Waldrand. Ihm folgen wir nach rechts zum **Zollernblick** (686 m) (5).

Hinab nach Schömberg Am Zollernblick finden wir Bänke, Spielgeräte, eine Schutzhütte sowie einen kleinen Hügel mit einer interessanten Metallplatte, auf der die Aussicht eingraviert ist. Bei guten Sichtverhältnissen sehen wir über das vor uns liegende Unterlengenhardt zur Balinger Alb mit Rossberg und dem Hohenzollern.

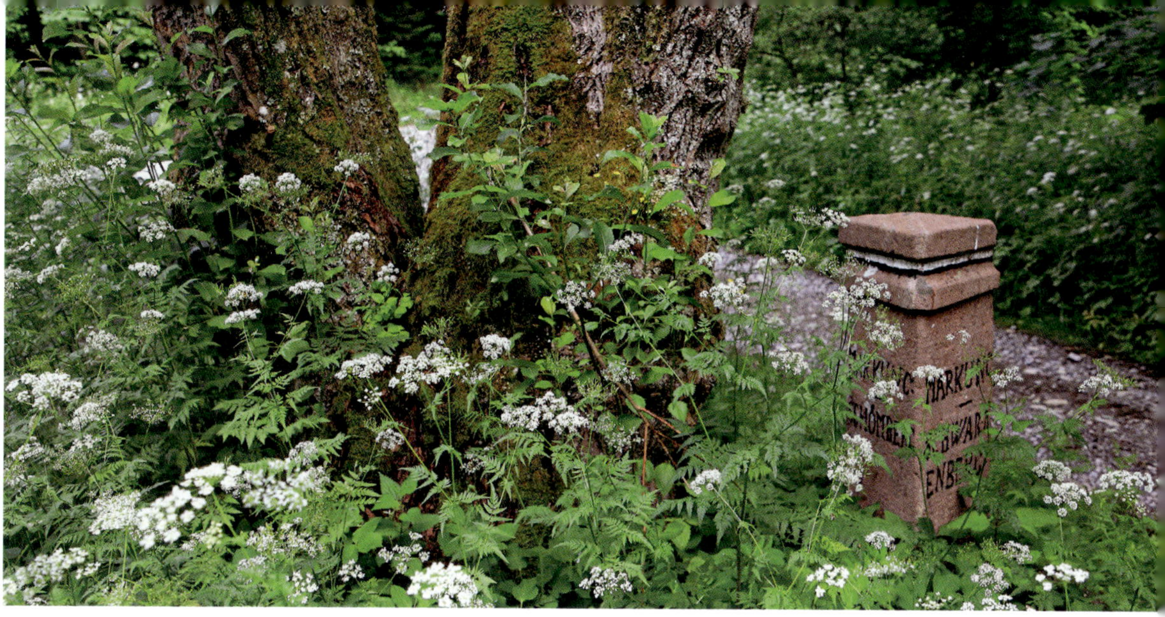

Der alte Markungsstein im Wald bei Schömberg hat interessanterweise nur drei Seiten.

Wir gehen noch ein kurzes Stück geradeaus am Waldrand entlang weiter, dann begeben wir uns in den Wald hinein. Dort zieht der Weg mit den Wanderzeichen blaue Raute und Zollernblickweg nach rechts. Am nächsten Querweg biegen wir am Schild **Wernerwald** (670 m) **6** rechts ab. Kurz darauf zweigen wir nach links, dann gleich darauf noch einmal nach links ab. Nun geht es auf einem nicht in den Karten verzeichneten Pfad hinab zu einem querenden breiten **Forstweg** **7**. Diesem folgen wir nach links.

Kurz darauf biegen wir an einer Art Verkehrsdreieck in den rechts abgehenden Weg ab. Er bringt uns zu einem Querweg, dem wir nach rechts folgen. Nach dem Schild Waldsanatorium (611 m) überqueren wir die **Liebenzeller Straße** **8** und wandern im Dr.-Schröder-Weg weiter.

Tourencharakter

Anfangs wandert man auf gut zu gehenden Pfaden, ab dem Zollernblick meist auf festen Wegen. Bei der ersten Hälfte der Wanderung sollte man gut auf die Beschreibung oder den heruntergeladenen Track achten.

Über den Steinkreis zurück Wir folgen dem Dr.-Schröder-Weg hinab bis zu einem querenden Sträßchen mit dem Schild **Wiesental** (597 m) **9**. Hier halten wir uns rechts und wandern gemütlich durch das Eulental. Vorbei an den Schildern Reichenbach (579 m) und Waldfriede (572 m) kommen wir zum Schild **Eulenloch** (570 m) **10**, wo wir rechts abbiegen.

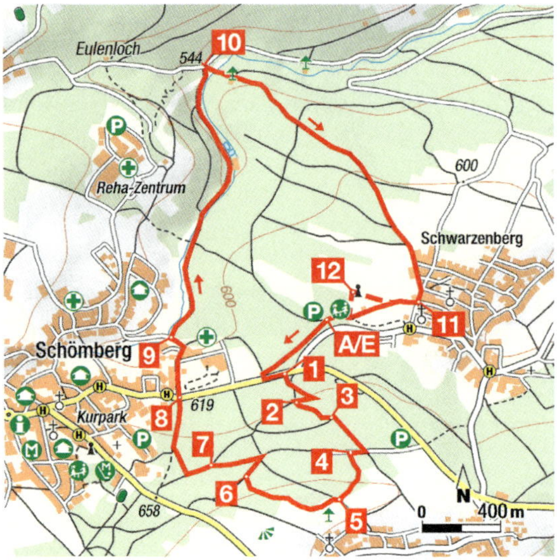

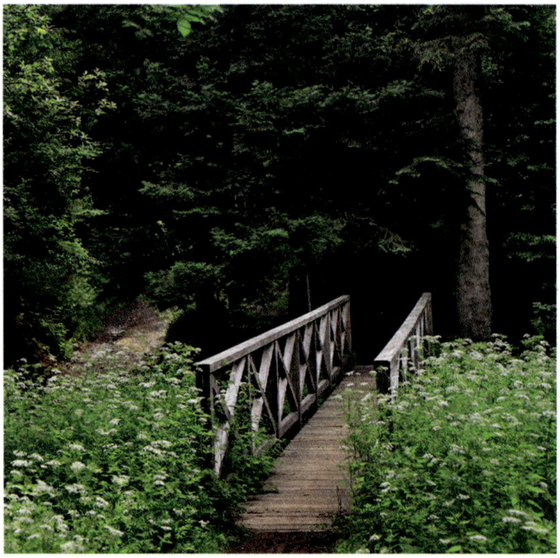

Auf einer schönen Holzbrücke überqueren wir den Eulenbach.

Wir sollten nach dem Abzweig unbedingt den dreiteiligen Stein mit der Bezeichnung der drei Markungen beachten, anschließend überqueren wir den Eulenbach und folgen daraufhin dem ansteigenden Weg. Am Schild Mahdhütte (541 m) halten wir uns an den zweiten Weg von links, gehen also praktisch einfach geradeaus weiter, nun wieder bergauf.

Steinkreis

Der Steinkreis wurde 1993 bis 1995 in Zusammenarbeit verschiedener Schulen erschaffen und ist einer der größten seiner Art in Deutschland. Er hat denselben Umfang wie die »Merry Maidens« in Cornwall/Südengland. Er soll ein Ort der Gemeinsamkeit, Besinnung und Toleranz sein. Die Steine bilden Bezugspunkte zur Sonnenwende und zu den Himmelsrichtungen, einige sind mit archaischen Zeichen, Symbolen und Tierformen versehen, und je nach Standort und Lichteinfall kann man auch menschliche Gesichter in ihren Formen entdecken.

Bald darauf nehmen wir an einer Verzweigung den linken Weg, der mit dem Wanderzeichen gelbe Raute markiert und somit gut erkennbar ist. Anschließend geht es rechts an den Häusern von Schwarzenberg vorbei. Am Schild Schwarzenberg **Rossweide** (622 m) ⓫ biegen wir daraufhin rechts ab in Richtung Parkplatz Steinkreuz beziehungsweise Steinkreuz. Gleich nach dem letzten Haus verzweigt sich der Weg vor einem mächtigen Baum. Hier entscheiden wir uns für den rechten Weg und erreichen so den bereits sichtbaren **Steinkreis** ⓬. Zum Ausgangspunkt folgt man dort dem links abgehenden Weg.

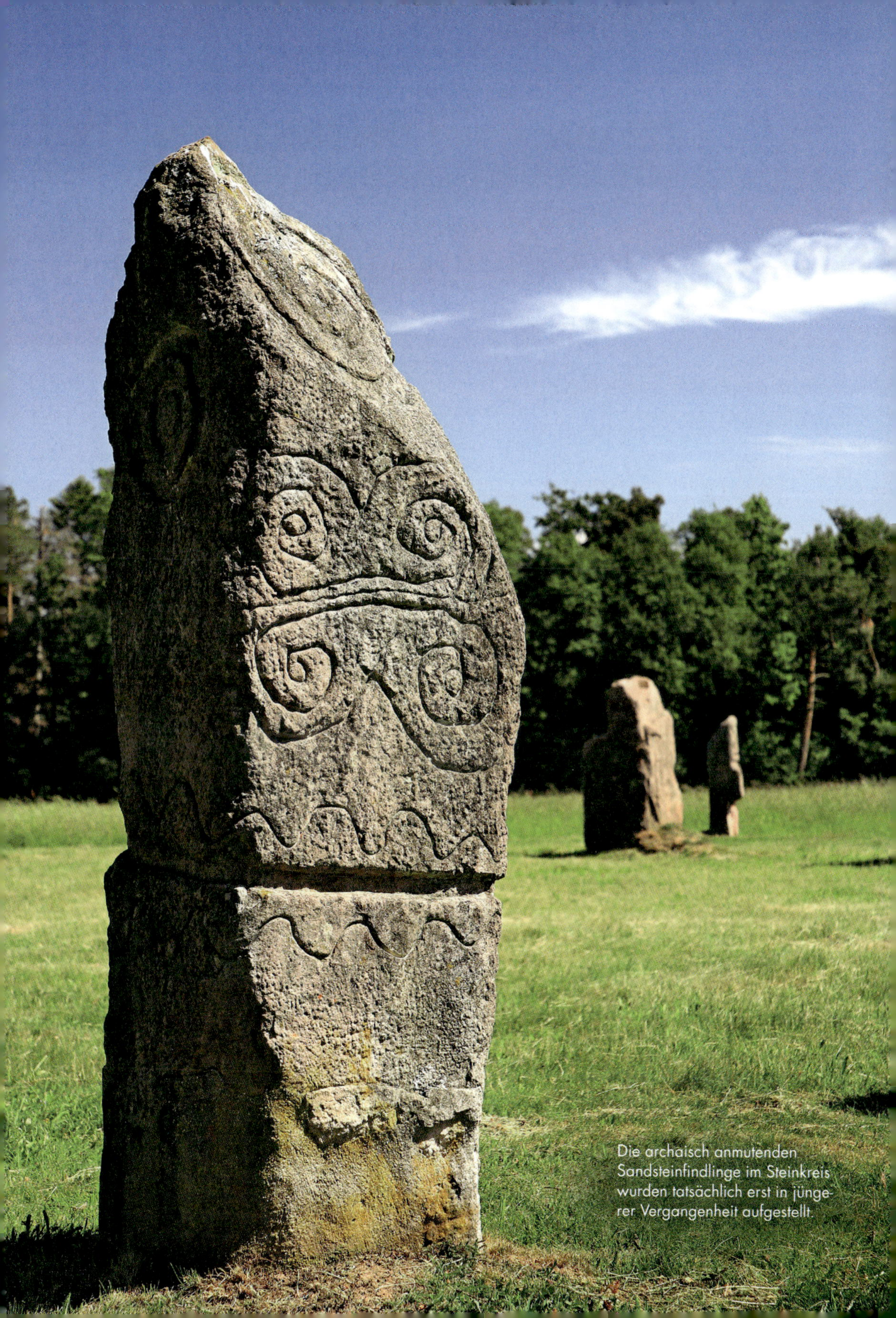

Die archaisch anmutenden Sandsteinfindlinge im Steinkreis wurden tatsächlich erst in jüngerer Vergangenheit aufgestellt.

7 Am Rand des Schwarzwalds

Durch Weinberge zum Wald

mittel | 6,9 km | 180 Hm | 2 Std.

Altersempfehlung
Ab 10 Jahren

Kinderwagen
Nein

Ausgangs-/Endpunkt
Baden-Baden-Neuweier, Weinstraße, hinter der Kirche; Alternativparkplätze gibt es bei Weinhaus am Mauerberg, Mauerbergstr. 32, oder entlang der Mauerbergstraße – hier kann man Samstag und Sonntag unbeschränkt parken.

GPS
48.720839, 8.184893

Karte
Wanderkarte W225 Baden-Baden, 1:25000, Landesamt für Geoinformation und Landentwicklung Baden-Württemberg (LGL) in Zusammenarbeit mit dem Schwarzwaldverein e.V.

Anfahrt
Auto: A5 bis Kreuz Baden-Baden, dann B500 und B3 bis Steinbach, dort links ab und nach Neuweier
Bus & Bahn: Bahn bis Baden-Baden oder Steinbach, dann Bus bis Haltestelle Neuweier Kirche; Info: www.efa-bw.de

Einkehr
Neuweier

Information
www.baden-baden.com

Bei dieser Tour wandern wir meist durch Weinberge, berühren aber auch die Waldgebiete an ihrem Rand. Von den Höhen aus bieten sich uns prächtige Blicke über die Weinberge und weiter ins Rheintal.

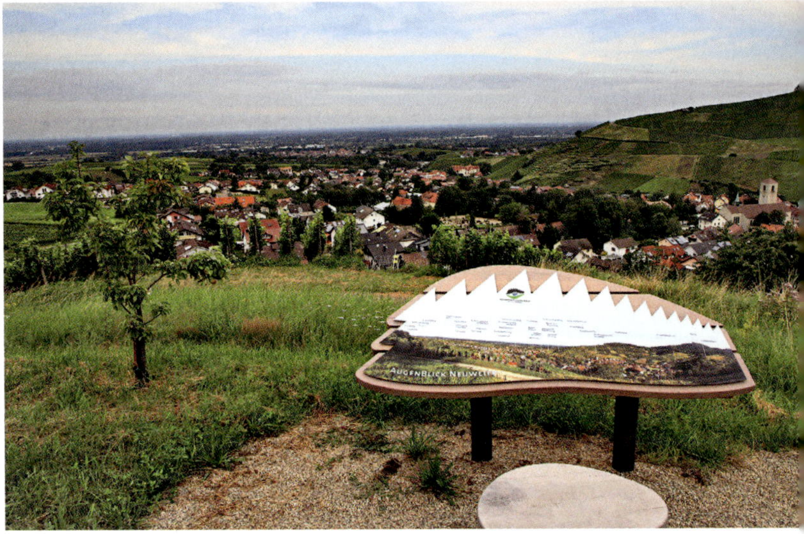

Durch die Weinberge Wir gehen vom **Parkplatz** hinter der Kirche zur Kirche und biegen dort rechts in die Mauerbergstraße ein. Etwas später halten wir uns mit dem Zeichen gelbe Raute, an dem wir uns wie am Zeichen der AugenBlick-Runde orientieren können, links in die **Altenbergstraße** ❶.

Nach den Häusern kommen wir zum **Gasseckbrünnele** (220 m) ❷, wo wir nach rechts verwiesen werden. Nach einem kurzen Stück bergauf biegen wir rechts in einen Asphaltweg ein. Etwas später beschreibt dieser unterhalb eines **Kreuzes** eine scharfe Linkskurve ❸; nun hören auch die Weinberge auf. An einem Querweg werden wir nach rechts zum **Waldrand** ❹ verwiesen, dort geht es nach rechts weiter. Wir passieren ein Hochwasser-Rückhaltebecken und wandern an Wohnhäusern vorbei bis zur **Mauerbergstraße/L84** 5.

Wald und Aussicht Jetzt biegen wir links, dann gleich wieder rechts ab in die Heiligensteinstraße. Ihr folgen wir bis zum Schild Klein Matzengraben (214 m). Hier steigen wir nach links auf einem unbefestigten Pfad steil hinauf. Wir stoßen am Waldrand auf einen Aussichtspunkt und das Schild Unterm Heiligenstein (250 m), nun wandern wir nach rechts eben weiter.

Wir gehen kurz durch den Wald, dann verlassen wir ihn bei einem Sendemast und spazieren auf einem wunderbaren Panoramaweg weiter. Links liegt gleich danach der **AugenBlick des Naturparks** 6, bei dem auf einer Tafel die Aussicht erklärt wird.

Wir wandern aber weiter zum Schild Losenberg (242 m) und biegen links ab. Am Schild Armengrund (270 m) geht es nach rechts bergab. Gleich darauf halten wir uns vor dem nächsten Weinberg links, am dann folgenden Querweg beim Schild Scharbühl (255 m) rechts.

Zurück wieder durch Weinberge Danach überqueren wir die **Weinstraße** 7 und gehen nach ihr geradeaus weiter. Kurz darauf halten wir uns mit dem Zeichen rechts, danach noch einmal rechts und gleich darauf vor den Häusern links. Anschließend können wir entweder der gelben Raute auf einem Grasweg nach rechts zu einem Asphaltweg folgen oder wir gehen noch kurz geradeaus weiter und biegen dann rechts ab in den Asphaltweg.

Aussicht vom AugenBlick des Naturparks auf Neuweier und seine Weinberge

Tourencharakter

Wir wandern fast immer auf festen Wegen, teilsweise auch auf Pfaden.

Vor den Häusern und der Schartenbergstraße werden wir nach links verwiesen. Bald wandern wir durch ein Wohngebiet und folgen der Kelterstraße bis zu ihrem Ende. Wir biegen rechts, dann gleich wieder links ab in die Schartenbergstraße. Sie bringt uns zur querenden **Mauerbergstraße** 8. Auf dieser spazieren wir nach rechts zur Kirche, dort halten wir uns rechts und gehen zum Parkplatz.

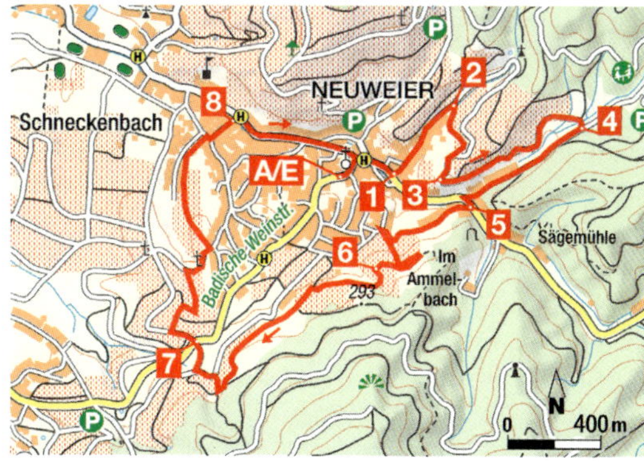

8 Vom Merkurgipfel zur Talstation

Mit der Bergbahn hinauf, hinab durch den Wald

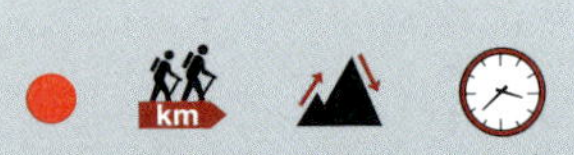

Altersempfehlung
Ab 8 Jahren

Tourencharakter
Wir wandern auf festen Wegen.

Kinderwagen
Ja

Ausgangs-/Endpunkt
Baden-Baden, Talstation der MerkurBergbahn, Markgrafenstraße

GPS
48.762884, 8.264303

Karte
Wanderkarte W225 Baden-Baden, 1:25 000, Landesamt für Geoinformation und Landentwicklung Baden-Württemberg (LGL) in Zusammenarbeit mit dem Schwarzwaldverein e.V.

Anfahrt
Auto: A8 bis Karlsruhe, A6 bis Ausfahrt Baden-Baden, durch die Stadt bis zur Talstation
Bus & Bahn: Bahn bis Baden-Baden, Bus bis Haltestelle MerkurBergbahn; Info: www.efa-bw.de

Einkehr
Bergstation, Nachtigall

Information
www.baden-baden.de

Ein Besuch des Merkur ist eine der schönsten Unternehmungen, die man um Baden-Baden machen kann. Oben haben wir eine herrliche Aussicht auf Baden-Baden und die Rheinebene, auf die andere Seite nach Gaggenau und Gernsbach sowie über die Höhen des Schwarzwaldes.

Nach dem Gipfel durch den Wald Von der Talstation fahren wir erst hinauf auf den Merkur. Nach der Bergstation (660 m) nehmen wir später den rechts abgehenden festen Weg, zuerst sollten wir aber zum **Aussichtsturm** (668 m) 1 hochsteigen. Unterwegs kommen wir an großen Felsbrocken vorbei, die mit Erklärungen zur Geologie versehen sind; sie vertreten die verschiedenen Gesteinsarten der Gegend um Baden-Baden und des Schwarzwalds. Vor dem Turm finden wir »Merkurs Würfelspiel« – wie hingeworfen wirkende riesige Felswürfel.

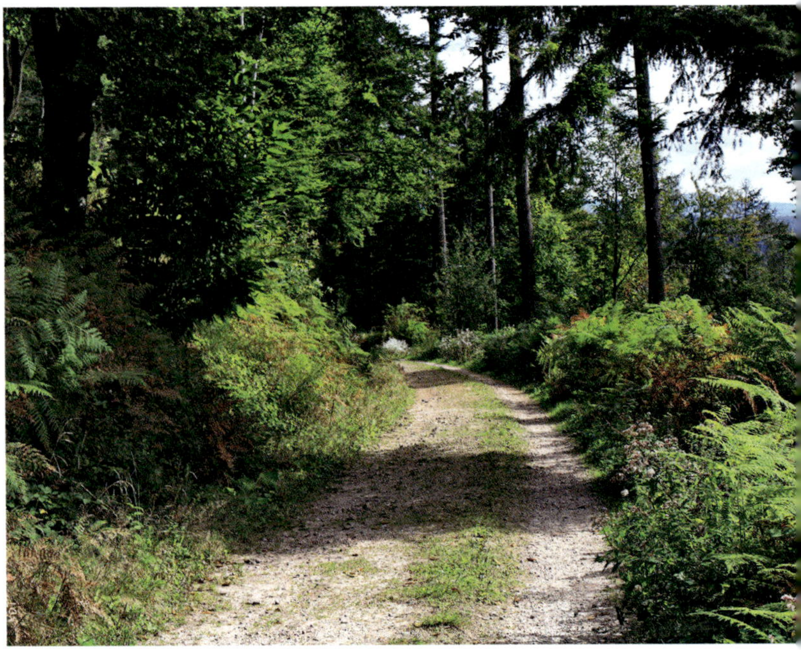

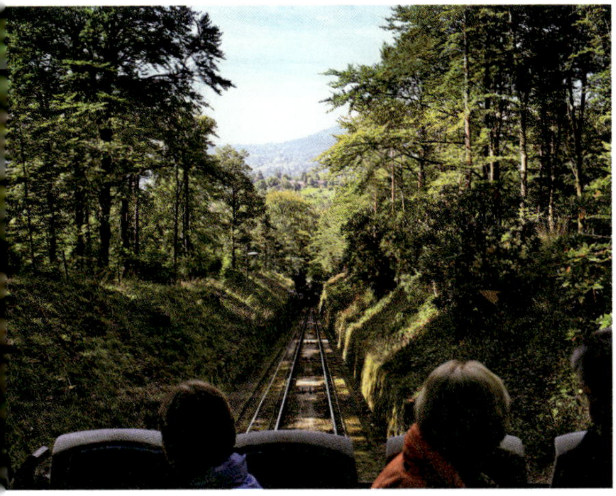

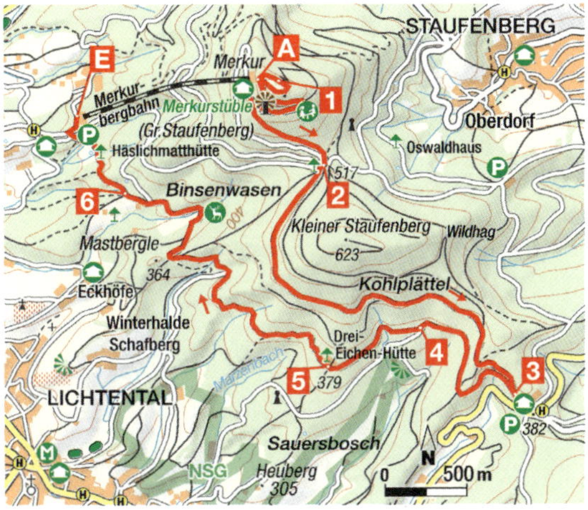

Dann gehen wir denselben Weg oder auf einem der anderen Wege zurück und wandern wie beschrieben auf dem festen Weg weiter. Ab und zu ist »Müllenbild« angeschrieben, aber nicht durchgehend. Wir benötigen aber auch keine Zeichen, denn der Wegverlauf ist denkbar einfach. Der Weg beschreibt bald eine scharfe Rechtskurve, etwas später halten wir uns scharf links und kommen zum **Sattel Binsenwasen** (420 m) **2**, wo sich verschiedene Wege treffen und eine Schutzhütte (Binsenwasenhütte/Fee-Schlapper-Hütte) steht.

Oben: Der Aufstieg erfolgt bequem mit der MerkurBergbahn.

Linke Seite: Der Rückweg führt durch schöne Waldstücke, von denen man teilweise eine Aussicht hat.

Unten: Bei der Bergstation kann man immer Gleitschirmflieger beim Starten beobachten.

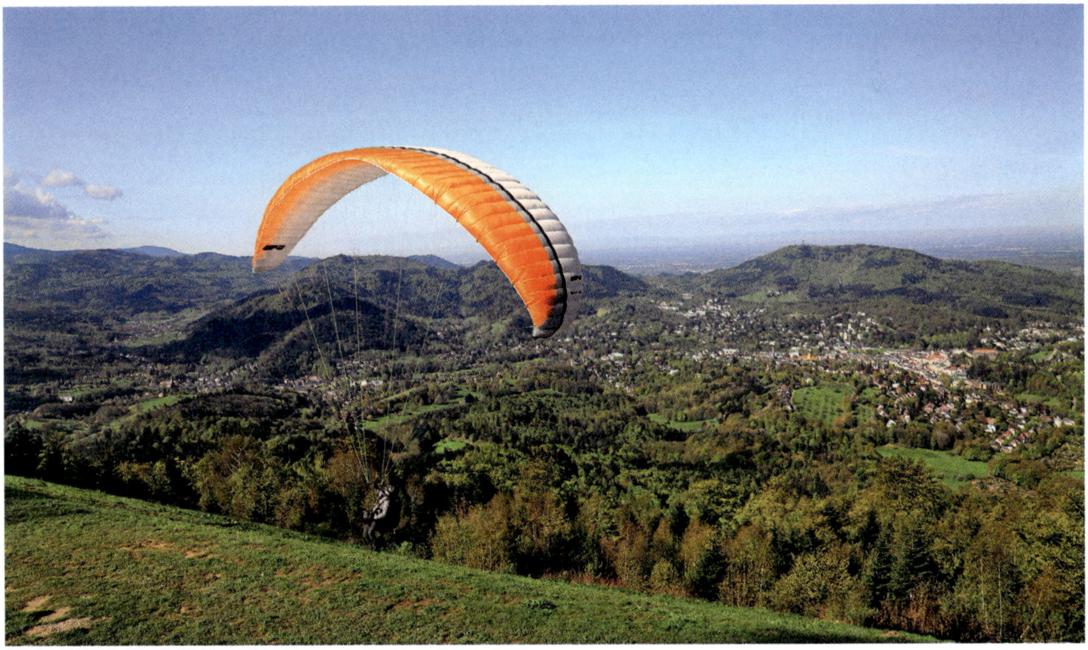

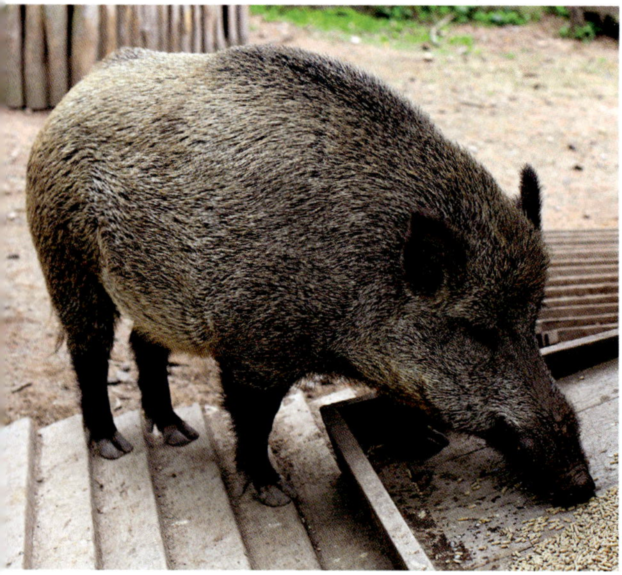

Immer interessant: die Wildschweine im Wildgehege am Ende der Tour

Wir gehen geradeaus weiter, immer leicht abwärts, bis wir schließlich an der Straße beim **Müllenbild** 3 ankommen. Auf der anderen Seite befindet sich der Wanderparkplatz Nachtigall, an dem man auch starten kann. Hier gibt es eine Einkehrmöglichkeit.

Zurück über den Tierpark Dann gehen wir wieder etwas in den Wald hinein, nun orientieren wir uns an den Wegweisern zur »Talstation« oder zum »Bahnhof«. An der nächsten Verzweigung halten wir uns an den eben weiterführenden Weg 4, ab jetzt verläuft die Strecke immer geradeaus weiter.

Wir kommen am Honiggrabenbrunnen und an der Drei-Eichen-Hütte 5 vorbei, dann erreichen wir das **Wildgehege** 6. Hier sehen wir Schwarz-, Dam- und Rotwild sowie Mufflons. Nach der Häslichmatthütte gelangen wir zur Talstation der MerkurBergbahn.

Der Merkur

An der Talstation der MerkurBergbahn wird man von einer Antriebsscheibe und einem Ritzel der Bahn begrüßt. Sie waren von 1913 bis 1967 in Betrieb. Die Scheibe hat einen Durchmesser von 3,6 Metern und wiegt drei Tonnen. Die Bahn ist 1192 Meter lang und überwindet in fünf Minuten einen Höhenunterschied von 370 Metern. Sie zählt mit einer Steigung von bis zu 58% zu den steilsten Standseilbahnen Deutschlands. Zwei Kabinen fahren hinauf und hinunter und begegnen sich an einer Ausweichstelle. Die Bahn fährt automatisch, also ohne Fahrer.

Der 668 Meter hohe Merkur wurde nach dem römischen Gott Mercurius benannt, von dem hier ein geweihter römischer Stein (1.–3. Jh. n. Chr) gefunden wurde. Dies ist seit dem 16. Jahrhundert bezeugt. Der Stein steht heute hinter dem Turm. Er ist eine Nachbildung, das Original befindet sich im Stadtmuseum von Baden-Baden. Der Turm wurde 1837 erstmals errichtet. Er besitzt in zeitgenössischer Art die Form eines Bergfrieds. Einen Teil des Anstiegs kann man mit einem Aufzug bewältigen. Von der 23 Meter hohen Aussichtsplattform sieht man auf Baden-Baden, das Rheintal, zu den Vogesen und über den Schwarzwald – von den Schwarzwaldhöhen sticht besonders die Hornisgrinde mit ihrem Funkturm hervor.

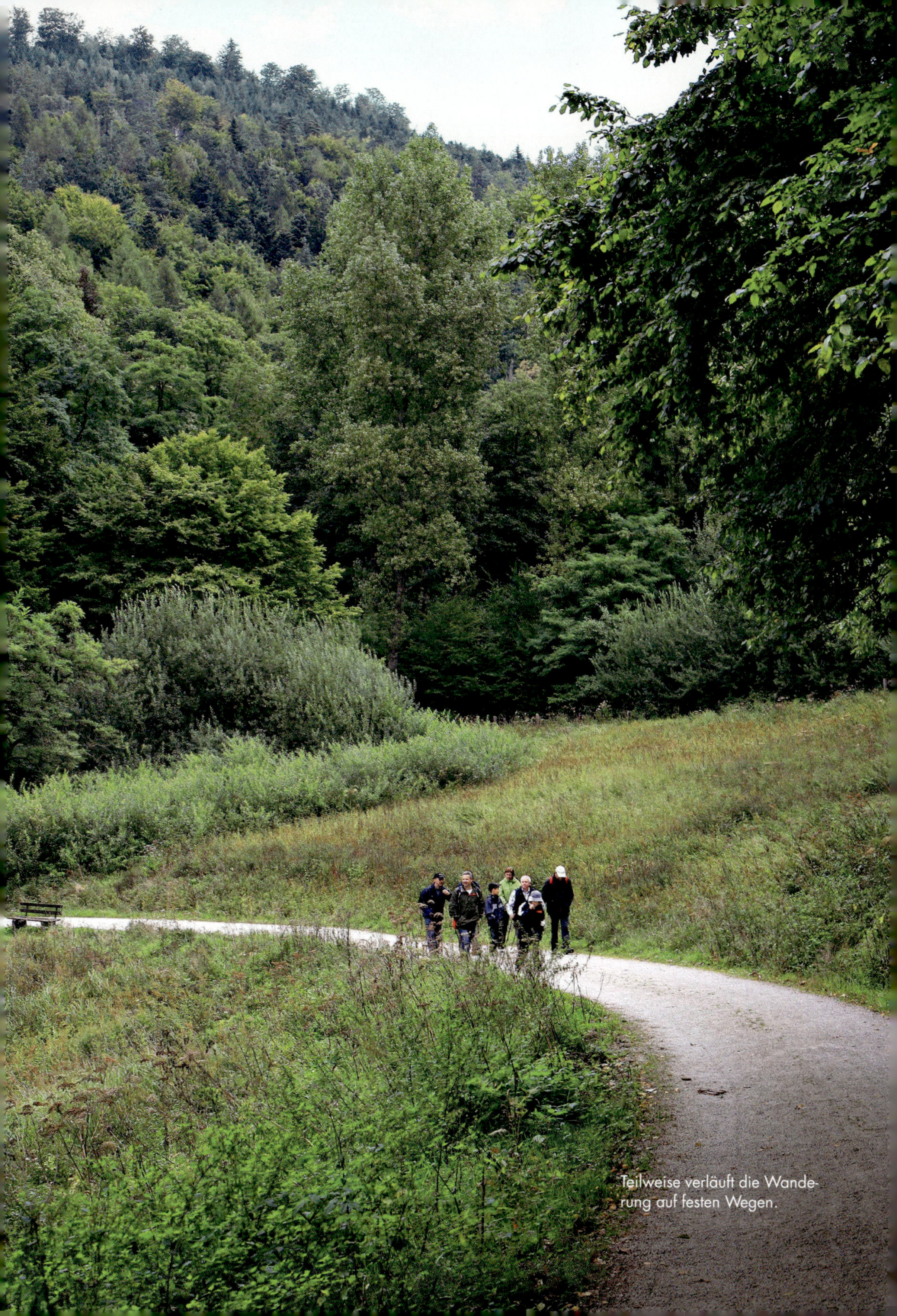

Teilweise verläuft die Wanderung auf festen Wegen.

9 Auf den Sommerberg bei Bad Wildbad

Über den Baumwipfelpfad in den Schwarzwald

leicht | 8,6 km | 120 Hm | 2.15 Std.

Altersempfehlung
Ab 8 Jahren

Tourencharakter
Wir wandern auf festen Wegen.

Kinderwagen
Ja

Ausgangs-/Endpunkt
Bad Wildbad, Wanderparkplatz auf dem Sommerberg, Peter-Liebig-Weg-14

GPS
48.751204, 8.535412

Anfahrt
Auto: Erst auf der A81 Richtung Karlsruhe, dann auf der B295 über Renningen und Weil der Stadt nach Hirsau. Anschließend auf der B296 nach Calmbach und weiter nach Bad Wildbad. Dort kann man entweder zum Parkplatz auf dem Sommerberg fahren oder man parkt unten in der Stadt und fährt mit der Bergbahn hinauf, was für Kinder ein zusätzliches Erlebnis ist.
Bus & Bahn: Bahn bis Bad Wildbad, Haltestelle Uhlandplatz Sommerbergbahn; Info: www.efa-bw.de

Einkehr
Sommerberg, Grünhütte

Information
www.bad-wildbad.de

Zu den beliebtesten Zielen in und um Bad Wildbad gehört der Baumwipfelpfad mit dem 40 Meter hohen Aussichtsturm, der einen weiten Rundumblick über die Wälder des Nordschwarzwalds erlaubt. Nach dieser Attraktion wandern wir auf den gepflegten Waldwegen über den Sommerberg.

Los geht's zum Baumwipfelpfad Wer mit der Sommerbergbahn von Bad Wildbad aus auf die Höhe fährt, geht von der Bergstation weg leicht aufwärts zum Wanderschild Sommerberg (734 m). Dahinter sehen wir schon das Portal zum »Wanderparadies Sommerberg«, der Weg zum »Baumwipfelpfad« ist auch bereits angeschrieben. Autofahrer finden bei der Einfahrt zum Parkplatz ein Portal zum »Baumwipfelpfad«. Von hier aus steigt man im Zickzack in wenigen Minuten hinauf zum **Eingang des Baumwipfelpfads** ❶.

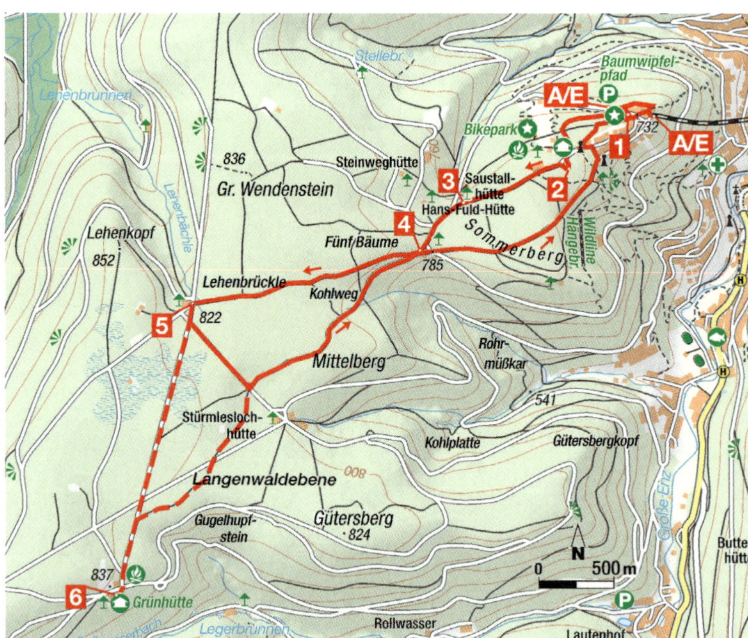

Auf dem Baumwipfelpfad zum Aussichtsturm Wir gehen nun auf diesem bereits kostenpflichtigen Baumwipfelpfad immer sanft ansteigend bis zum **Aussichtsturm** 2. Ihn sollte man jetzt besteigen. Angeschrieben auf der Brüstung sind die Richtungen und Entfernungen von Fernzielen auf der Schwäbischen Alb wie Roßberg, Kornbühl, Hohenzollern, Plettenberg oder Dreifaltigkeitsberg, außerdem der Tödi in den Glarner Alpen in der Schweiz, im Schwarzwald der Hohloh, zudem Baden-Baden, Karlsruhe, Heidelberg, Odenwald, Calw und der Fernsehturm in Stuttgart.

Karte

Freizeitkarte F502 Pforzheim, 1:50000, Landesamt für Geoinformation und Landentwicklung Baden-Württemberg (LGL)

Danach finden wir vor dem Turm unterhalb des Stegs das Schild, das zur »Grünhütte« weist. Ihm folgen wir. Kurz danach kommen wir an einem Rast- und Spielplatz vorbei, anschließend finden wir rechts des Weges eine Grillstelle. Etwas später erreichen wir eine Lichtung mit der **Saustallhütte** (758 m) 3. Auch hier finden wir neben der Hütte Tische, Bänke und eine Grillstelle.

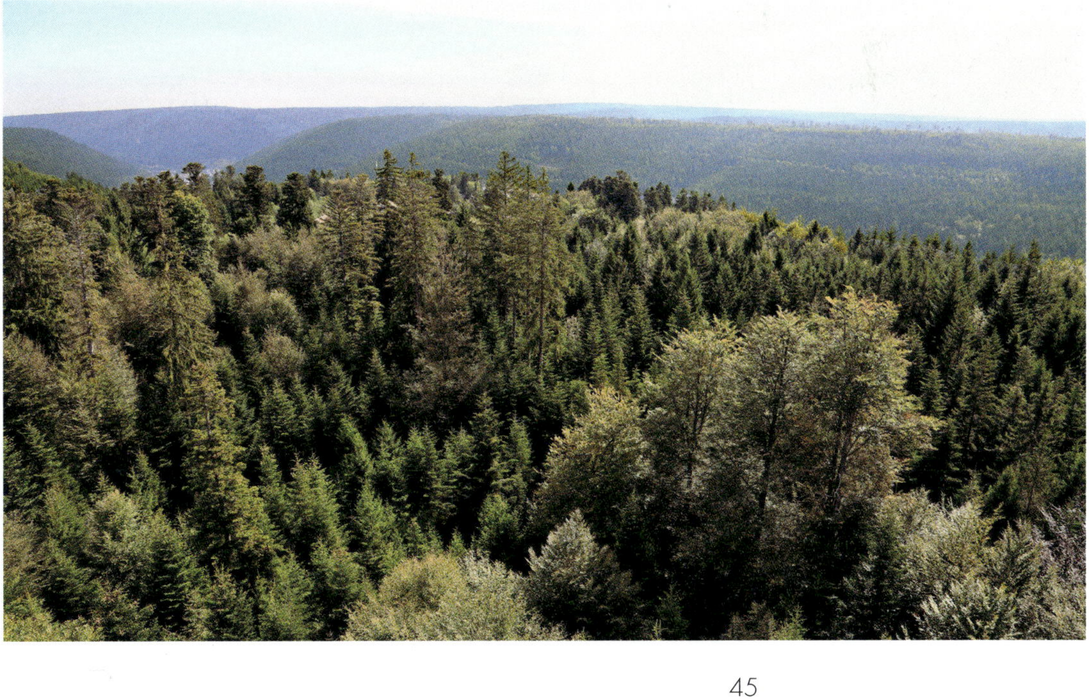

Blick vom Aussichtsturm über die dichten Wälder des Nordschwarzwalds

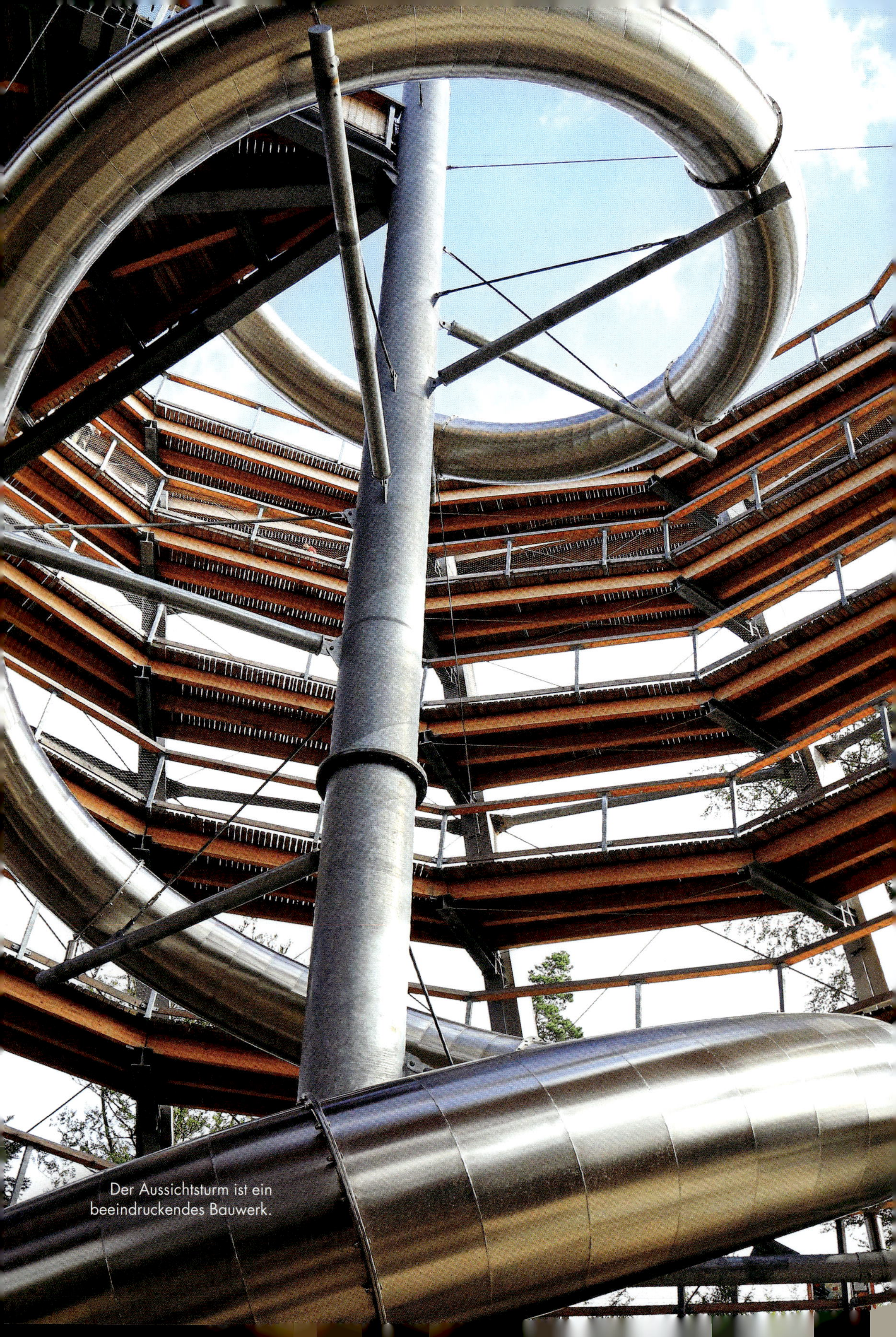

Der Aussichtsturm ist ein beeindruckendes Bauwerk.

Wir wandern geradeaus weiter, vorbei am Schild Bächlesweg (770 m) zur Lichtung **Fünf Bäume** (784 m) 4. Hier gibt es ebenfalls Tische und Bänke sowie eine Schutzhütte, außerdem hat man durch eine Lücke im Wald Aussicht auf die Schwarzwaldhöhen. Am Ende der Lichtung wandern wir auf dem rechten, etwas ansteigenden Weg weiter. Er bringt uns zum **Lehenbrückle** (821 m) 5, wo wir auch eine Schutzhütte sehen. Dort biegen wir links ab in Richtung »Grünhütte«.

Baumwipfelpfad

Der Baumwipfelpfad und der Aussichtsturm sind barrierefrei, es steigt auch immer nur mäßig an. Auch der anschließende Weg durch den Wald ist mit Rollstuhl machbar. Empfehlenswert ist aber ein Elektrorollstuhl oder eine kräftige Begleitperson, denn auf den Turm hinauf steigt es zwar sanft, aber doch insgesamt 40 Höhenmeter an.

Nun wandern wir auf dem breiten Waldweg immer geradeaus. Nach einem querenden breiten Forstweg zweigt der Mittelweg mit der roten Raute als Alter Grünhütteweg links ab. Ihm folgen wir zur schon bekannten Lichtung **Fünf Bäume** 4.

Abstecher zur Grünhütte und zurück Wer einen Abstecher zur Grünhütte machen will, geht nach dem Lehenbrückle jedoch noch geradeaus weiter, passiert das Schild Langenwald und trifft auf dem Querweg danach auf die **Grünhütte** 6. Zurück spazieren wir mit der Raute des Mittelwegs erst auf demselben Weg und zweigen nach dem Schild Langenwald mit dem Zeichen rechts ab. Nun wandern wir am Schild Langenwaldebene (832 m), danach am Schild Laternenbuckel (815 m) vorbei ebenfalls zur Lichtung Fünf Bäume 4.

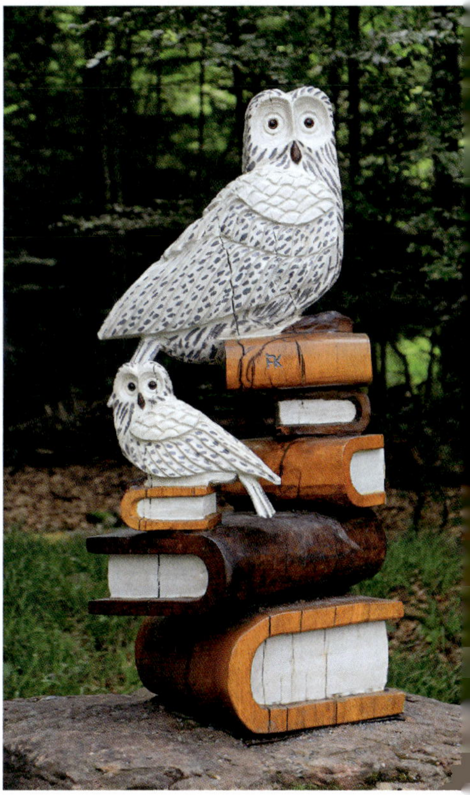

Dass Eulen mit Weisheit in Verbindung gebracht werden, symbolisieren die Bücher.

Hier nehmen wir am Ende der Lichtung den linken der beiden Wege, der mit der gelben Raute nach »Sommerberg« führt (der rechte ist der Mittelweg). Jetzt gehen wir – anfangs auf dem Heermannsweg – eine Weile durch den Wald bis zum querenden Peter-Liebig-Weg vor Häusern. Wir halten uns links, dann gleich wieder rechts und kommen zum querenden Emmaweg. Nach rechts folgen wir ihm nach **Sommerberg**. Geradeaus geht es auf dem Peter-Liebig-Weg zur Bergstation, nach links auf dem Blöcherweg zum Parkplatz.

10 Von der Klosterruine zur Einsiedlerhöhle

Einsame Unterkunft im dichten Wald

mittel	8,4 km	270 Hm	2.30 Std.

Altersempfehlung
Ab 10 Jahren

Tourencharakter
Die Tour beginnt mit einem Anstieg, nach einer ebenen Strecke geht es dann wieder hinab zum Ausgangspunkt. Sie findet auf Pfaden und Forstwegen statt, am Schluss auf einem asphaltierten Weg.

Kinderwagen
Nein

Ausgangs-/Endpunkt
Hirsau, Parkplatz P3 Kursaal, Uhlandstraße

GPS
48.734069, 8.732629

Karte
Freizeitkarte F502 Pforzheim, 1:50 000, Landesamt für Geoinformation und Landentwicklung (LGL)

Anfahrt
Auto: Von Calw auf der B463 nach Hirsau, GPS Parkplatz P3 Kursaal
Bus & Bahn: Bahn bis Hirsau; Info: www.efa-bw.de

Einkehr
Hirsau

Information
www.calw.de

Die Tour beginnt im ehemaligen Klosterort Hirsau. Zuerst steigen wir durch den Wald hinauf zur Bruderhöhle, in der ein Einsiedler des Klosters gewohnt haben soll, danach wandern wir durch einen schönen Mischwald über die Hochfläche.

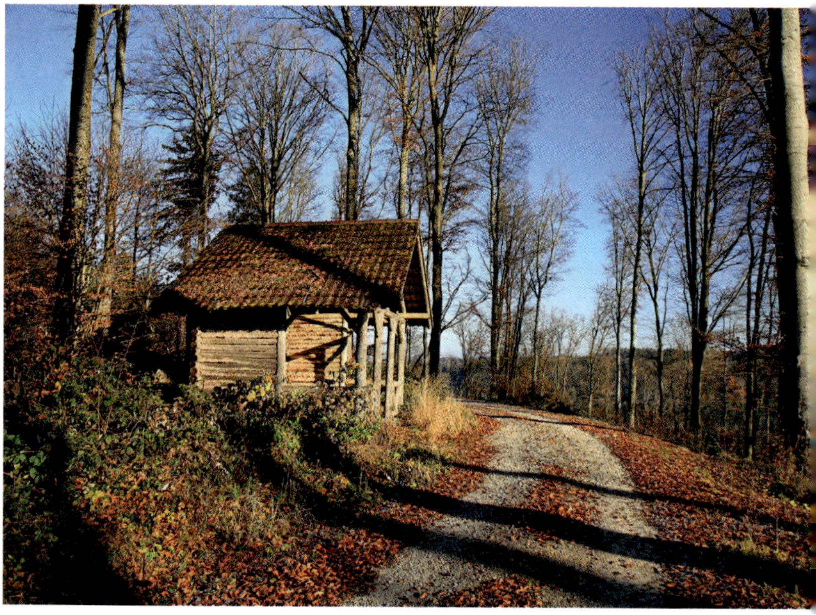

Hinauf zur Höhle des Einsiedlers Vom **Parkplatz beim Kursaal** folgen wir der Uhlandstraße bis zum Kreisverkehr. Dort biegen wir links ab in die Wildbader Straße/B296. Kurz darauf sehen wir rechts die Klosterruine ❶. Ob man sie jetzt gleich oder nach der Rückkehr besichtigt, ist eine Geschmacksfrage.

Wir folgen der Straße noch etwas weiter bis zum Wanderschild **Hirsau Brudersteige** (345 m) ❷. Hier biegen wir rechts ab in die Straße Brudersteige, »Bruderhöhle« ist bereits angeschrieben, als Wanderzeichen orientieren wir uns an der gelben Raute. Immer geradeaus gehend verlassen wir den Ort und kommen zum Waldrand; hier steht das Schild **Hirsau Conventrain (380 m).** Nun zweigen wir links ab in den Wald.

Nach etwas Anstieg treffen wir auf einen querenden Forstweg, der durch eine grün bemooste Mauer gestützt ist. Wir halten uns rechts, biegen aber gleich ab in den linken, weiter ansteigenden Weg. Er bringt uns hinauf bis vor eine Art Terrasse oberhalb einer Betonmauer, die durch ein Geländer gesichert ist. Davor noch werden wir nach rechts hinab zur »Bruderhöhle« verwiesen. Ein Pfad führt uns steil hinab zu dieser **Höhle 3.** Bei feuchtem Wetter müssen wir auf ihm etwas aufpassen.

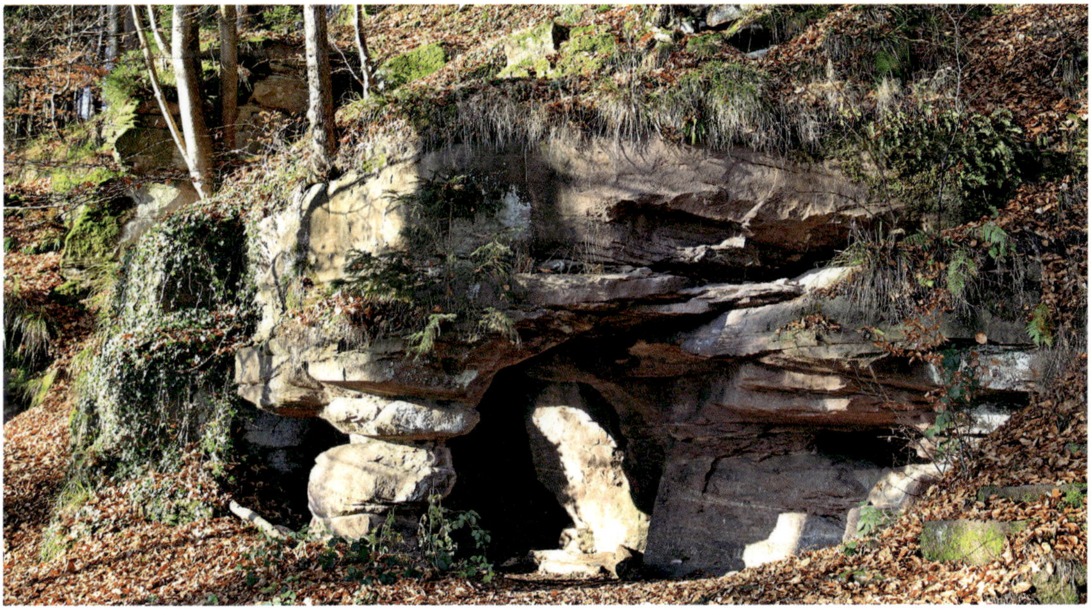

Blick in die Höhle, in der die Einsiedler gewohnt haben.

Linke Seite: Die Wanderung führt an einer kleinen Schutzhütte auf der Ernstmühler Platte vorbei.

Über die Hochfläche Danach gehen wir wieder hinauf zum Forstweg und folgen ihm nach rechts. Nach einer Linkskurve mündet unser Weg in den Oberen Bruderbergweg, dem wir in Gehrichtung folgen. Den Anstieg haben wir nun zum größten Teil geschafft, nun geht es nur mäßig ansteigend weiter.

An einer Verzweigung halten wir uns rechts, gleich danach nennt sich der Weg Hohrissweg; dieser begleitet uns nun eine ganze Weile. Anschließend wenden wir uns an der Verzweigung mit dem Wanderzeichen gelbe Raute nach links. An einer Linkskurve steht eine hölzerne **Schutzhütte** ❹; wir befinden uns jetzt auf der sogenannten Ernstmühler Platte.

Kurz danach zweigt an einer kleinen Verkehrsinsel links ein Weg ab, ihm folgen wir, vorerst ohne Zeichen. Bald wandern wir an der links liegenden Landesklinik vorbei, danach stoßen wir auf den mit der gelben Raute markierten Wanderweg, der von links kommt. Wir behalten noch kurz unsere Richtung bei bis zur Zufahrtsstraße zum Krankenhaus, dann biegen wir dort rechts ab.

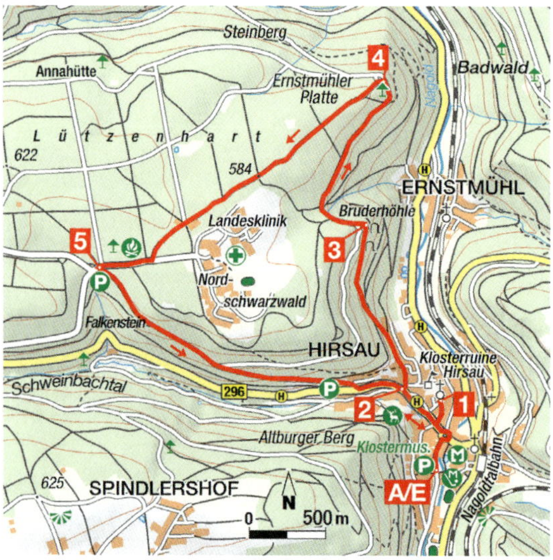

Hinab nach Hirsau Nach wenigen Minuten am Schild **Lärchengarten** ❺ orientieren wir uns links in Richtung »Hirsau«. Nun wandern wir in der Alten Badstraße abwärts. Nach einiger Zeit geht der Forstweg in einen asphaltierten Weg über. Schließlich sehen wir vor uns die Wildbader Straße. Hier gehen wir am Schild **Hirsau Ziegeläcker (380 m)** vorbei und halten uns an der Straße links. Sie bringt uns nach Hirsau. Es geht am bekannten Schild Brudersteige vorbei, danach kann, wer es noch nicht gemacht hat, das links liegende sehenswerte Klosterareal besichtigen. Am Kreisverkehr folgen wir der Uhlandstraße nach rechts zum Parkplatz.

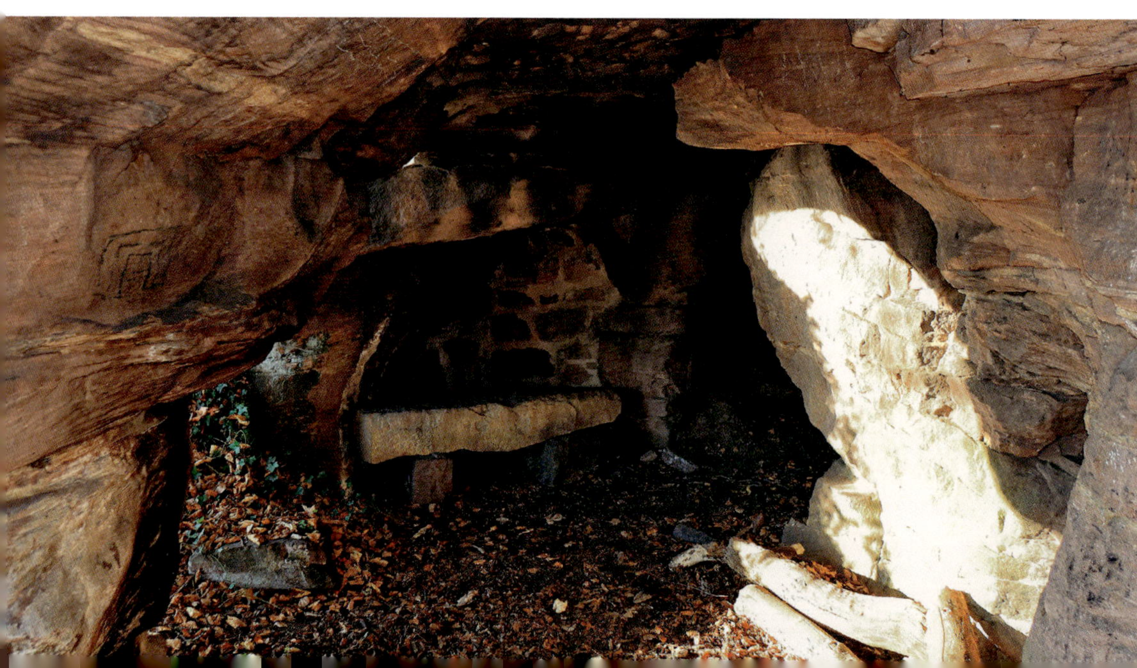

Blick in die Höhle der Einsiedler und auf ihre spärliche »Einrichtung«

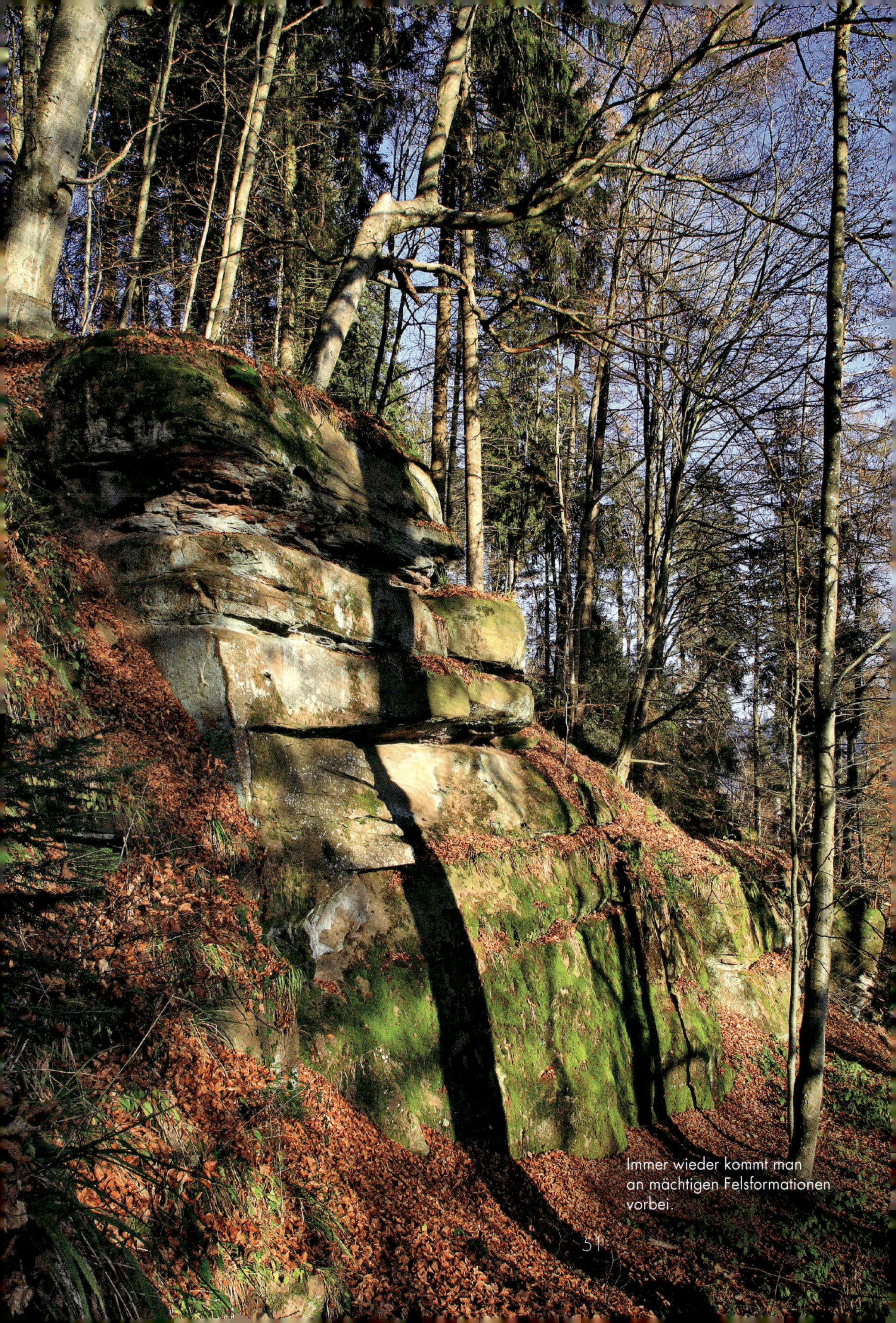

Immer wieder kommt man an mächtigen Felsformationen vorbei.

11 Zur Krokusblüte nach Zavelstein

Blumenwiesen und Schwarzwaldbach

mittel	9 km	180 Hm	2.30 Std.

Altersempfehlung
Ab 8 Jahren

Kinderwagen
Nein

Ausgangs-/Endpunkt
Bad Teinach-Zavelstein (Bahnhofstr. 1)

GPS
48.694356, 8.689924

Karte
Freizeitkarte F502 Pforzheim, 1:50000, Landesamt für Geoinformation und Landentwicklung Baden-Württemberg (LGL)

Anfahrt
Auto: A81 bis Ausfahrt Gärtringen, dann nach Deckenpfronn, dort nach Norden zur B296, vor Stammheim nach Westen hinab zur B463, wieder nach Norden bis zum Bad Teinacher Bahnhof und auf der Bahnhofstraße hinauf nach Zavelstein
Bus & Bahn: S-Bahn bis Bahnhof Bad Teinach oder Weil der Stadt, dann Bus bis Zavelstein Haltestelle Feuersee; Info: www.efa-bw.de

Einkehr
Wanderheim des Schwarzwaldvereins; Zavelstein Ort

Information
www.bad-teinach-zavelstein.de

In Zavelstein ist im Frühling viel geboten: ein altes, kleines Städtchen, eine Burgruine und als Natursehenswürdigkeit die Krokusblüte. Beeindruckend ist auch die Romantik des Rötelbaches, – das Urbild eines Schwarzwaldbaches. Glasklar, geheimnisvoll gluckernd, blubbernd und murmelnd, rieselt er emsig zwischen großen über und über mit Moos bedeckten Steinen.

Krokusblüte

Eine der bekanntesten Natursehenswürdigkeiten im nördlichen Schwarzwald ist die Krokusblüte in Zavelstein. Zu ihr fuhren vor Jahren sogar Sonderzüge zu dem seinerzeit wohl überwältigenden Schauspiel. Aber auch heute noch sind ab etwa Mitte März die Wiesen oberhalb des alten Städtchens mit zartlila und – seltener – weißen Krokussen bedeckt. Die acht bis zwölf Zentimeter großen Krokusse (Crocus napolitanus) wurden 1825 im »Correspondenzblatt des Württembergischen Landwirtschaftlichen Vereines« als »Gewächs, welches bisher als Württembergisches nicht bekannt war« erstmals erwähnt. Angeblich hat sie der Burgherr Benjamin Buwinghausen von Wallmerode, »Staatsmann, Obrist, Geheimer und Kriegsrat«, Anfang des 17. Jahrhunderts von einer seiner Reisen in die Mittelmeerländer mitgebracht. Diese eigentlich aus den südlichen Alpen und dem Küstenland östlich der Adria stammende Pflanze ist dann aus dem Zavelsteiner Burggarten »entflohen« und in den Wiesen ausgewildert. Das Vieh hat den Samen wohl gefressen, unverdaut wieder ausgeschieden und so für eine zusätzliche Verbreitung in den Wiesen auch der Umgebung gesorgt. Es könnte aber auch sein, dass sie von den Mönchen des Hirsauer Klosters angepflanzt wurde, um aus den Blüten Safran zu gewinnen. Das seit 1979 geschützte, rund 53 Hektar große Naturschutzgebiet soll die einzige Fläche in Südwestdeutschland sein, wo Krokus wild wächst.

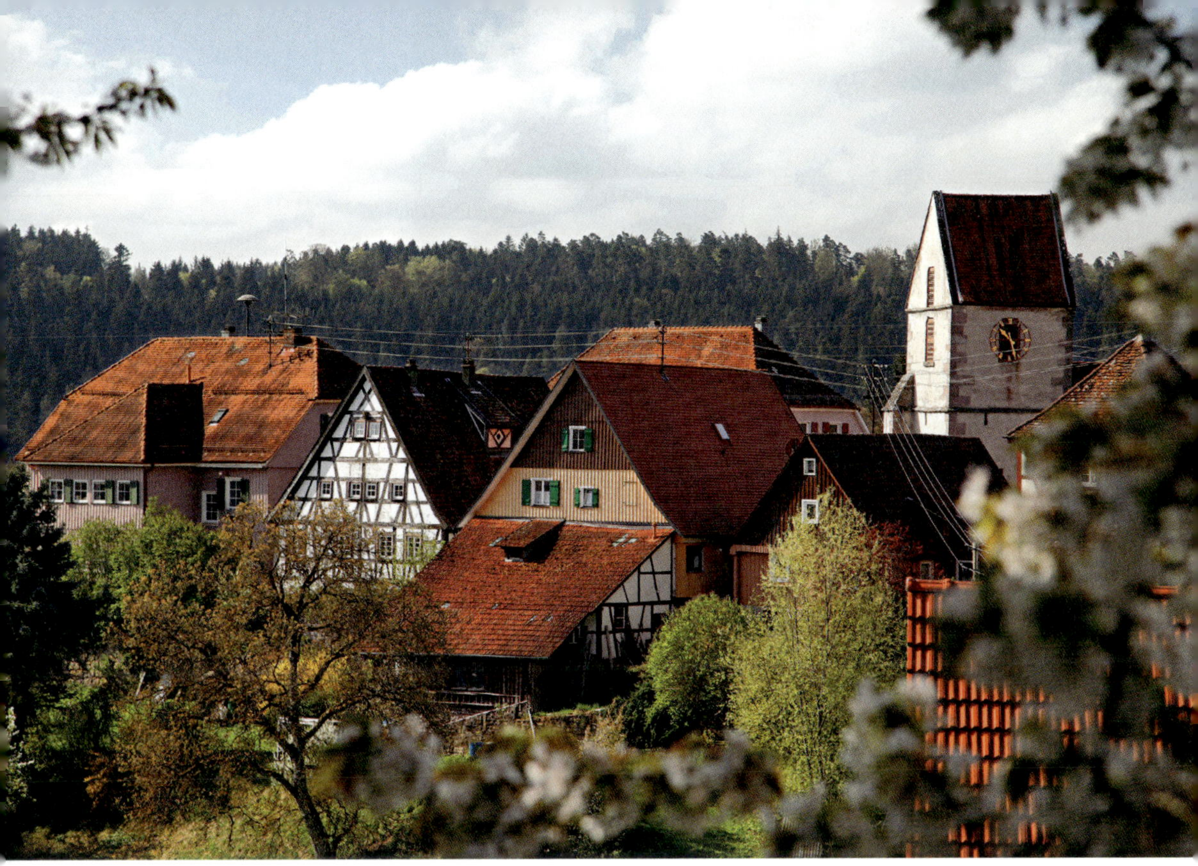

Blick auf das alte »Städtle« Zavelstein

Krokuswiesen und ein wilder Schwarzwaldbach Wir gehen vom Parkplatz aus kurz in Richtung Ort und zweigen gleich ab in die Schulstraße, die mit dem Zeichen des Ostwegs (schwarz-rote Raute) markiert ist. Ein Sühnekreuz erinnert daran, dass sich hier einmal zwei Brüder erschlagen haben. An einer Kreuzung gehen wir geradeaus im Spinnerin-Kreuz-Weg weiter. Nach dem Ort sehen wir rechts das Spinnerin-Kreuz von 1447. Hier soll einmal eine Spinnerin im Schneesturm erfroren sein. Links liegen die **Krokuswiesen**, wo im Frühjahr die berühmten Krokusse wachsen.

Tourencharakter

Wir wandern meist auf festen Wegen, zwischen Zavelstein und Speßhardt teilweise unbefestigt auf Pfaden, ebenso hinab zum und am Rötelbach.

Am **Waldrand** (1) befindet sich links in der Fronwaldstraße das Wanderheim des Schwarzwaldvereins. Unser Weg führt uns aber geradeaus, bald rechts einer Lichtung weiter. Wir überqueren ein Sträßchen, dann geht es steil bergab ins Rötelbachtal. Wer einen romantischen Schwarzwaldbach erleben will, der über herrlich bemooste Steine glu-

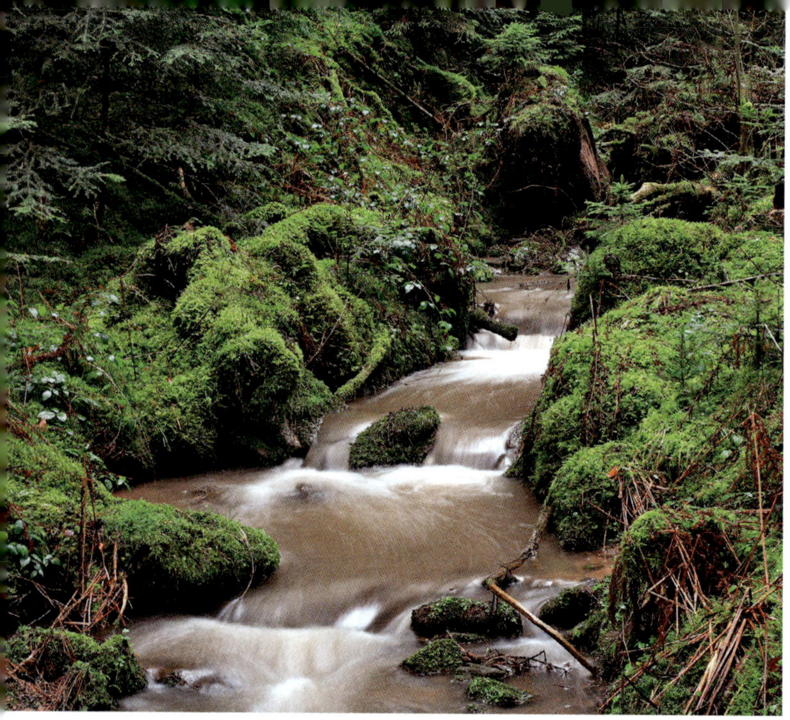

Der von bemoosten Steinen umgebene Rötelbach ist ein typischer Schwarzwaldbach.

Rechte Seite: Blick vom Turm auf die Ruine Zavelstein

ckert, kann nun auf dem **Rötelbachweg** 2 nach rechts einen Abstecher machen, dann aber wieder hierher zurückkehren. Nach dem Bach steigt es an, bis bei einem **Parkplatz** 3 Wanderwege queren; hier halten wir uns links in Richtung »Speßhardt«.

Über Speßhardt nach Zavelstein Wir spazieren nach Speßhardt hinein, wo wir der Kohlerstraße folgen. Kurz nachdem rechts die Sommerhardter Straße abgegangen ist, biegen wir links ab. Gleich darauf zieht die Sommerhardter Straße scharf nach links, wir gehen aber geradeaus im Allmandweg weiter 4. Er bringt uns mit der blauen Raute zum Waldrand. Dort geht es nun nach links in den Wald und steil hinauf.

Eine Ruine als Höhepunkt Nach dem Waldstück wandern wir über eine aussichtsreiche Wiesenfläche, dann nach einem Sträßchen wieder in den Wald bis zu einer Kreuzung 5. Hier biegen wir mit der blauen Raute links in Richtung »Zavelstein« ab. Wir treffen auf ein Landsträßchen, halten uns kurz rechts, dann wieder links in die Vogteistraße 6 und erreichen bald die ersten Häuser von **Zavelstein**. Wir spazieren durch das Wohngebiet bis zur querenden Krokusstraße; hier biegen wir rechts ab und kommen ins Zentrum.

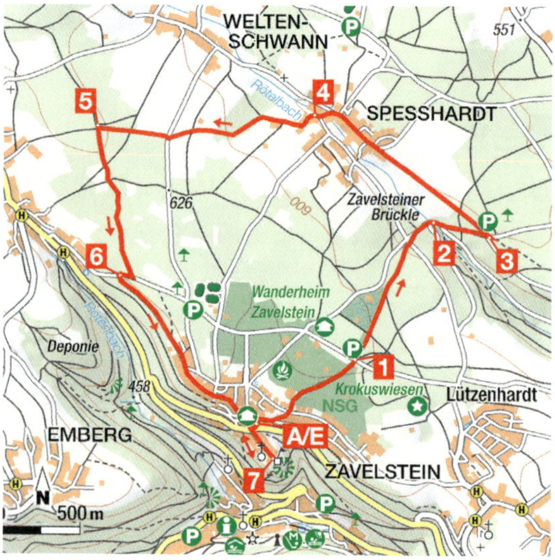

Nun empfiehlt es sich, durch die Straße Im Städtle zwischen den alten Häusern zur **Ruine** 7 zu gehen. Danach kehren wir zurück und biegen rechts in die Bahnhofstraße ein. Sie bringt uns zurück zum Ausgangspunkt.

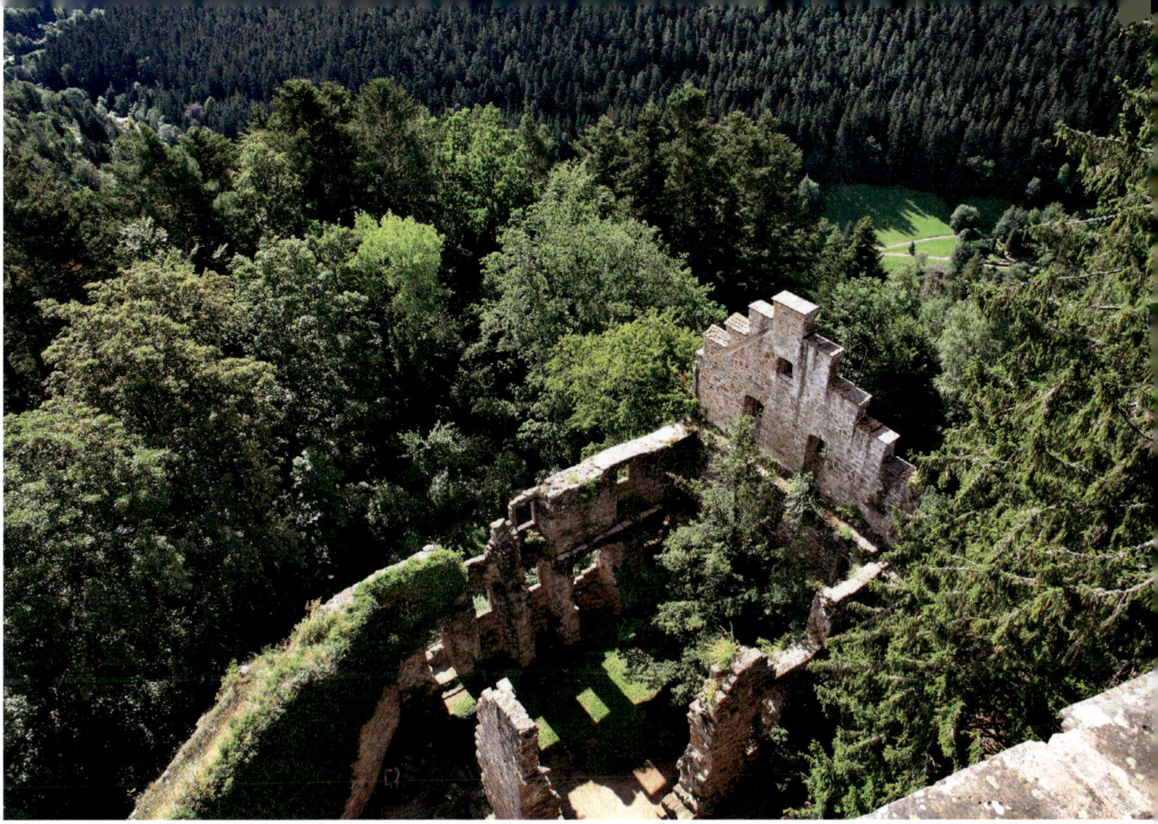

Zavelstein

Das alte Zavelstein – früher die kleinste Stadt Württembergs, zeitweise sogar Deutschlands – bestand eigentlich nur aus einer Straße mit 14 Häusern auf beiden Seiten, der Kirche und der Burg. Das Stadtrecht wurde dem Ort der Sage nach von Graf Eberhard II. (dem Greiner) verliehen, da er und sein Sohn Ulrich hier Schutz und Zuflucht fanden, als sie von Graf Wolf von Eberstein im Wildbad überfallen wurden. Vor den Württembergern hatte der Ort verschiedene Herren, so u. a. die damals mächtigen Pfalzgrafen von Tübingen. Mit ihnen ging es unter Pfalzgraf Götz rasch bergab, er musste seinen Besitz verkaufen und bekam zum Schluss von den Württembergern nur Zavelstein und Sindelfingen als »Leibgeding auf Lebenszeit«. Nach verschiedenen anderen erhielt 1612 Benjamin Buwinghausen von Wallmerode das Lehen. Er ließ die Burg von dem herzoglichen Baumeister Heinrich Schickardt umbauen. Im Dreißigjährigen Krieg und im französisch-pfälzischen Erbfolgekrieg wurde das Städtchen dann in Mitleidenschaft gezogen. Im Ersteren plünderten kaiserliche Truppen die Burg mitsamt dem riesigen Weinkeller völlig aus, im zweiten wurden die Bewohner gezwungen, das Reisig zur Einäscherung der Stadt selbst in ihre Häuser zu tragen. Wie bei so vielen Zerstörungen im Land in diesem Krieg ist dies dem französischen General Mélac anzulasten. Das »Ämbtlein Zavelstein« wurde aufgelöst, als Herzog Friedrich II. von Napoleon die Königswürde erhielt und die altlandständische Verfassung Württembergs aufhob.

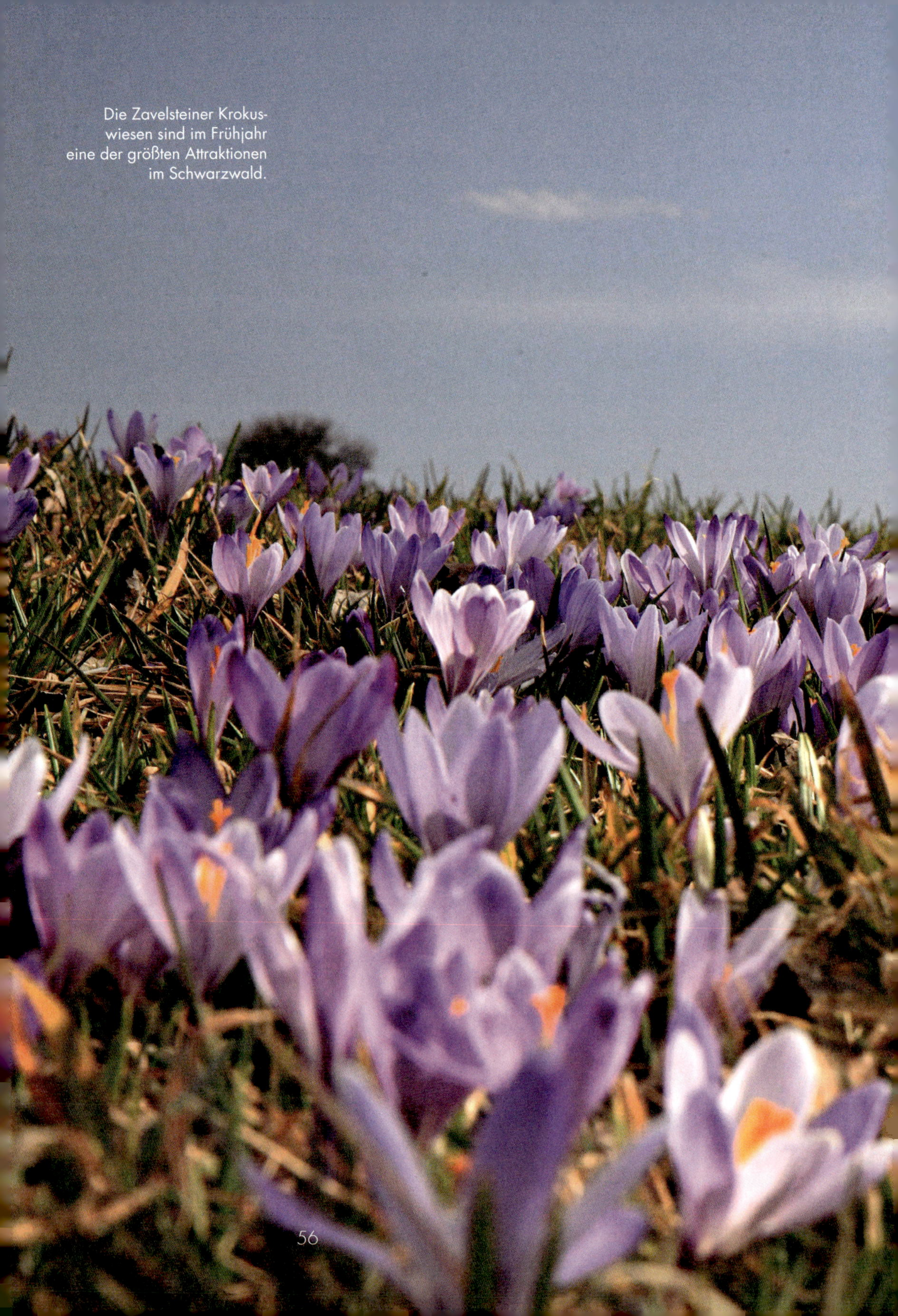

Die Zavelsteiner Krokuswiesen sind im Frühjahr eine der größten Attraktionen im Schwarzwald.

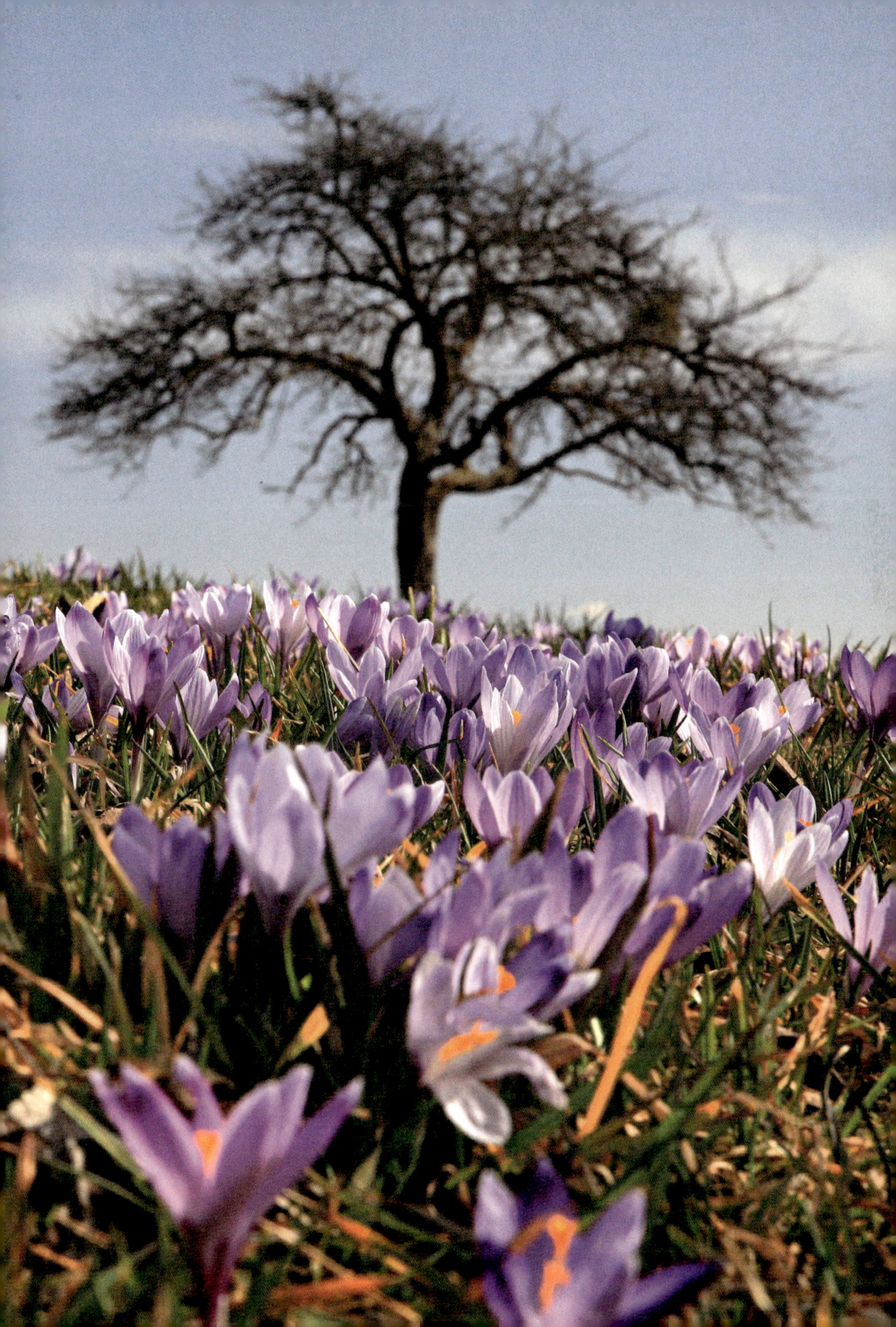

12 Von Sand über den Aussichtsturm zur Seeidylle

Blick ins Rheintal vom Mehliskopf

mittel	8,5 km	220 Hm	2.30 Std.

Altersempfehlung
Ab 10 Jahren

Tourencharakter
Wir wandern auf festen Wegen und Pfaden.

Kinderwagen
Nein

GPS
48.656931, 8.241275

Karte
Wanderkarte W235 Freudenstadt, 1:25 000, Landesamt für Geoinformation und Landentwicklung Baden-Württemberg (LGL) in Zusammenarbeit mit dem Schwarzwaldverein e.V.

Anfahrt
Auto: A8 und A5 bis Ausfahrt Bühl, dann über Bühl und Bühlertal zur Schwarzwaldhochstraße/B500
Bus & Bahn: S-Bahn nach Bühl oder Forbach, Bus bis Haltestelle Mehliskopf; Info: www.efa-bw.de

Einkehr
Sand, bei den Freizeiteinrichtungen

Information
www.forbach.de

Der Mehliskopf ist vielleicht vor allem Wintersportlern bekannt, aber auch in anderen Jahreszeiten ist der fast 1000 Meter hohe Berg ein lohnenswertes Ziel. Er besitzt einen Aussichtsturm, der einen weiten Blick über den Schwarzwald und ins Rheintal ermöglicht, und man kann einen idyllischen kleinen See besuchen.

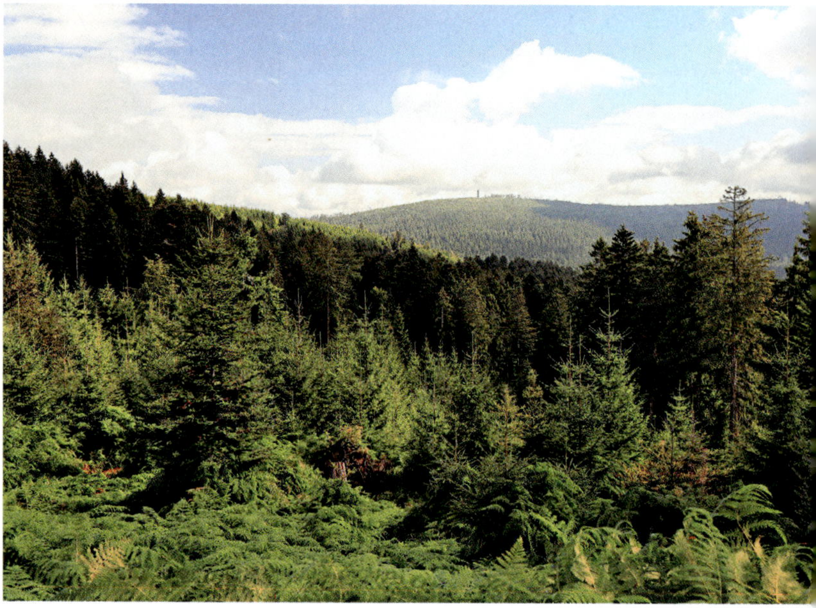

Aufstieg auf dem Skihang Gegenüber der Parkplätze an der **Bobbahn** und des Skihangs findet man eine Bushaltestelle und das Wanderschild **Mehliskopf** (815 m). Dort folgen wir einem Forstweg, der uns nach ein wenig Bergab dann bergauf zum Schild **Sandseeweg** (818 m) ❶ führt.

Wir halten uns links und erreichen kurz darauf das ehemalige Hotel Kurhaus Sand und das Schild Sand Hotel (826 m). Hier überqueren wir die L83 nach links zum Parkplatz und dem

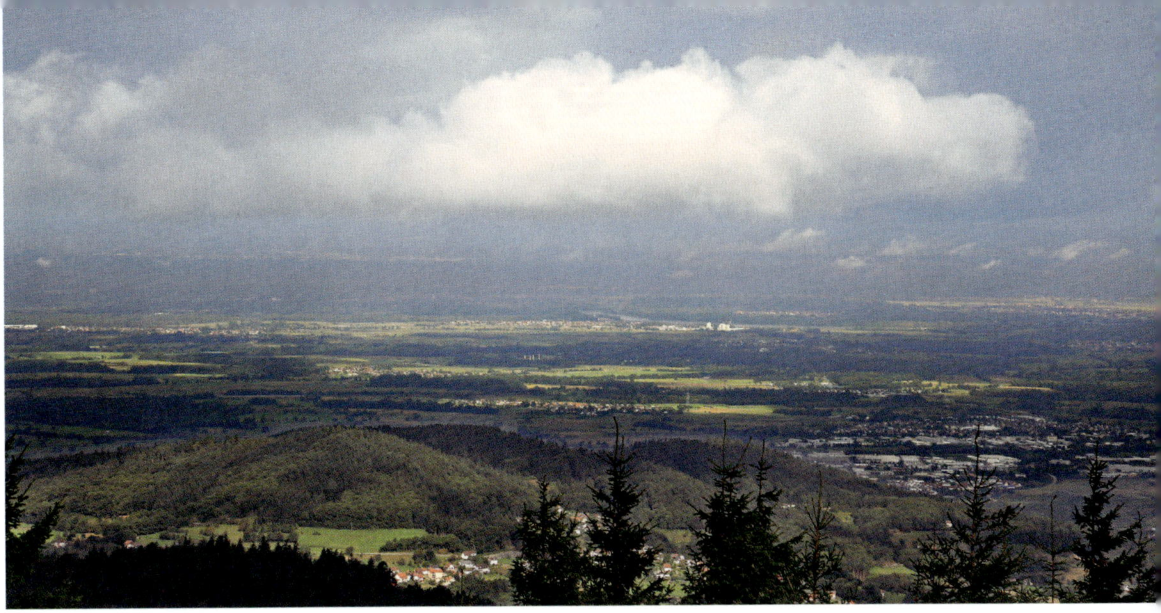

Blick vom Aussichtsturm in die Rheinebene

Linke Seite: Vom Wanderweg sieht man zur Badener Höhe mit dem Friedrichsturm.

Schild Sand Kapelle (826 m). Auf der anderen Seite der Schwarzwaldhochstraße kann man auch die moderne Kapelle aufsuchen.

Der Wanderweg führt uns aber mit der roten Raute des Westwegs auf einem Schotterweg parallel zur Bundesstraße nach Süden in Richtung »Mehliskopfturm«. Es steigt etwas an und nach etwa 400 Metern erreichen wir das Schild **Schwarzbergle** (855 m) 2. Hier folgen wir der gelben Raute nach links. Nach dem Wald stoßen wir auf den Skihang. Es geht etwa 100 Meter auf einem schmalen Pfad durch den Skihang, dann halten wir uns rechts und kommen wieder in den Wald.

Wir passieren das Schild Mehliskopf Skihang (930 m), danach geht es geradeaus weiter, bis der Pfad links abknickt und uns hoch zum Schild Mehliskopfturm (998 m) beziehungsweise zum **Turm** 3 bringt.

Rückweg durch den Wald Vorbei am Turm folgen wir den Wegweisern nach »Herrenwies«, etwas später kommen wir in den Wald und gehen bis zum Schild **Westliche Dreikohlplatten** (955 m). Dort ori-

Ausgangs-/Endpunkt

Forbach, Mehliskopf, Freizeiteinrichtungen/Bobbahn unterhalb von Sand an der L83; falls die Parkplätze bei den Freizeiteinrichtungen belegt sein sollten, gibt es an der Einmündung der aus dem Murgtal kommenden L83 in die Schwarzwaldhochstraße/B500 weitere Parkmöglichkeiten. Hier steht nördlich des Zwickels der beiden Straßen das ehemalige Hotel Kurhaus Sand, auf der südlichen Straßenseite findet man einen Parkplatz. Ein weiterer Ausweichparkplatz befindet sich auf der anderen Seite der B500 bei der Kapelle.

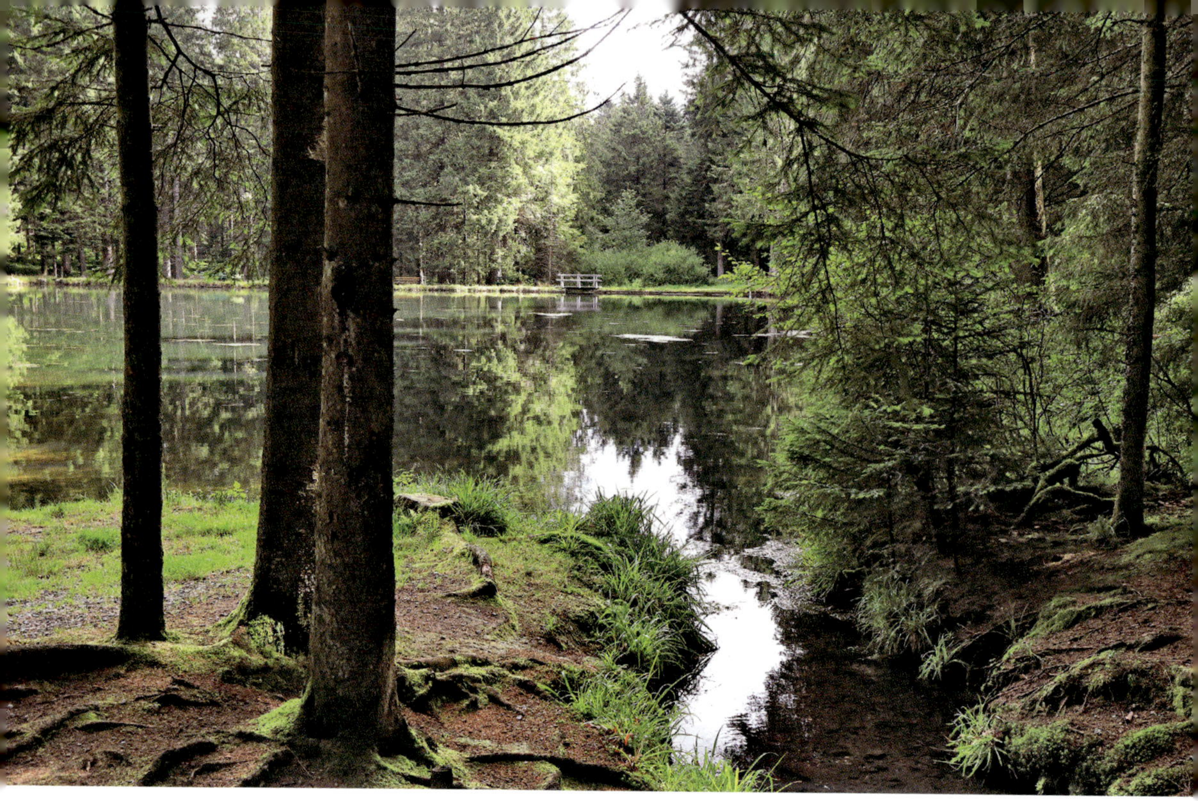

Der Sandsee liegt versteckt im Wald.

entieren wir uns links. Nach etwa 200 Metern biegen wir am Schild **Östliche Dreikohlplatten** (950 m) ❹ links ab.

Es geht abwärts, wobei wir nach rechts einen Blick zur Badener Höhe mit dem Friedrichsturm haben. An der Verzweigung beim Schild **Grünwinkel** (885 m) ❺ nehmen wir den linken Weg in Richtung »Bobbahn Sand«. Ihm folgen wir bis zum Schild **Ochsenkopfweg** ❻. Hier haben wir zwei Möglichkeiten. Die schnel-

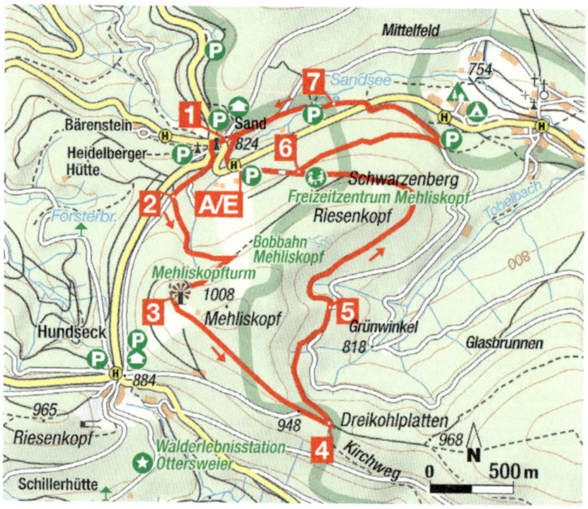

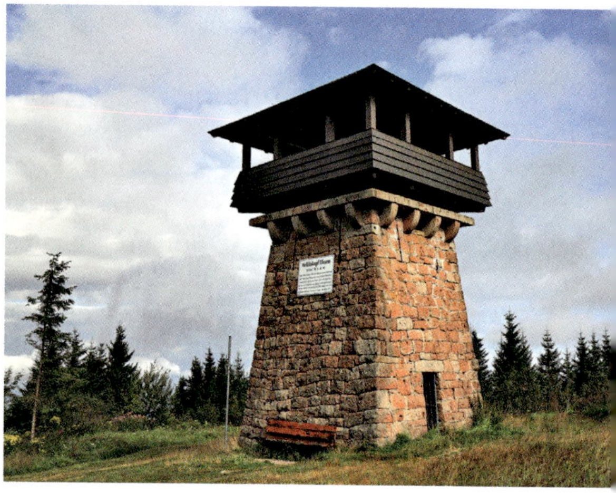

Der Mehliskopfturm liegt an aussichtsreicher Stelle über dem Skihang.

lere Variante zum Ausgangspunkt wäre, dass wir geradeaus zur L83 und zur Bobbahn gehen, hinter der sich unser Ausgangspunkt befindet (gestrichelte Variante). Das ist vor allem reizvoll, wenn man Kinder dabeihat, die sich nach der Bobbahn, dem Kletterwald oder den sonstigen Attraktionen sehnen.

Zur Seeidylle Schöner ist allerdings die folgende Alternative: Wir biegen am Schild Ochsenkopfweg rechts ab und gehen bis zu einem querenden Weg. Auf ihm wandern wir abwärts bis vor die L83, wo sich ein Parkplatz befindet. Auf der anderen Seite der Landstraße kommen wir in wenigen Minuten hinab zum idyllischen **Sandsee** 7. Um ihn herum gibt es viele Bänke, sodass man es gut eine Weile aushalten kann. Wir gehen links an ihm vorbei, danach steigt es an. Unser Weg mündet in einen mit der blauen Raute markierten Schotterweg, dem wir weiter nach links folgen. Bald erreichen wir das bekannte Schild **Sandseeweg** (818 m) 1. Hier geht es nach links zur L83 und zu unserem Parkplatz. Nach rechts ginge es zu einer Einkehrmöglichkeit (Naturfreundehaus).

Den Sandsee kann man in verschiedene Wanderungen einbauen.

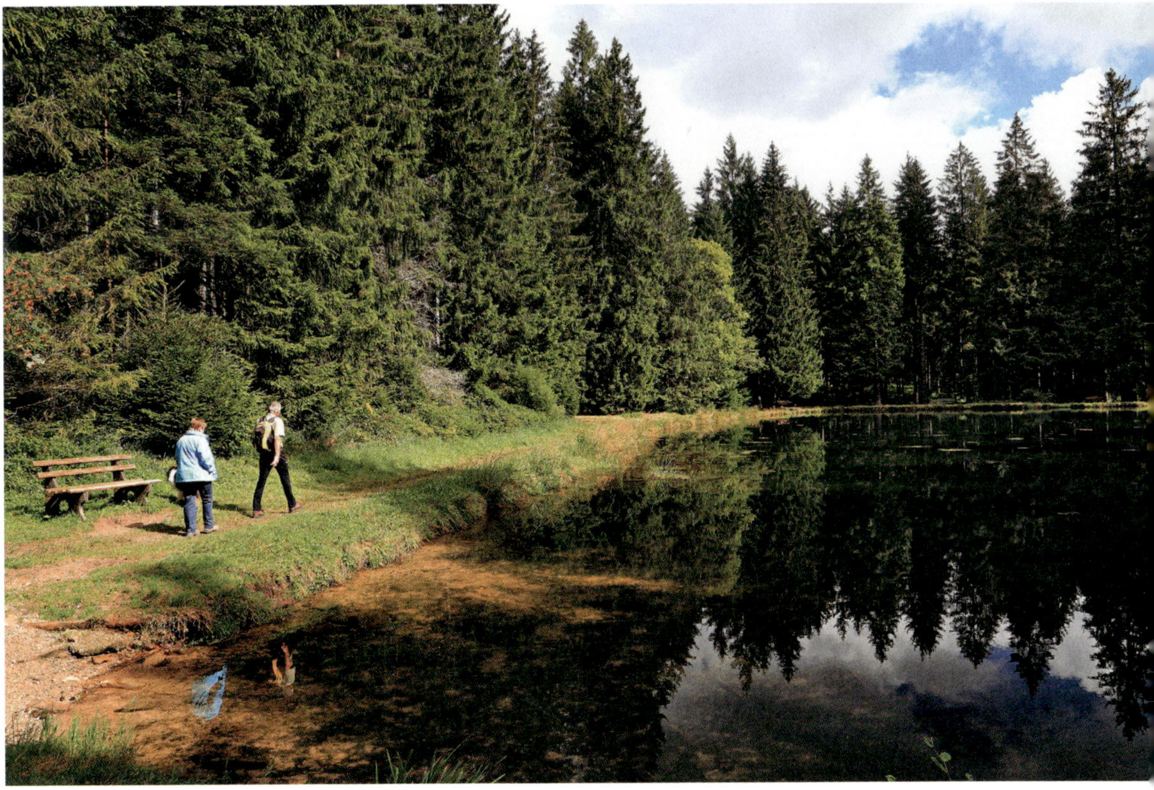

13 Von Herrenwies zur Badener Höhe

Hoch zum Aussichtsturm

mittel | 7,4 km | 260 Hm | 2.15 Std.

Altersempfehlung
Ab 10 Jahren

Tourencharakter
Wir wandern auf festen Wegen, aber auch ein Stück auf einem Pfad.

Kinderwagen
Nein

Ausgangs-/Endpunkt
Forbach-Herrenwies, Parkplatz am Dorfplatz

GPS
48.658458, 8.266419

Karte
Wanderkarte W235 Freudenstadt, 1:25 000, Landesamt für Geoinformation und Landentwicklung Baden-Württemberg (LGL) in Zusammenarbeit mit dem Schwarzwaldverein e.V.

Anfahrt
Auto: A8 und A5 bis Ausfahrt Bühl, dann über Bühl und Bühlertal zur Schwarzwaldhochstraße/B500, dahinter noch kurz weiter in Richtung Forbach
Bus & Bahn: Bahn bis Bühl, weiter mit dem Bus bis Herrenwies, Haltestelle Dorfplatz; Info: www.efa-bw.de

Einkehr
Herrenwies

Information
www.forbach.de

Vom idyllischen Herrenwies aus wandern wir durch den dichten Wald auf die Höhe. Unterwegs kommen wir am Anfang an einigen Einrichtungen für Kinder vorbei, darunter Fernrohre aus Holz und Schilder mit einem Märchen. Nach dem Herrenwieser Sattel geht es zum Badener Sattel und von dort hinauf zum Aussichtsturm auf der Badener Höhe.

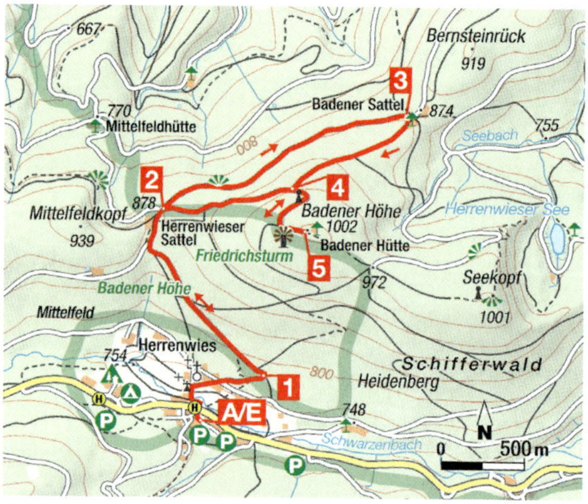

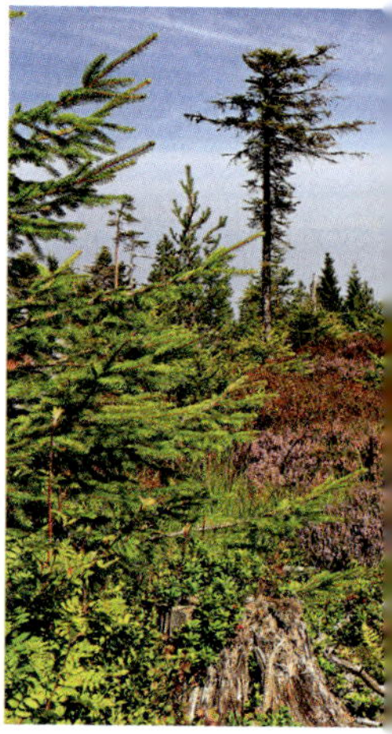

Mit Umweg hinauf zum Aussichtsturm Wir gehen auf dem Parkplatz zum Wanderschild **Herrenwies Dorfplatz** (755 m), dann zur Landstraße. Auf ihrer anderen Seite spazieren wir hinauf zur **Kirche**. Dort biegen wir am Schild Kirche (765 m) rechts ab. Wir wandern geradeaus am Schild Forsthaus (765 m) vorbei, danach knickt der Weg links ab ❶. Nun steigen wir hinauf zum Herrenwieser Sattel (870 m).

Wo danach der Forstweg direkt hinauf zur Badener Höhe führt, machen wir noch einen »Umweg«. Hierzu biegen wir rechts ab ❷ und wandern eben weiter. Wir kommen nun an einigen Stellen mit Aussicht vorbei: Merkur, Battert und Fremersberg sind gut zu erkennen. Rechts des Weges sehen wir ein hübsches Steinmäuerchen. Dieses diente vermutlich einst dazu, das mühsame Verladen von Baumstämmen auf Schlitten zu erleichtern.

Anschließend erreichen wir auch schon die **Badener Sattel Hütte** 3. Hier biegen wir mit dem Wanderzeichen blaue Raute rechts ab und steigen hinauf zum breiten Weg, der uns

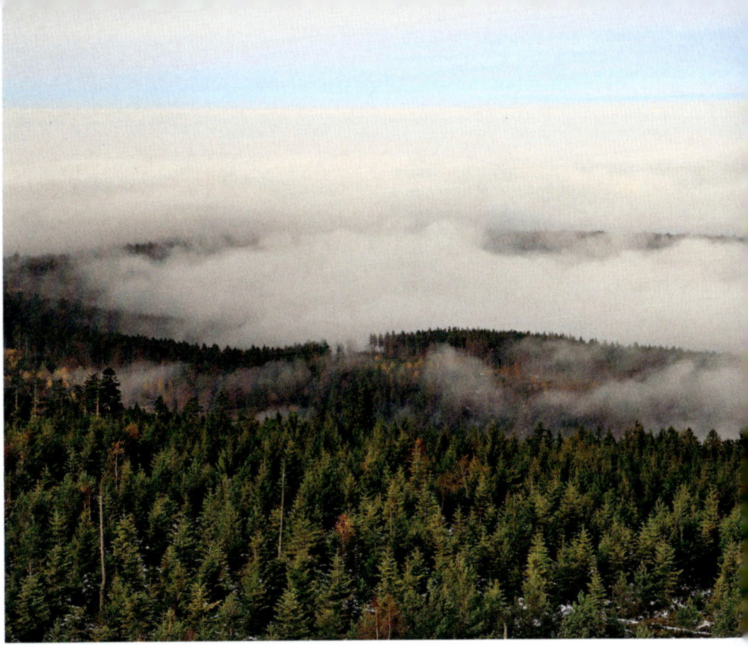

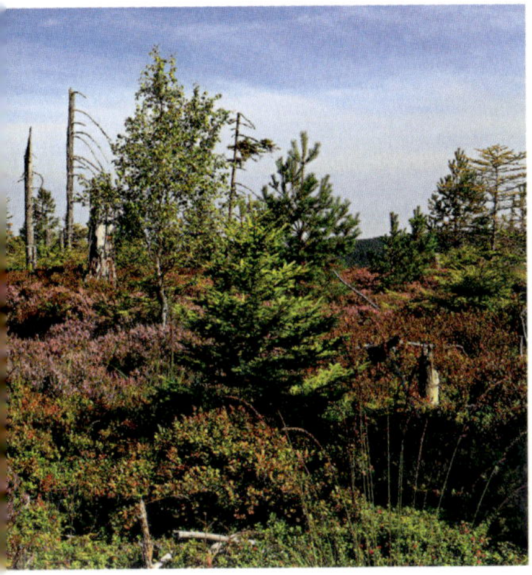

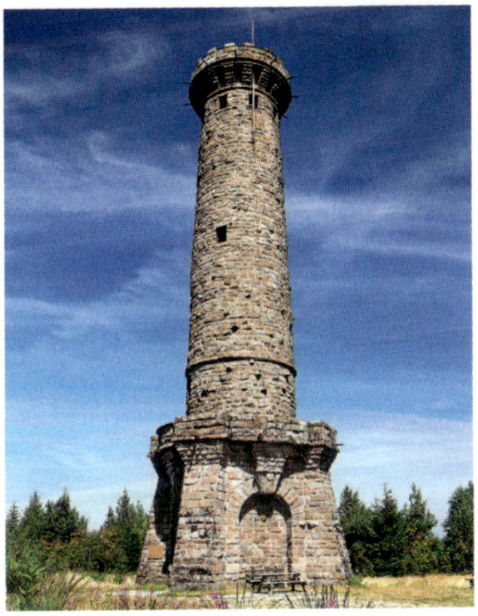

Oben: Das Rheintal liegt manchmal unter einer dicken Wolkendecke, während es darüber sonnig und warm ist.

Mitte links: Auf der Badener Höhe finden wir eine abwechslungsreiche Vegetation.

Mitte rechts: Eine Besteigung des Friedrichsturms lohnt sich immer.

nach links zur **Badener Höhe mit dem Aussichtsturm** 4 bringt.

Einfacher Rückweg Für die Rückkehr zum Ausgangspunkt folgen wir dem Anstiegsweg und wandern dort, wo wir vorher in diesen eingebogen sind, geradeaus weiter zum Herrenwieser Sattel. Von dort geht es auf bekanntem Weg zurück.

Friedrichsturm

Der 30 Meter hohe Friedrichsturm wurde 1890/1891 auf der mit 1002 Metern höchsten Erhebung der Markung Baden-Baden erbaut und durch Großherzog Friedrich von Baden eingeweiht. Die Baukosten betrugen 20 325 Reichsmark. Er bietet eine herrliche Rundumsicht über die Schwarzwaldberge, auf Baden-Baden, das Rheintal und die Vogesen, aber auch Straßburg, Rastatt, Karlsruhe und die Hornisgrinde sind zu sehen.

14 Um die Schwarzenbachtalsperre

Uferweg und Waldwanderung

leicht | 6,6 km | 100 Hm | 1.45 Std.

Altersempfehlung
Ab 8 Jahren

Tourencharakter
Abgesehen von einem kurzen Stück auf einem Pfad wandert man auf festen Wegen.

Kinderwagen
Nein

Ausgangs-/Endpunkt
Forbach, Parkplatz an der Schwarzenbachtalsperre

GPS
48.653634, 8.327146

Karte
Wanderkarte W235 Freudenstadt, 1:25 000, Landesamt für Geoinformation und Landentwicklung Baden-Württemberg (LGL) in Zusammenarbeit mit dem Schwarzwaldverein e.V.

Anfahrt
Auto: A5 bis Ausfahrt Rastatt, dann auf der B462 bis Raumünzach, danach rechts ab zum Stausee
Bus & Bahn: Bahn bis Bühl, weiter mit dem Bus bis Forbach/Raumünzach, Haltestelle Schwarzenbachtalsperre; Info: www.efa-bw.de

Einkehr
Kiosk am Parkplatz

Information
www.forbach.de

Die Schwarzenbachtalsperre ist zwar ein künstlicher Stausee, mittlerweile aber schön in die prächtige Schwarzwaldumgebung eingewachsen. An einigen Stellen kann man sogar an den »Strand« gelangen. In der ersten Hälfte des Weges wandern wir am Ufer entlang, dann geht es durch einen schönen Wald wieder zurück.

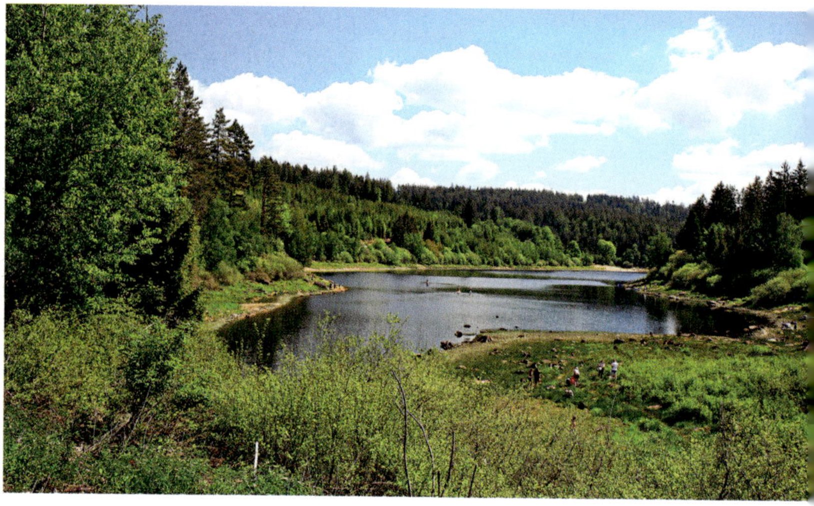

Erst entlang des Ufers Wir gehen vom **Parkplatz** aus hinab zur Straße und zur **Staumauer**. Diese überqueren wir, danach biegen wir links ab ❶. Nun können wir uns an ein paar Tafeln über die Geschichte des Stausees und des Damms informieren.

Prächtiger Wald auf dem Rückweg Danach folgen wir den Windungen des Ufers, passieren das Schild **Seebachmündung** (675 m) ❷ und kommen zum Schild **Messwehr** (680 m) ❸. Hier biegen wir links ab. Nun geht es ein Stück unbefestigt auf einem Pfad zum Bach und zu einer Brücke, danach hinauf zur Straße. Ihr folgen wir kurz nach rechts, dann nehmen wir den auf der linken Seite hinaufführenden Weg.

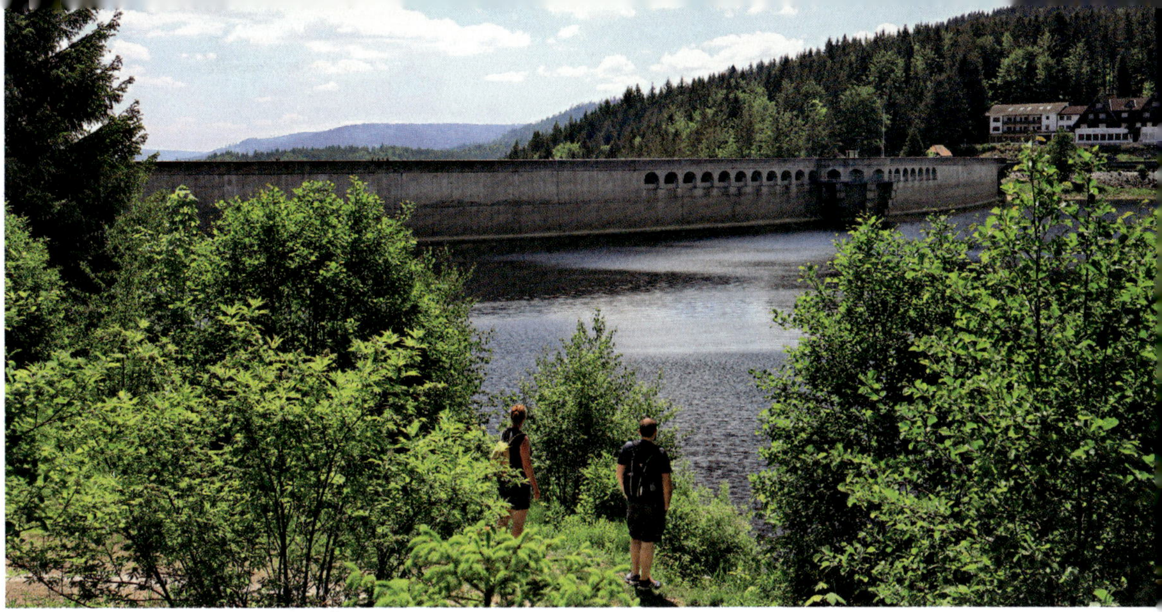

Er bringt uns in der Folge zu einem **breiten Forstweg** 4, dem wir – nun als Untere Birkenaustraße – nach links folgen. Einen links abgehenden Weg ignorieren wir und gehen stattdessen geradeaus weiter bis zum Schild **Jägerbrunnen** (740 m) 5, an dem wir uns nach links wenden. Kurz darauf überqueren wir einen Weg, dann führt uns der Pfad hinab zum Wanderschild **Schwarzenbach-Parkplatz** (675 m) und zu unserem Ausgangspunkt.

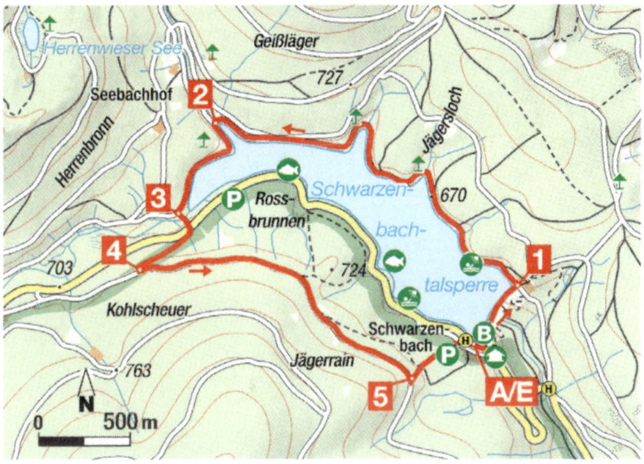

Schwarzenbachtalsperre

Die 1922 bis 1926 erbaute Schwarzenbachtalsperre (668 m) ist mit zwei Kilometern Länge der größte See im nördlichen und mittleren Schwarzwald. Sie dient zur Stromgewinnung und ihr Wasser wird in ober- und unterirdischen Druckrohren in das Rudolf-Fettweis-Werk in Forbach geleitet. Bei ihrem Bau waren bis zu 2000 Menschen beschäftigt, darunter viele Handwerker aus Italien. Die Granitsteine holte man aus den umliegenden Steinbrüchen. Die Mauer besitzt ein Volumen von 285 000 Kubikmetern. Ihre Krone ist 400 Meter lang und der Staudamm ist 65,3 Meter hoch. Insgesamt fasst der See 14,4 Millionen Kubikmeter Wasser.

Oben: Die Staumauer ist ein beeindruckend mächtiges Gebilde.

Linke Seite: An seinem westlichen Ende ist der Stausee ein überaus idyllisches Gewässer.

15 Mummelsee und Hornisgrinde

Viel Aussicht, ein See und ein Hochmoor

mittel | 5,3 km | 150 Hm | 1.30 Std.

Altersempfehlung
Ab 8 Jahren

Kinderwagen
Nein

Ausgangs-/Endpunkt
Seebach, Mummelsee, an der B500

GPS
48.596355, 8.202028

Karte
Wanderkarte W234 Achern, 1:25 000, Landesamt für Geoinformation und Landentwicklung Baden-Württemberg (LGL) in Zusammenarbeit mit dem Schwarzwaldverein e.V.

Anfahrt
Auto: A5 bis Ausfahrt Bühl, weiter über Bühlertal zur B500/Schwarzwaldhochstraße, dieser nach Süden bis zum Mummelsee folgen; oder A81 bis Ausfahrt Rottenburg, B28/B14 über Horb und Dornstetten nach Freudenstadt, dort der B500/Schwarzwaldhochstraße in Richtung Baden-Baden zum Mummelsee folgen
Bus & Bahn: Bahn bis Baden-Baden, weiter mit dem Bus bis Haltestelle Mummelsee; Info: www.efa-bw.de

Einkehr
Mummelsee, Hornisgrinde

Information
www.seebach.de

An Mummelsee und Hornisgrinde findet man mit dem See, den prächtigen Wäldern und dem Hochmoor eine beeindruckende Natur, hat eine herrliche Aussicht und stößt auf historische Sehenswürdigkeiten wie die militärischen Hinterlassenschaften, die Zeugnisse früherer Landvermessung und den alten Grenzstein.

Mit Aussicht hinauf Wir gehen von einem der **Parkplätze** zuerst zum Mummelsee und zum Hotel. Trotz des Rummels empfiehlt es sich, einmal den See zu umrunden – ob man dies vor der Wanderung oder danach macht, ist zwar egal, aber frühmorgens, wenn der Betrieb am See noch nicht so groß ist, ist es sicherlich schöner.

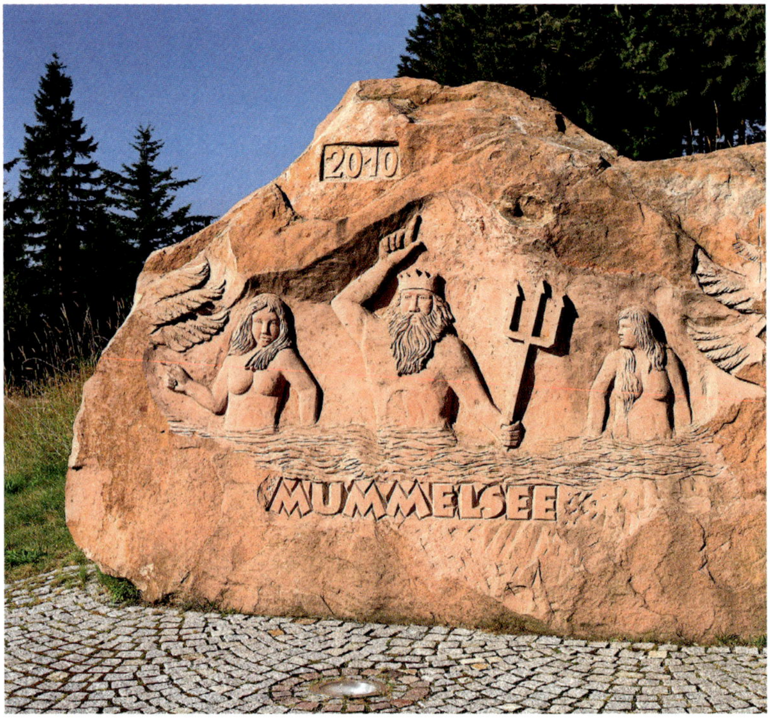

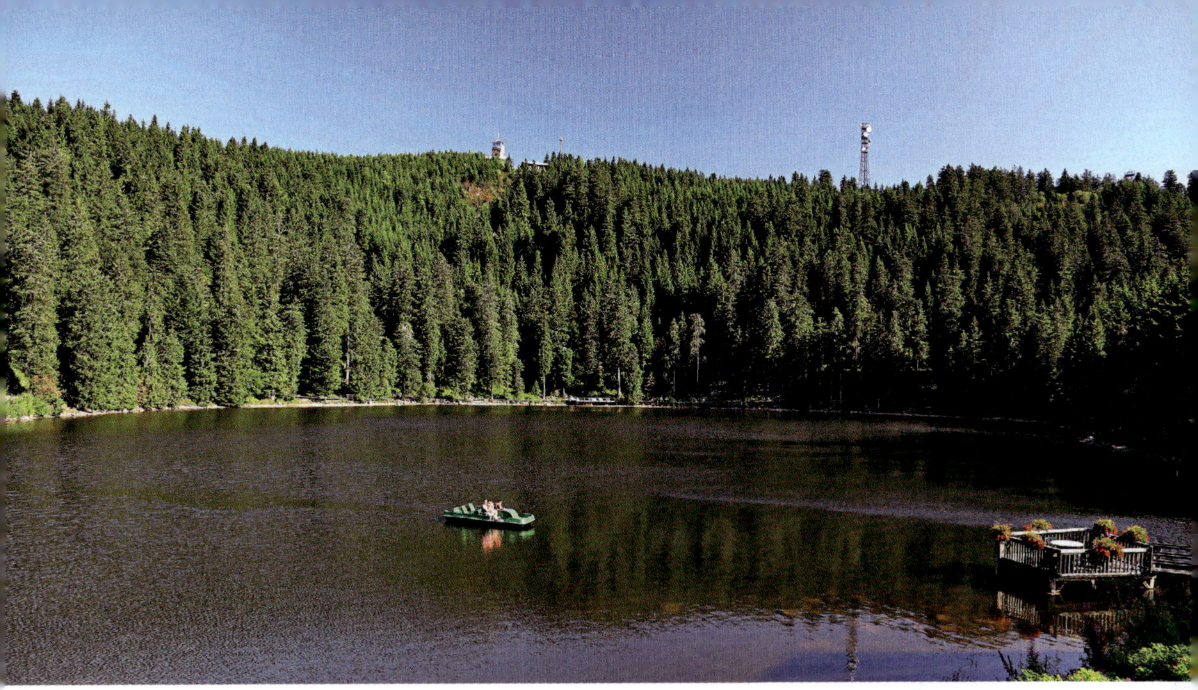

Hinter dem Mummelsee sieht man bereits die Baulichkeiten und den Turm auf der Hornisgrinde.

Linke Seite: Dem König und seinen Nixen aus der Mummelseesage ist ein Kunstwerk gewidmet.

An der Straße auf der Westseite des Hotels finden wir das Schild Berghotel Mummelsee (1031 m), ein paar Meter weiter westlich am Waldrand ein weiteres Schild mit der gleichen Bezeichnung. Hier gehen wir mit dem Wanderzeichen rote Raute auf dem breiten Weg in Richtung »Hornisgrindeturm« in den Wald hinein. Kurz danach wandern wir am Schild Markwaldweg (1051 m) vorbei.

Nach einer Freifläche, die uns einen ersten herrlichen Blick nach Süden und Westen bietet, zweigen wir vom breiten Forstweg rechts ab auf einen steinigen Pfad. Am Schild **Katzenkopf** (1120 m) halten wir uns rechts in Richtung »Mummelseeblick«. Etwas später befinden wir uns direkt über dem **Mummelsee** ❶. Immer wieder mit Aussicht folgen wir dem Weg weiter bis zum Schild Wachgebäude (1130 m). Hier biegen wir links ab. Vorbei am Schild Segelflughalle (1156 m) spazieren wir auf der Zufahrtsstraße zum **Hornisgrindeturm** ❷.

Tourencharakter

Wir wandern zum Teil auf festen Wegen, beim Aufstieg und Abstieg auch auf steinigen Pfaden, bei denen man vorsichtig sein muss, dass man nicht ausrutscht.

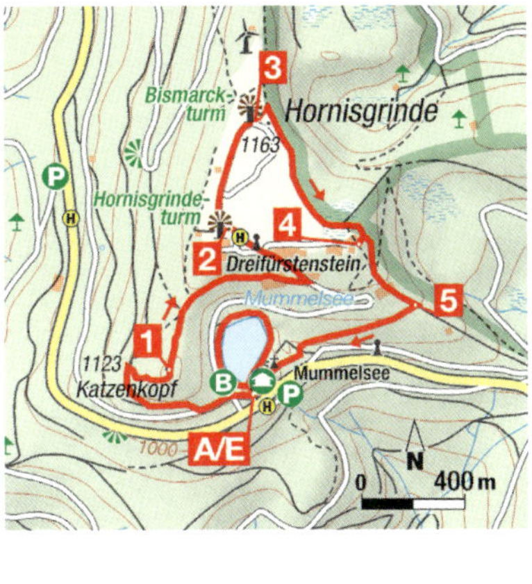

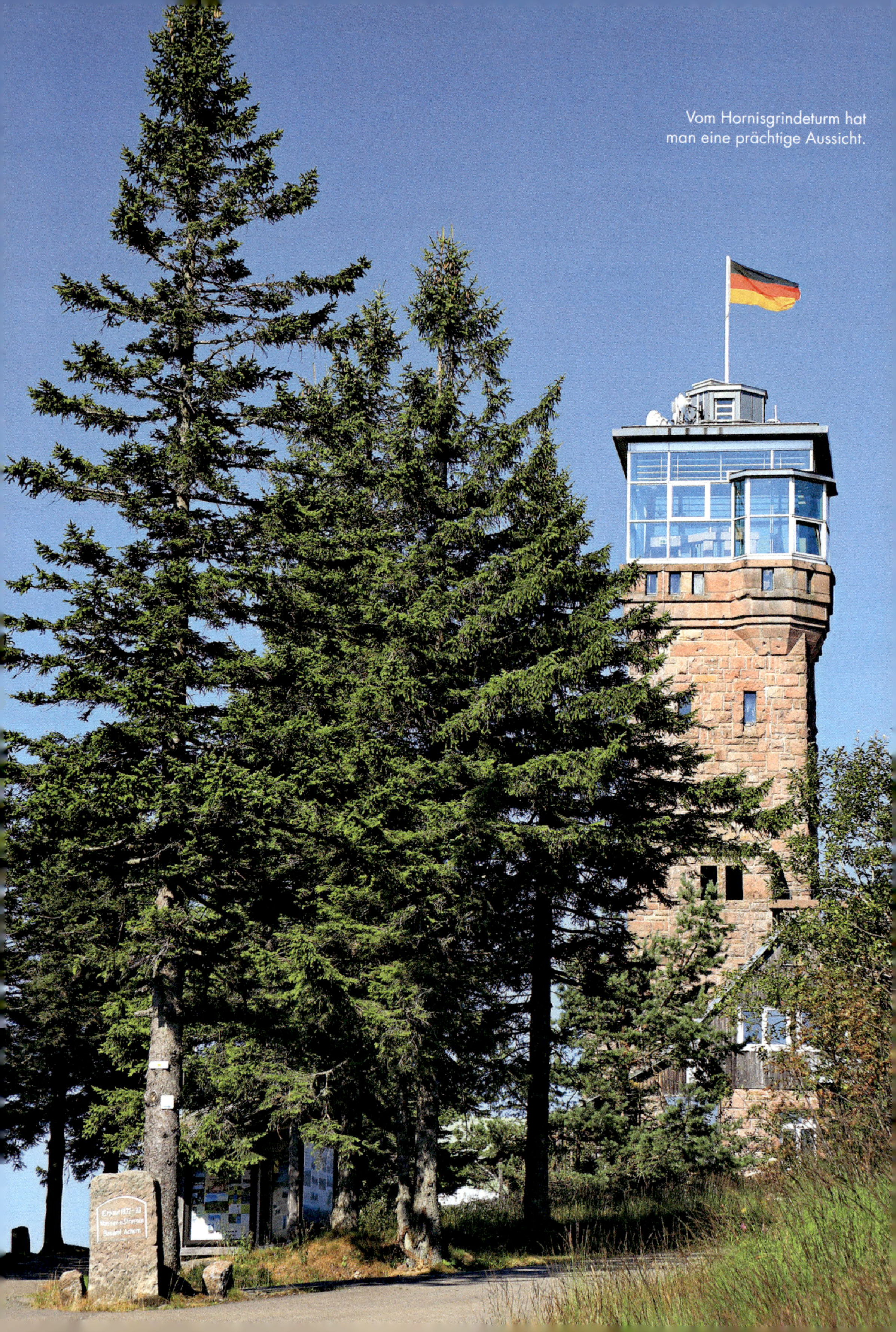

Vom Hornisgrindeturm hat man eine prächtige Aussicht.

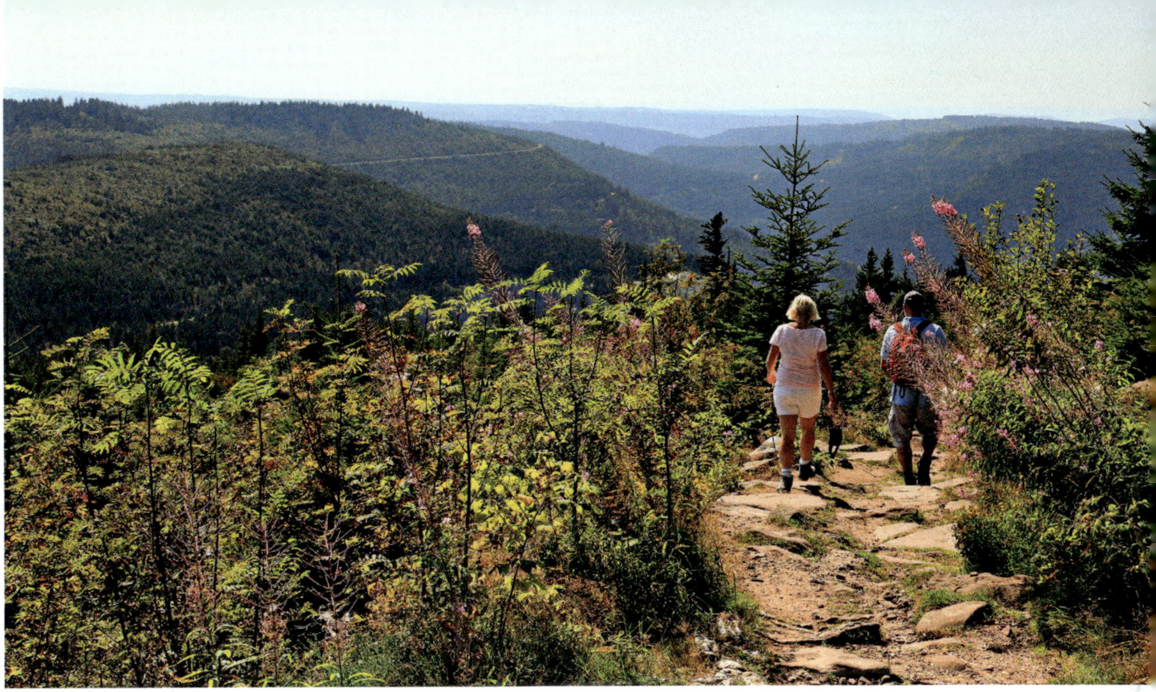

Der Weg um die Hochfläche führt zeitweise direkt an deren Kante vorbei. Er bietet einen schönen Blick über die Schwarzwaldhöhen.

Über das Hochmoor Vorbei am Schild Beim Hornisgrindeturm (1158 m) wandern wir nun über die Hochfläche, wobei wir nach links ständig hinab ins Rheintal sehen. Am Schild Hornisgrinde Rundweg (1162 m) gehen wir geradeaus vorbei. Wir spazieren bis vor den Funkmast und das Windrad, davor zieht der Weg nach rechts und bringt uns zum **Bismarckturm** ❸. Dieser steht rechts vom Sendemast und kann über eine Außentreppe kostenlos bestiegen werden. Hinter ihm biegen wir am Schild Beim Bismarckturm (1150 m) rechts ab und wandern über die Hochfläche mit ihrem Hochmoor und mit schönem Blick über die Wälder und nach unten ins Naturschutzgebiet Biberkessel in den Wald.

Mummelsee

Der Mummelsee ist mit einer Wassertiefe bis zu 18 Metern der tiefste und der höchstgelegene der insgesamt noch sieben Karseen im Schwarzwald. Er ist 240 Meter lang, 192 Meter breit und sein Umfang beträgt rund 800 Meter. Er stammt, wie die anderen Karseen, aus der Eiszeit und wird im Hintergrund von einer Karwand begrenzt. Sein Name kommt aus dem Volksmund, und zwar von den weißen Seerosen, die auch »Mummeln« genannt wurden. Er stand auch Pate für den Ort Seebach, denn das Seebächle fließt aus ihm dorthin und weiter in die Acher. Das heute so beliebte Hotel wurde vor rund 100 Jahren erbaut und war bis kurz nach dem Ersten Weltkrieg nur zu Fuß zu erreichen. Erst seit 1930 verläuft die Schwarzwaldhochstraße dort vorbei. Um den See führt ein Kunstpfad mit verschiedenen Kunstobjekten. Außerdem kann man Boote leihen.

Alte Grenzen und Abstieg Im Wald treffen wir auf das Schild Dreifürstenstein (1150 m). An ihm biegen wir links ab. Zuerst sollten wir aber noch kurz nach

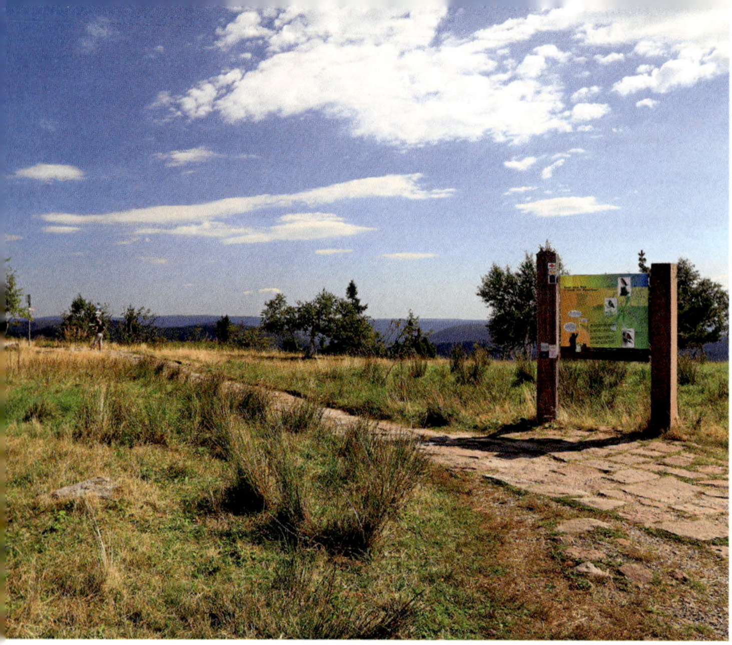

Bei der Umrundung der Hochfläche stößt man auf einige interessante Informationstafeln.

rechts zum **Dreifürstenstein** ❹ gehen. Ansonsten steigen wir am Wanderschild Dreifürstenstein auf dem steinigen Pfad steil bergab. Wir kommen am Schild Dreifürstensteinwegle (1140 m), danach am Schild Am Schwabenweg (1100 m) vorbei. Es folgt ein Grenzstein mit dem badischen und dem württembergischen Wappen, danach stoßen wir auf das Schild **Schwabenwegbrunnen** (1085 m) ❺. Hier biegen wir rechts ab. Im Wald halten wir uns am Schild Mummelseewald (1032 m) rechts und wandern zur Mummelseekapelle St. Michael. Das Hotel und der **Mummelsee** liegen gleich dahinter. Wer es noch nicht gemacht hat, dem sei eine Umrundung des Sees empfohlen.

Hornisgrinde und Dreifürstenstein

Die Hornisgrinde ist mit 1163 Metern der höchste Berg des Nordschwarzwalds. Hier findet man das größte Hochmoor der Region. In ihm leben zwar nur wenige, dafür aber für die karge Lebenswelt spezialisierte Tiere und Pflanzen. Die Vegetation wird geprägt von Torfmoosen, Pfeifengras und Rasenbinse; im Frühjahr sind die weiß behaarten Fruchtstände des Scheidigen Wollgrases dominierend. Bereits 1939 wurden Teile der Gegend unter Naturschutz gestellt. Für Kinder gibt es zahlreiche Informationstafeln zur Natur.

Der Hornisgrindeturm wurde 1909 als 23 Meter hoher Aussichtsturm errichtet. Zwei Jahre später entstand daneben ein Hotel für Wanderer. In den 1920er-Jahren wurde die Hornisgrinde ein Treffpunkt der Segelflieger, und während der Zeit des NS-Regimes übernahm die Wehrmacht den Fliegerstützpunkt. Zwischen 1945 und 1999 war die Hornisgrinde Sperrgebiet der französischen Armee.

Der Bismarckturm ging aus einem hölzernen Pyramidensignal aus der Zeit um 1800 hervor; 1822 wurde dann ein erster Turm errichtet, 1870 das jetzt noch stehende Bauwerk.

Beim Dreifürstenstein (1154 m) wurde 1722 eine riesige Felsplatte zur Markierung der Grenzen zwischen der Markgrafschaft Baden, dem Herzogtum Württemberg und dem Fürstentum Straßburg genutzt. Die Gravierung »1837 Hohenheim« stammt von Studenten der dortigen Universität, welche die endgültige Waldvermessung durchgeführt hatten.

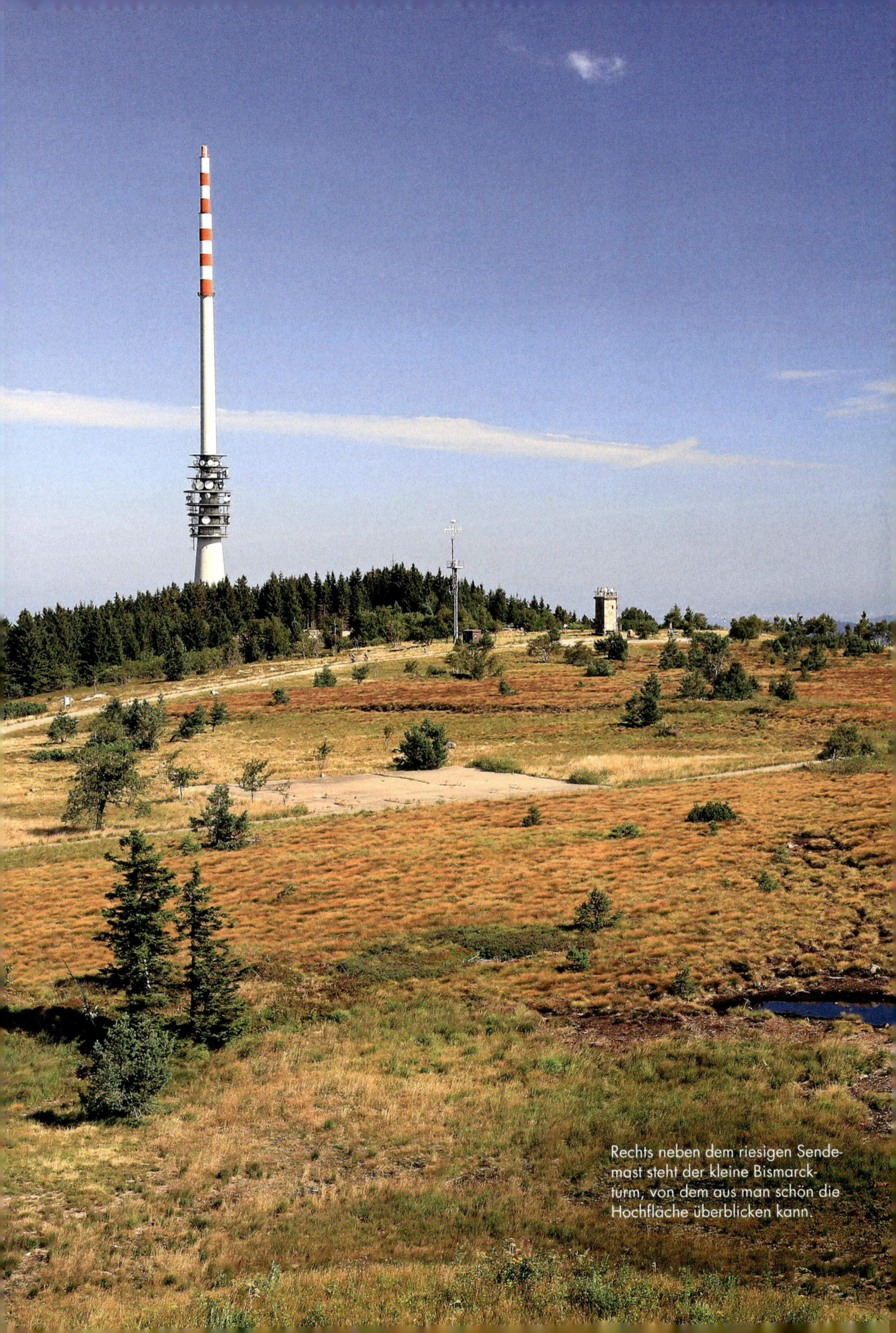

Rechts neben dem riesigen Sendemast steht der kleine Bismarckturm, von dem aus man schön die Hochfläche überblicken kann.

16 Vom Ruhestein durch Wald und Heide

Wilde Natur beim Vogelskopf

mittel	6,4 km	145 Hm	1.45 Std.

Altersempfehlung
Ab 8 Jahren

Tourencharakter
Wir wandern überwiegend auf festen Wegen.

Kinderwagen
Nein

Ausgangs-/Endpunkt
Seebach-Ruhestein

GPS
48.560520, 8.220085

Karte
Wanderkarte W234 Achern, 1:25 000, Landesamt für Geoinformation und Landentwicklung Baden-Württemberg (LGL) in Zusammenarbeit mit dem Schwarzwaldverein e.V.

Anfahrt
Auto: A5 bis Ausfahrt Achern, dann auf der L87 über Seebach und Ruhesteinstraße zum Ruhestein
Bus & Bahn: Bahn bis Achern, Bus bis Seebach, Haltestelle Ruhestein; Info: www.efa-bw.de

Einkehr
Ruhestein

Information
www.seebach.de

Die Gegend um den Ruhestein ist Nordschwarzwald pur. Wir wandern durch Wälder, aber auch auf aussichtsreichen Forstwegen, außerdem erleben wir ein wunderschönes Stück des Grindenschwarzwalds. Dabei umrunden wir den Vogelskopf, den nach dem Altsteigerskopf (1092 m) mit 1056 Metern zweithöchsten Berg des südlichen Teils des Nationalparks Schwarzwald.

Viele Aussichtspunkte Gegenüber der Bushaltestelle am Ruhesteinparkplatz finden wir zwei Wanderschilder. Am ersten führt der mit der gelben Raute markierte Weg in Richtung »Am Vogelskopf«, diesem Weg folgen wir. Es geht hoch zur **Straße** (1), dann folgen wir auf ihrer anderen Seite mit der gelben Raute dem Vogelskopfweg nach rechts. Hier sehen wir interessante Aufschlüsse von rotem Buntsandstein, die schöne Moospolster haben. Der Buntsandstein des Gesteinsaufschlusses rechts des Weges besteht teilweise aus großen, gebankten und wie einzeln stehend wirkenden Felsbrocken. Dazwischen liegt aber eine waagrechte Schicht von Gestein, das aus schmalen Platten besteht und auch eine etwas andere Farbe aufweist.

Wir spazieren nun auf dem leicht ansteigenden Weg unterhalb des Vogelskopfes. Hier haben wir eine prächtige Aussicht zur Hornisgrinde, ins Tal mit den Orten Seebach und Ottenhöfen, später dann zum Karlsruher Grat, dessen Felsen von oben gut zu erkennen sind, und in Richtung Rheintal.

Auf dem Weg passieren wir einen Aussichtspunkt, der uns einen Blick zur Hornisgrinde und Richtung Rheintal ermöglicht, das Schild Melkereikopf Ettlinger Hütte (1005 m) und den Aussichtspunkt Sohlbergblick. Hier finden wir eine Tafel, auf der erklärt ist, was man sieht. Bei guter Fernsicht reicht der Blick zu den Alpen, vom Schwarzwald sieht man Brandenkopf, Feldberg und Belchen, dahinter den Kaiserstuhl. Rechts davon liegen die

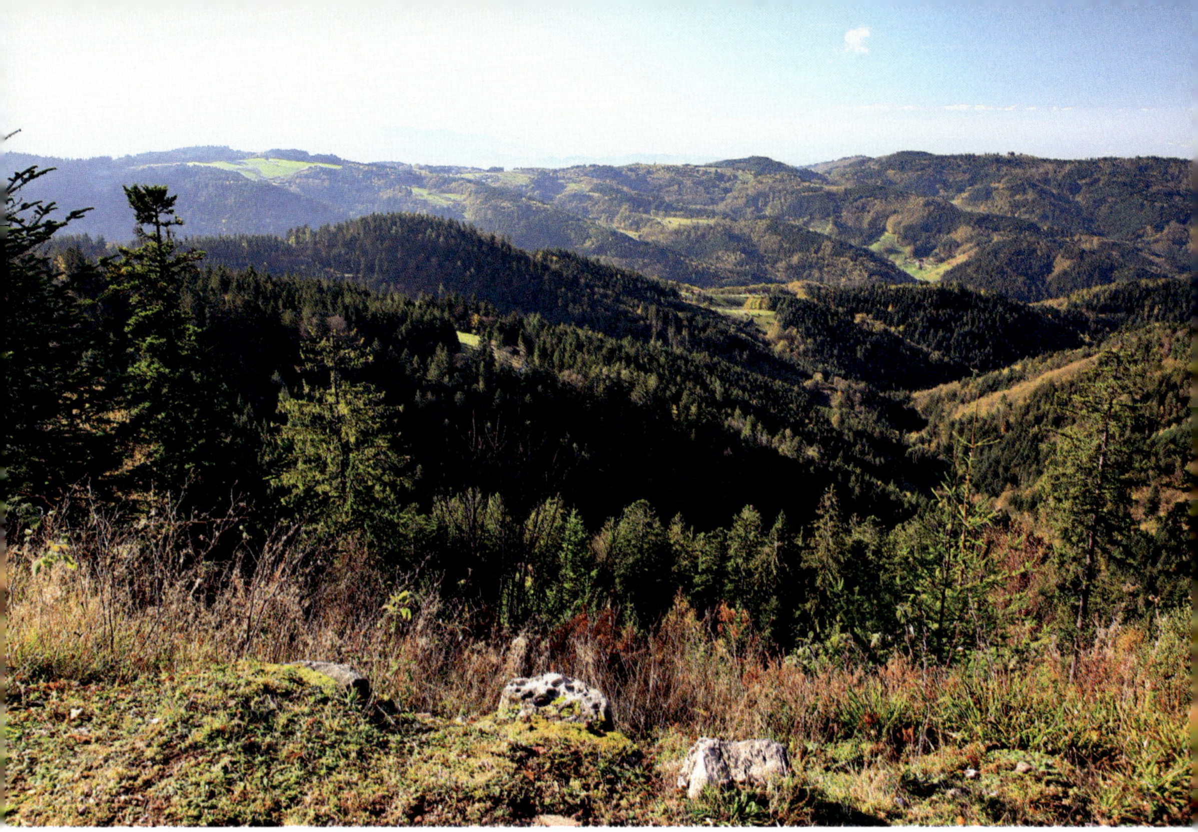

Vogesen; unter anderem sind Le Grand Ballon und Le Petit Ballon zu sehen. Ganz rechts sieht man ins Rheintal. Als Nahziel liegt vor uns der Sohlberg. Im Gegensatz zum Vogelskopf steht dort Granit an. Dieser verwittert zu einer fruchtbaren, mineralhaltigen Erde, die eine reiche Vegetation ermöglicht. Deshalb wird dieser Höhenzug seit langer Zeit auch landwirtschaftlich genutzt.

Blick vom Vogelskopf über die Schwarzwaldhöhen

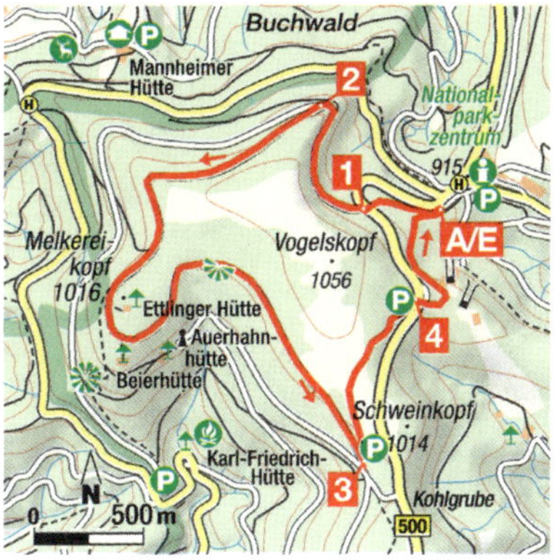

Buntsandstein

Typisch für den Nordschwarzwald ist der rötliche Buntsandstein, aus dem auch viele Häuser und Kirchen erbaut wurden. Er geht auf die unvorstellbar großen Flusssysteme der Urzeiten zurück, die hier verliefen. Sie lagerten große Mengen Schwemmmaterial ab, aus dem dann dieses Gestein entstand. Die Farbe kommt vom Eisenoxid, ist also eine Art »Rost«. Der Buntsandstein ist für die langgestreckten und abgeflachten Bergrücken verantwortlich, die typisch für den Nordschwarzwald sind. Er verwittert im Laufe der Zeit zu nährstoffarmen und Wasser stauenden Böden; sie eignen sich nicht für die Landwirtschaft, sodass sie überwiegend bewaldet sind.

Über den Vogelskopf An der **Verzweigung**, wo es rechts nach »Allerheiligen« abwärts geht, halten wir uns links ❷ und umrunden mit der roten Raute den Vogelskopf, bis wir zu einem Querweg kommen, wo sich am Schild **Schweinkopf** (983 m) ❸ mehrere Wege treffen.

Vogelskopf

Auf dem Vogelskopf besteht der Untergrund aus dem für den Nordschwarzwald typischen Buntsandstein. Dieser ist nährstoffarm, und die Vegetation hat sich dem angepasst. Deshalb sehen wir hier nur wenige genügsame Arten wie Tannen, Fichten, Kiefern, Buchen, Birken sowie Heidel- und Rauschbeeren, der Boden ist von Rasenbinsen und Pfeifengras bedeckt.

Wir nehmen den leicht ansteigenden Pfad, der in Richtung »Ruhestein« führt. Er bringt uns hoch zu einem Stück Freifläche, die einen Eindruck vom ursprünglichen Grindenschwarzwald bietet; hier sehen wir auch einen Grenzstein mit dem badischen und dem württembergischen Wappen. Danach fällt es ab zur B500 und dem dahinter liegenden **Parkplatz Vogelskopf** (992 m) ❹. Wir gehen ein Stück in den abgesperrten Bereich hinein und biegen zwischen dem Antennenmast und der Sprungschanze nach links ab. Nun geht es steil bergab zum Ruhestein.

Die Herbstfärbung gestaltet die Landschaft auf der Hochfläche besonders reizvoll.

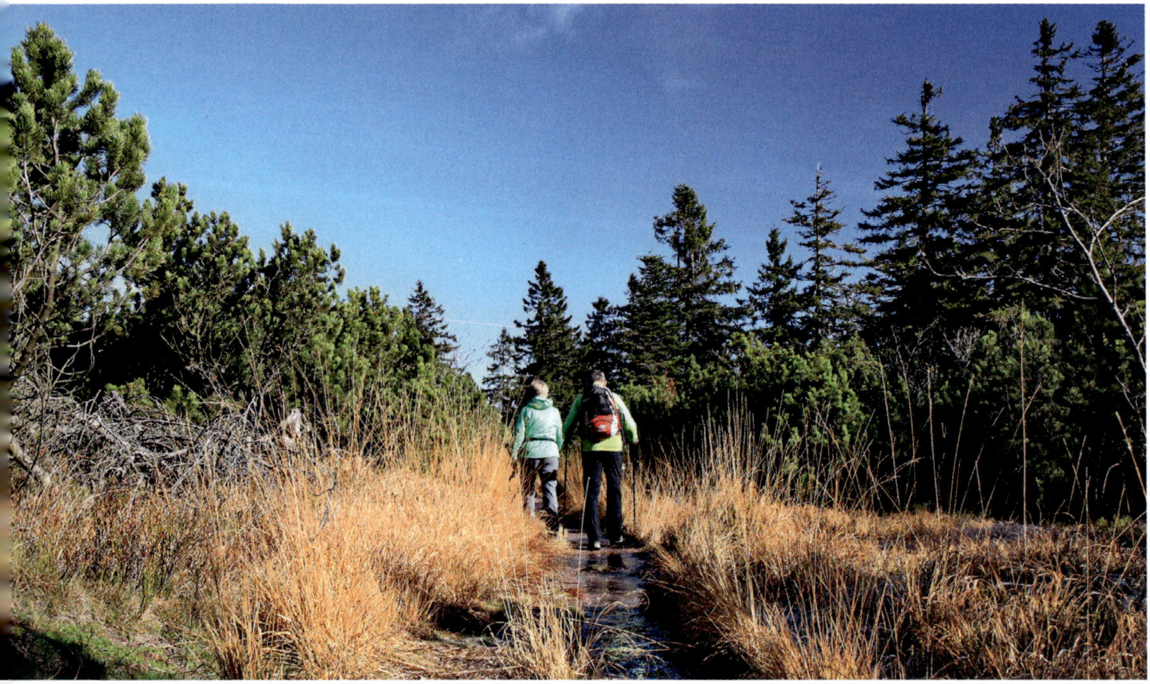

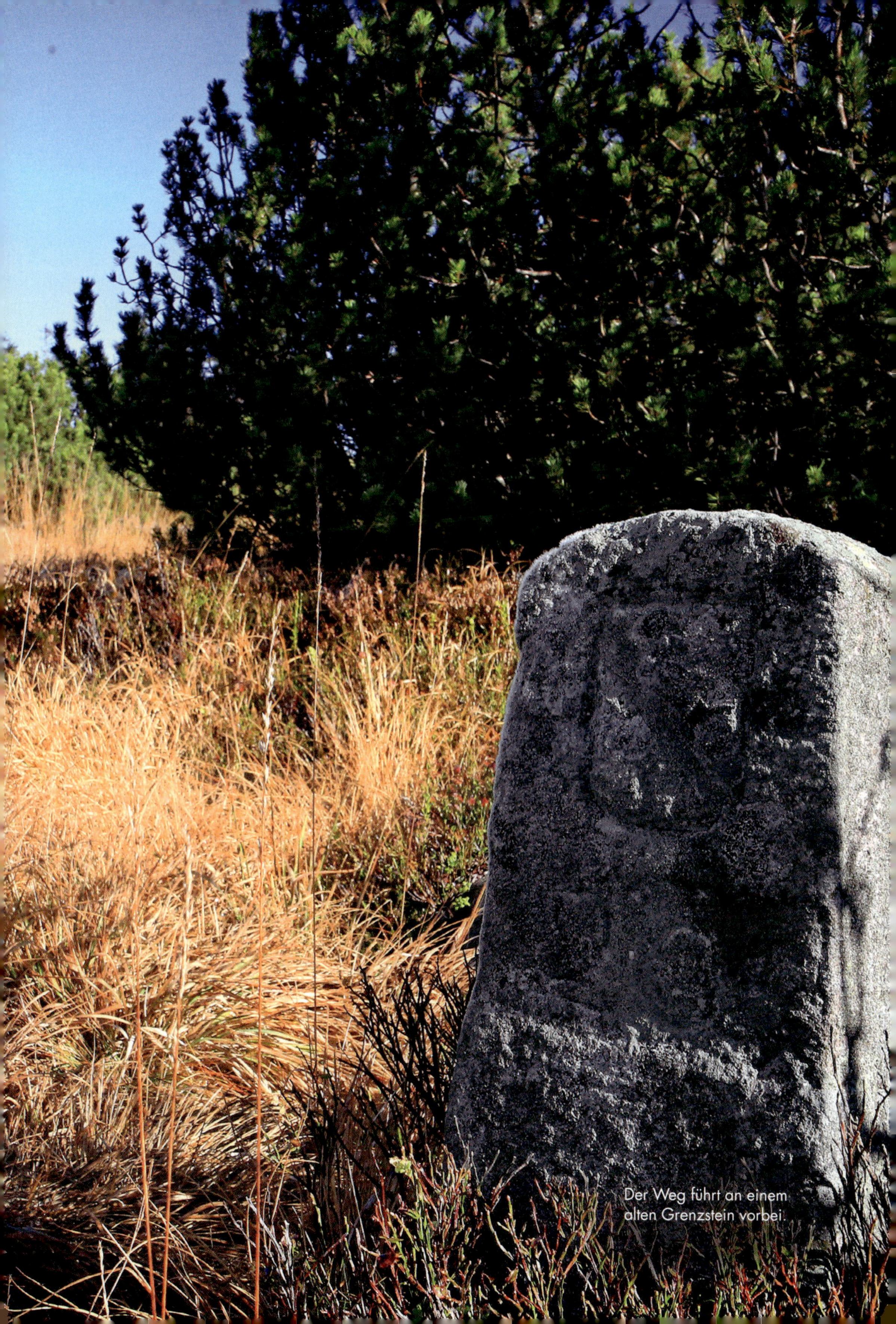

Der Weg führt an einem alten Grenzstein vorbei.

17 Vom Schliffkopf über den Grindenschwarzwald

Karge Hochflächen und viel Aussicht

leicht | 5,5 km | 80 Hm | 1.30 Std.

Altersempfehlung
Ab 8 Jahren

Tourencharakter
Wir wandern auf Pfaden und ein Stück auf einem Forstweg. Die vielen Bänke unterwegs lassen diese ohnehin kurze Tour recht gemütlich werden.

Kinderwagen
Nein

Ausgangs-/Endpunkt
Baiersbronn, Schliffkopf, Parkplatz Steinmäuerle an der B500/Schwarzwaldhochstraße, südlich des Hotels

GPS
48.52889, 8.214438

Karte
Wanderkarte W234 Achern, 1:25 000, Landesamt für Geoinformation und Landentwicklung Baden-Württemberg (LGL) in Zusammenarbeit mit dem Schwarzwaldverein e.V.

Einkehr
Schliffkopf

Information
www.baiersbronn.de

Der Schliffkopf, eine wegen ihrer Natur auch Grindenschwarzwald genannte Hochfläche, zählt zu den schönsten Aussichtszielen der Gegend. Die grandiosen Ausblicke hat man bei dieser Tour allerdings vor allem unterwegs, insbesondere von der Aussichtsplattform Steinmäuerle.

Über den Hübschen Platz zum Wald Vom Parkplatz aus folgen wir dem Schild zum »Schliffkopf« in westliche Richtung. Der Weg steigt über die Grindenfläche zunächst sanft an, bis wir am **Waldrand** ❶ auf den mit der roten Raute markierten Wanderweg stoßen. Nach links ginge es zum Gefallenendenkmal und zum Schliffkopfgipfel, wir biegen aber rechts ab.

Nach einem Linksknick fällt der Weg wieder ab. Wir kommen an einem Grenzstein mit dem badischen und dem württember-

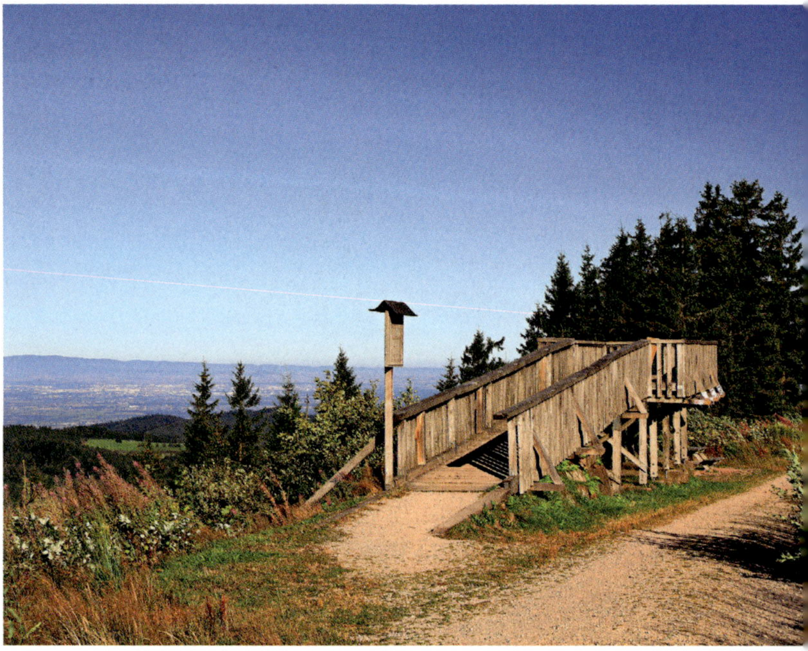

Von der Aussichtsplattform Steinmäuerle bietet sich ein herrlicher Blick über den Schwarzwald und zur Rheinebene.

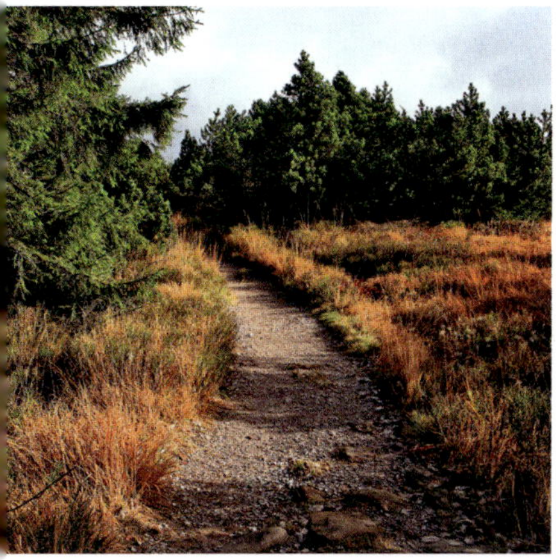

Anfahrt

Auto: A81 bis Ausfahrt Rottenburg, B28/B14 über Horb und Dornstetten nach Freudenstadt, dort der B500/Schwarzwaldhochstraße in Richtung Baden-Baden zum Schliffkopf folgen; oder A5 bis Ausfahrt Achern, weiter über Ottenhöfen und Seebach zur B500/Schwarzwaldhochstraße, dieser nach Süden bis zum Schliffkopf folgen.

Bus & Bahn: Bahn bis Horb oder Freudenstadt, weiter mit dem Bus bis Haltestelle Schliffkopf; Info: www.efa-bw.de

gischen Wappen vorbei, danach passieren wir das Wanderschild **Hübscher Platz** (1013 m) und anschließend noch einen Grenzstein. Nach diesem geht es eben weiter. Wir wandern ein Stück am Wald entlang und kommen zum Schild »Schliffkopfrundweg«. Wer will, kann hier die Tour abkürzen, indem er nach links durch den Wald zu einem mit gelber Raute markierten Forstweg geht und sich dort links hält (gestrichelte Variante). Auf ihm kommen auch die anderen Wanderer, die sich für die längere Variante entscheiden, später von rechts wieder dazu.

Ein bequem zu gehender Weg führt über die Hochfläche des Schliffkopfs.

Wir bewegen uns im ehemaligen Grenzgebiet. Auf dieser Seite des Grenzsteins sieht man das württembergische Wappen, auf der anderen das badische.

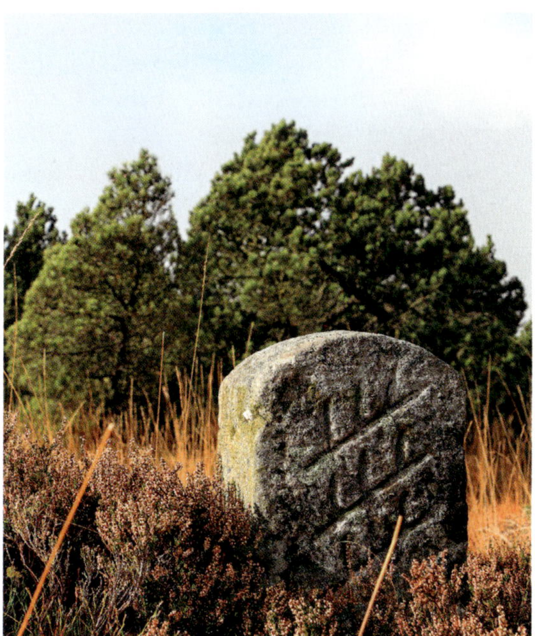

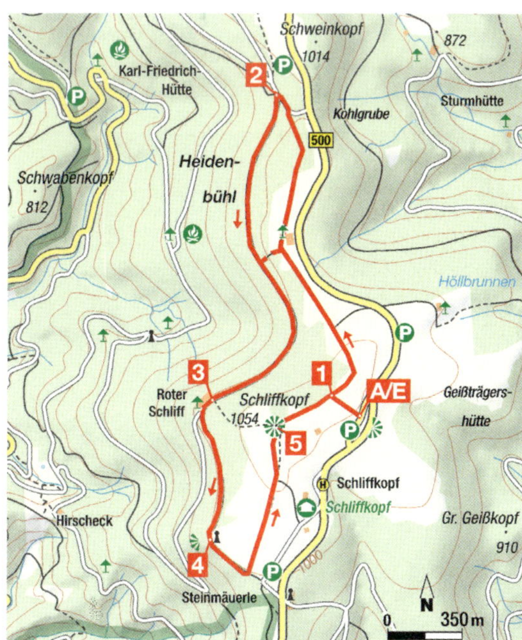

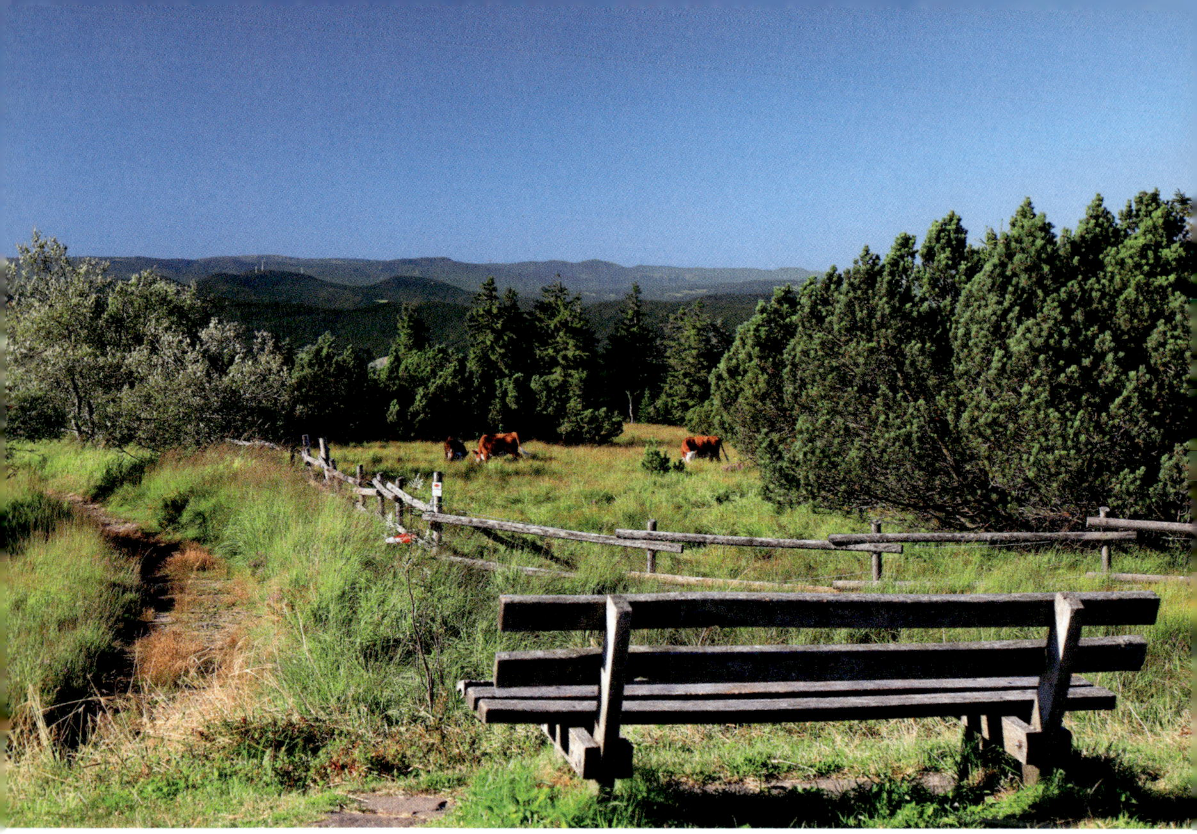

Prächtige Aussicht auf dem Weg zum Schliffkopfgipfel

Wenn man die Natur sich selbst überlässt, bildet sie oft wunderbare Szenerien aus.

Zur Aussichtsplattform Später erreichen wir das Schild **Schweinkopf** (985 m) ❷. Hier biegen wir scharf links ab und erreichen bald den Punkt, an dem die Wanderer von der Abkürzung eintreffen. Wir gehen weiter geradeaus bis zum Schild Tausendmeterweg (1000 m), dann zum Schild Jakobshütte (1001 m) und erreichen die **Hütte** ❸ auch kurz darauf. Etwas später zieht der Weg nach links und bringt uns zur **Aussichtsplattform Steinmäuerle** ❹; hier haben wir eine prächtige Aussicht nach rechts.

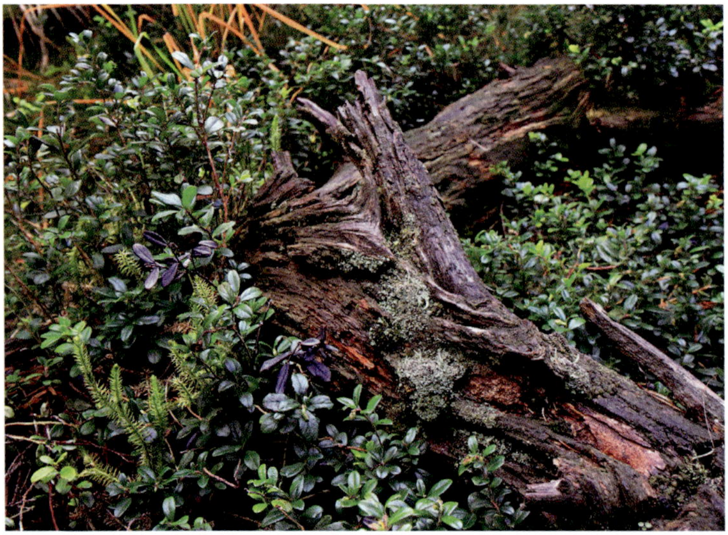

Zurück über den Gipfel Kurz danach erreichen wir das Schild Steinmäuerle (1000 m), hier halten wir uns links. Nun steigen wir mit der roten Raute auf einem Pfad sanft aufwärts.

Vorbei an Bänken wandern wir zum Gipfel des **Schliffkopfs** (1055 m) **5**, biegen rechts ab und folgen dem links des Kreuzes verlaufenden Pfad zum **Gefallenendenkmal**. Hinter diesem weist uns ein Schild nach rechts zum »Panoramaparkplatz«, den wir in wenigen Minuten auf bekanntem Weg über die Grindenfläche erreichen.

Grindenschwarzwald

Der historische Grindenschwarzwald liegt auf einem Buntsandsteinplateau auf einer Höhe von etwa 900 bis 1160 Metern. Er entstand, als ab dem 14. Jahrhundert die Viehhaltung im Tal nicht mehr für die wachsende Bevölkerung ausreichte. Man trieb Rinder und Ziegen auf die ebenen Hochflächen, die ohnehin schon locker bewaldet waren. Außerdem wurden die Flächen brandgerodet. Durch die starke Beweidung kam es zum Nährstoffentzug und der Boden wurde verdichtet. Dies förderte die Vernässung und Moorbildung, und die sogenannten Grinden entstanden. Als Grinden bezeichnet man baumfreie Feuchtheiden, der Name weist auf das schwäbische Wort »Grind« (»kahler Kopf«) hin. Nachdem die Beweidung ab etwa 1850 zurückging, eroberte sich der Wald die Flächen wieder zurück oder sie wurden künstlich freigehalten. Auf den Grinden leben nur wenige angepasste »Spezialisten« unter den Pflanzen wie Pfeifengras, Rasenbinse, Latschen, Torfmoose, Moosbeere, Scheidiges Wollgras und Schweizer Löwenzahn. Das Bocksergras (Rasenbinse und Pfeifengras) wurde noch bis etwa 1950 als Heu verwendet. An Tieren seien das Auerhuhn, der Dreizehenspecht, das Haselhuhn, der Raufuß- und der Sperlingskauz, der Wanderfalke und die Alpine Gebirgsschrecke erwähnt. Naturschutzgebiete auf dem Grindenschwarzwald sind »Hornisgrinde-Biberkessel«, »Wilder See-Hornisgrinde«, »Gottschlägtal-Karlsruher Grat« und »Schliffkopf«.

Der 1055 Meter hohe Schliffkopf ist eine sanft gerundete Erhebung zwischen Kniebis und der Hornisgrinde. Er wurde bereits 1938 wegen seiner »weltfernen Urwüchsigkeit und Ruhe« zum Naturschutzgebiet erklärt und ist Wasserscheide von West nach Ost – die Namen Roter beziehungsweise Lierbacher Schliff und Schliffkopf selbst zeugen von der Tätigkeit der Bäche wie Murg, Rench und Acher, die sich in den relativ weichen Buntsandstein »einschleifen«. Zum Rheintal hin fällt er über rund 1000 Meter steil ab. Das Naturschutzgebiet umfasst 1357 Hektar, wovon 469 Hektar als Schonwald ausgewiesen sind. Die Aussicht geht nach Süden; abgesehen von den Nahzielen im Schwarzwald sieht man von Vorarlberg über das Rätikon, die Appenzeller, St. Gallener, Glarner und Urner Alpen zu den Berner Alpen.

Das Gefallenendenkmal, ein 5,5 Meter hoher und 3,5 Tonnen schwerer dreieckiger Sandsteinfelsbrocken aus der Umgebung, erinnert an die Gefallenen des Schwäbischen Turnerbundes in beiden Weltkriegen sowie an »Bundesvater« Paul Dinkelacker (1873–1958) aus der Bierbrauerfamilie, Vorstand des Schwäbischen Schneelauf Bundes (SSB). Dieser erbaute in unmittelbarer Nähe 1911 eine Skihütte. Bei der Einweihung hielt Dinkelacker die Festrede.

Wie wogende Wellen reihen sich die Schwarzwaldberge hintereinander, hier der Blick von der Aussichtsplattform Steinmäuerle.

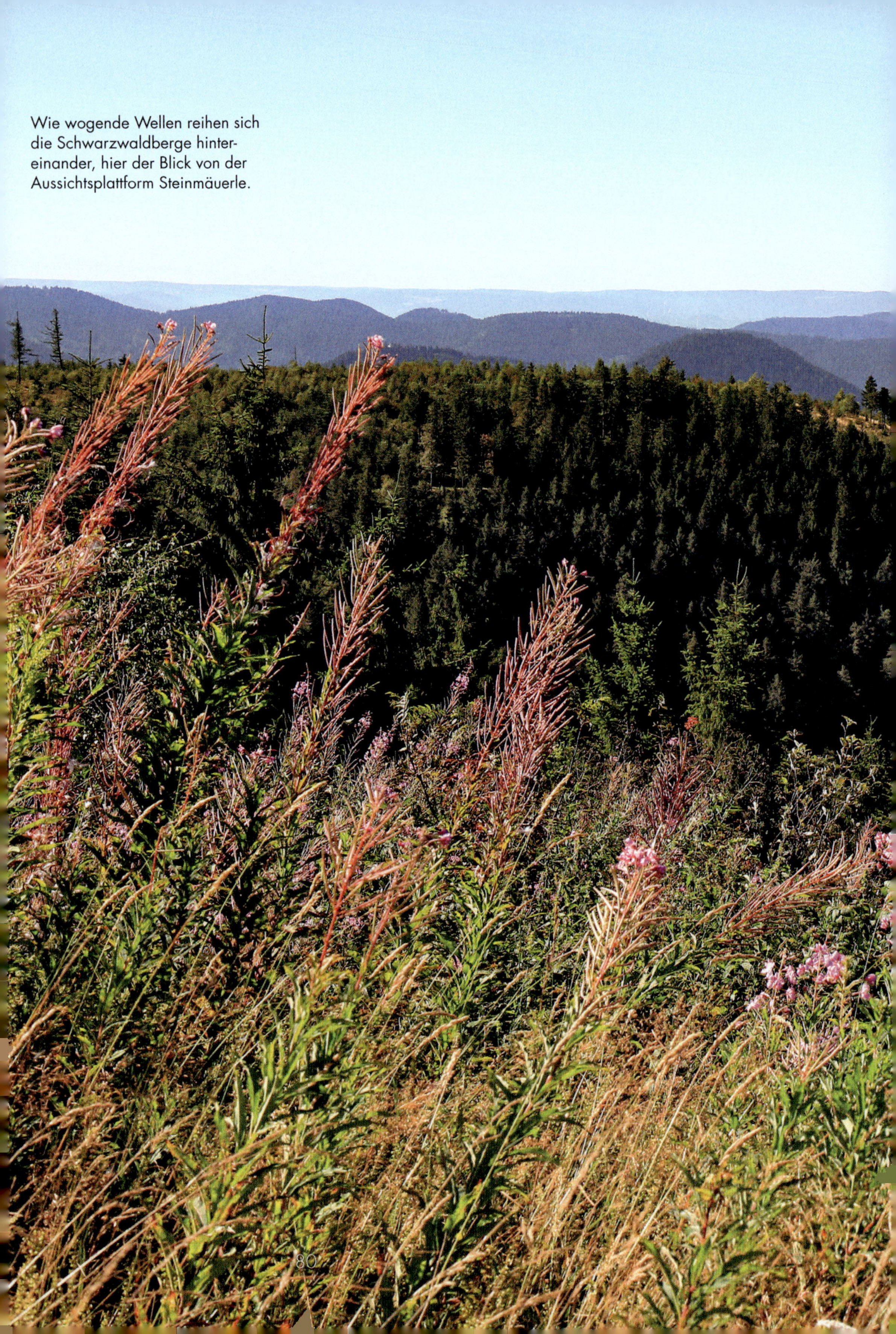

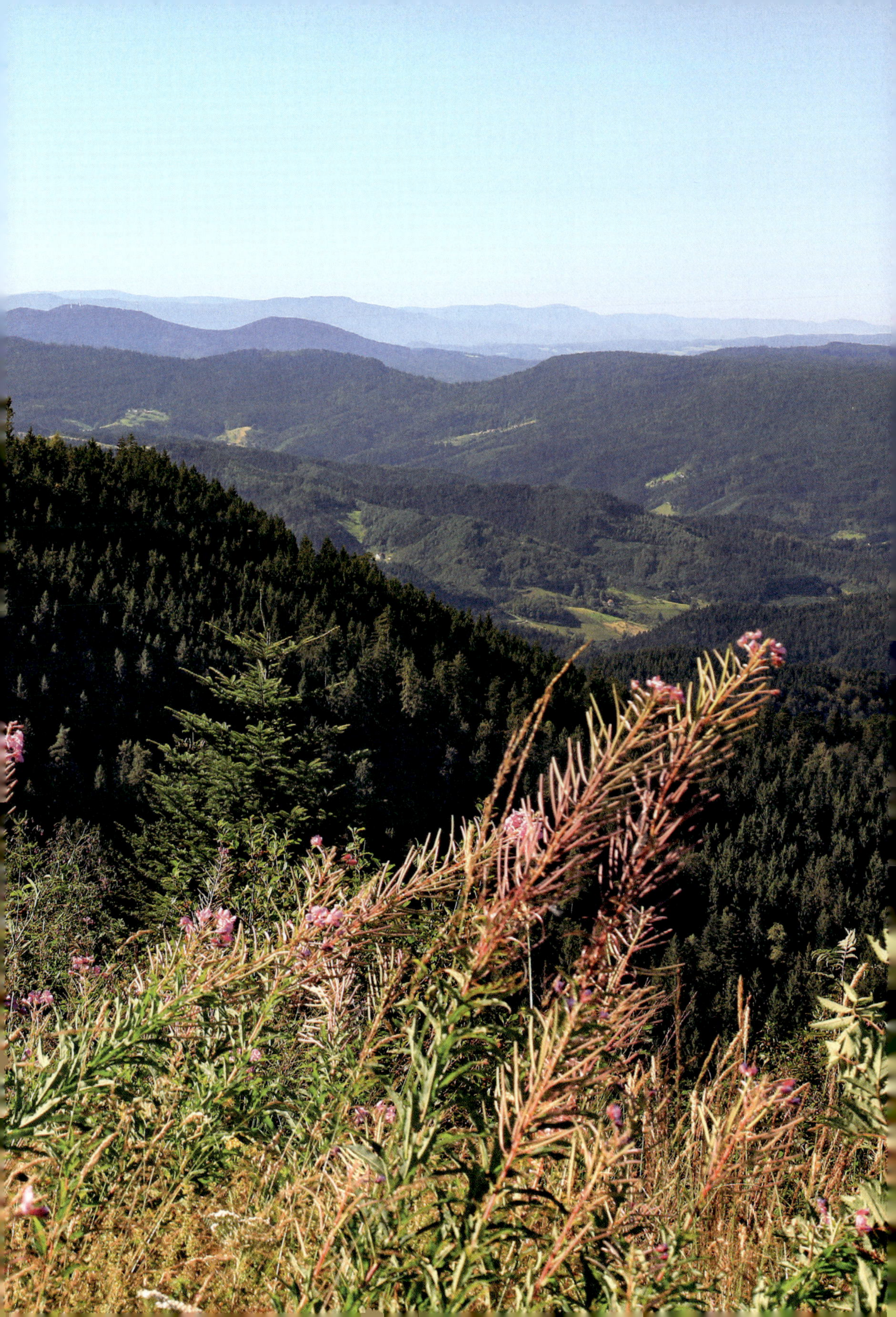

18 Hinauf zum Rinkenturm

Hoch über Baiersbronn

mittel | 7,1 km | 170 Hm | 2 Std.

Altersempfehlung
Ab 8 Jahren

Tourencharakter
Wir wandern auf Forstwegen, Sträßchen und einem Pfad.

Kinderwagen
Nein

Ausgangs-/Endpunkt
Baiersbronn, Sommerseitenweg 42

GPS
48.512238, 8.362662

Anfahrt
Auto: A81 bis Ausfahrt Rottenburg, weiter über Nagold nach Pfalzgrafenweiler, dann auf der B28 nach Hallwangen, danach auf die B294 und hinab ins Murgtal nach Baiersbronn, dort erst nach links, dann über die Häslergasse und die Schiefelgasse zum Sommerseitenweg
Bus & Bahn: Bahn bis Baiersbronn Bahnhof, Bus bis Baiersbronn Sternen; Info: www.efa-bw.de

Einkehr
Satteleihütte, Baiersbronn

Information
www.baiersbronn.de

Baiersbronn, der Ort mit den vielen (Michelin-)Sternen, lockt mit zahlreichen Wegen durch prächtige Wälder. Diese Tour führt nicht nur zur Satteleihütte, wo man ein wenig vom kulinarischen Ruhm des Ortes kosten kann, sondern auch zum Rinkenturm, der auf einem Bergausläufer liegt und eine wunderbare Aussicht bietet.

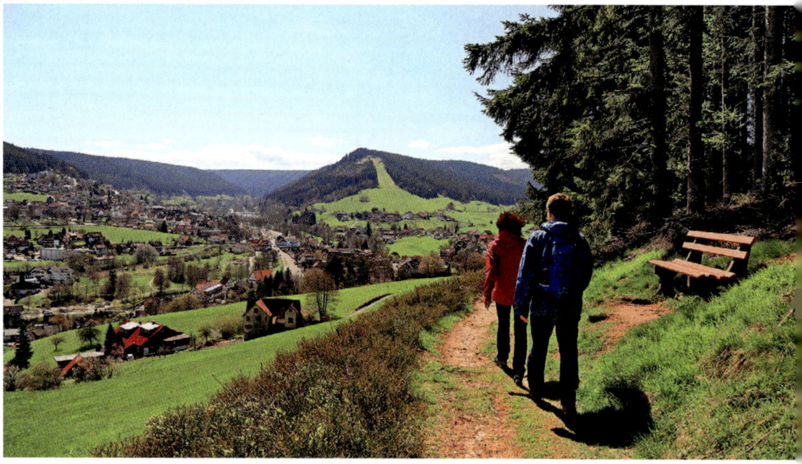

Panoramaweg über dem Murgtal Am Parkplatz am Schild Sommerseite folgen wir dem Weg in den Wald hinein. Gleich nach dem Waldrand biegen wir am Schild **Rechen** (622 m) ❶ rechts ab. Nun führt uns ein wunderbarer Panoramaweg immer am Waldrand entlang, wobei wir stets einen herrlichen Blick auf Baiersbronn und die umliegenden Höhen haben. Wir kommen an den Schildern Rinkenkopfweg (620 m), Rinkenkopfweg (618 m) und Häslen (622 m) vorbei, danach wandern wir kurz im Wald. Nach dem Schild Am Waldacker (621 m) erreichen wir das Schild Heideweg (610 m). Hier geht der Weg links weiter.

Über die Satteleihütte zum Aussichtsturm Nun wandern wir oberhalb des Rinkenbachtals. Nach dem letzten rechts liegenden

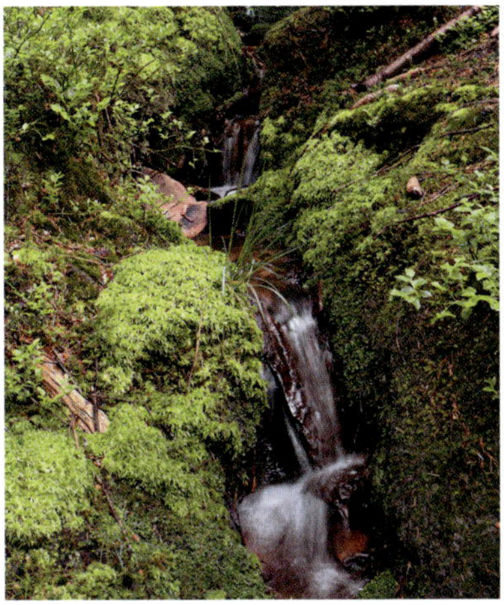

Ringwall und Rinkenturm

Der keltische Ringwall auf dem Rinkenberg ist das älteste Bauwerk Baiersbronns; er ist 115 Meter lang und 40 Meter breit. Die ovale Anlage wurde aus teilweise tonnenschweren Blöcken aufgeschichtet. Der Kaiser-Wilhelm-Turm/Rinkenturm wurde 1913/14 vom württembergischen Schwarzwaldverein in der zeittypischen Form eines Bergfrieds erbaut. Man hat eine prächtige Sicht hinab auf Baiersbronn und das Murgtal, auf der anderen Seite sieht man ein Stück ins Tonbachtal.

Haus kommen wir in den Wald, wo unser Weg rechts abknickt und uns zu einem breiten Forstweg führt. Am Schild **Rindenteichwegle** (656 m) 2 biegen wir links ab und wandern gemächlich aufwärts. Nach dem Petermannbrunnen zieht der Weg nach links und wir steigen hinauf zur **Satteleihütte** 3 (706 m). Hier kann man in der gleichnamigen Hütte einkehren. Nun folgen wir dem breiten Forstweg nach links. Er führt uns erst eben, dann ansteigend in Richtung »Rinkenturm«. Immer dem Weg geradeaus folgend erreichen wir den **Rinkenturm** (747 m) 4. Links des Weges liegt ein keltischer Ringwall.

Die kleinen Bächlein bilden manchmal auch Wasserfälle aus.

Linke Seite: Der Weg am Waldrand entlang ist ein wunderbarer Panoramaweg. Links liegt hier das Murgtal, im Hintergrund sieht man Baiersbronn.

Zurück zum Ausgangspunkt Nach der Besteigung gehen wir wieder zurück bis zur Satteleihütte 3. Hier biegen wir links ab. Nun geht es immer bergab. Wir kommen am Schild Rechen 1 vorbei und erreichen kurz danach den Waldrand und den Parkplatz.

Karte

Wanderkarte W235 Freudenstadt, 1:25 000, Landesamt für Geoinformation und Landentwicklung Baden-Württemberg (LGL) in Zusammenarbeit mit dem Schwarzwaldverein e.V.

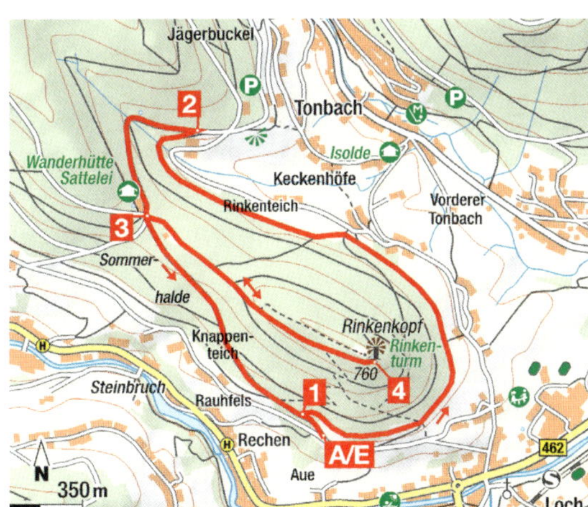

19 Von Klosterreichenbach ins idyllische Reichenbachtal

Vorbei am Märtesweiher

leicht | 7,5 km | 150 Hm | 2.10 Std.

Altersempfehlung
Ab 8 Jahren

Tourencharakter
Die Wanderung verläuft auf festen Wegen.

Kinderwagen
Ja

Ausgangs-/Endpunkt
Baiersbronn-Klosterreichenbach, Parkplatz Freibad/Kurpark, Schwimmbadweg

GPS
48.526022, 8.401751

Karte
Wanderkarte W235 Freudenstadt, 1:25 000, Landesamt für Geoinformation und Landentwicklung Baden-Württemberg (LGL) in Zusammenarbeit mit dem Schwarzwaldverein e.V.

Anfahrt
Auto: A81 bis Ausfahrt Horb, dann auf der B32 nach Horb und dort auf der B14 weiter über Rexingen, Schopfloch und Dornstetten bis vor Freudenstadt, dort auf der B294 nach Norden, auf der L409 nach links hinab nach Klosterreichenbach
Bus & Bahn: Bahn bis Klosterreichenbach Bahnhof; Info: www.efa-bw.de

Einkehr
Klosterreichenbach

Information
www.baiersbronn.de

In Baiersbronn mit seinen Teilorten erwartet Wanderer herrliche Nordschwarzwaldnatur. Man kann ausgedehnte Touren unternehmen, beispielsweise zu den Karseen des Nordschwarzwalds. Diese Tour ab Klosterreichenbach ist aber eher eine der gemütlichen Sorte.

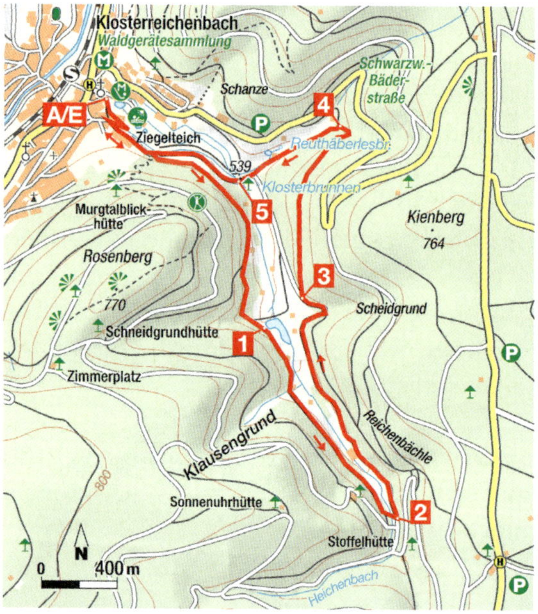

Hinein ins Tal Am nördlich der Kirche liegenden **Parkplatz am Schwimmbad beziehungsweise Kurpark** gehen wir zum Kiosk am Eingang zum »Naturgolf«. Am Wanderschild Schwimmbad (517 m) davor folgen wir dem Wegweiser nach rechts in Richtung »Dornstetter Weg«; als Zeichen können wir uns auch an der blauen Raute orientieren.

Wir spazieren rechts des Sees etwas hinauf. Hinter der Sitzbank in einem Blumenrabatt zweigen wir rechts ab. Vor dem links unten liegenden Schwimmbad knickt unser Weg rechts ab und bringt uns hinauf zu einem Kanal. Hinter ihm folgen wir dem Dornstetter Weg nach links. Wir wandern an den Schildern Dornstetter Weg (550 m) und Reichenbach (540 m) vorbei. Danach halten wir uns an der Verzweigung rechts in Richtung »Scheidgrund«.

Vom Märtesweiher zum Umkehrpunkt An einem querenden Weg mit dem Schild Scheidgrund (571 m) geht es links hinab zum Märtesweiher **1**. Ihn sollte man sich jetzt ansehen, der Abzweig ist nur 100 Meter lang. Danach kehrt man wieder zur Kreuzung zurück und folgt dem eben weiterführenden Weg in Richtung »Stoffelshütte«. Nach einiger Zeit kommt man am Simonsbrunnen vorbei; er gilt als einer der vier »Baiersbronner Ge-

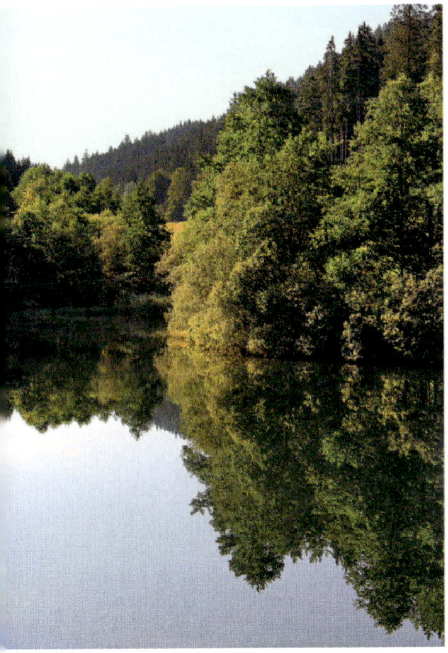

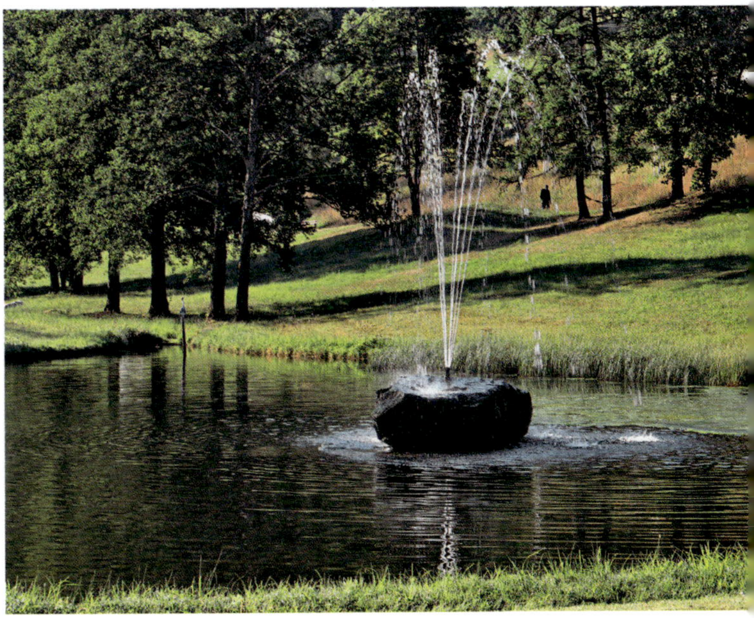

nussplätze«. Wir wandern weiter oberhalb des Reichenbachtals. Später mündet von rechts ein Weg in unseren ein. Kurz danach erreichen wir einen querenden Weg **2**. Etwas weiter rechts befindet sich die Stoffelhütte, wir zweigen aber links ab. Nun geht es auf der anderen Seite des Reichenbachtales bergab.

Links: Blick über den Märtesweiher

Rechts: Der Springbrunnen weist darauf hin, dass wir uns im Kurpark bewegen.

Nach einer Rechts-links-Kurve kommen wir zum Schild **Reichenbachtal** (593 m) **3**. Hier zweigen wir rechts in den ansteigenden Weg in Richtung »Reuthäberle« ab. Jetzt steigt es bis zu einer Schranke an, dann fällt es ab in einen Talschluss zum Schild

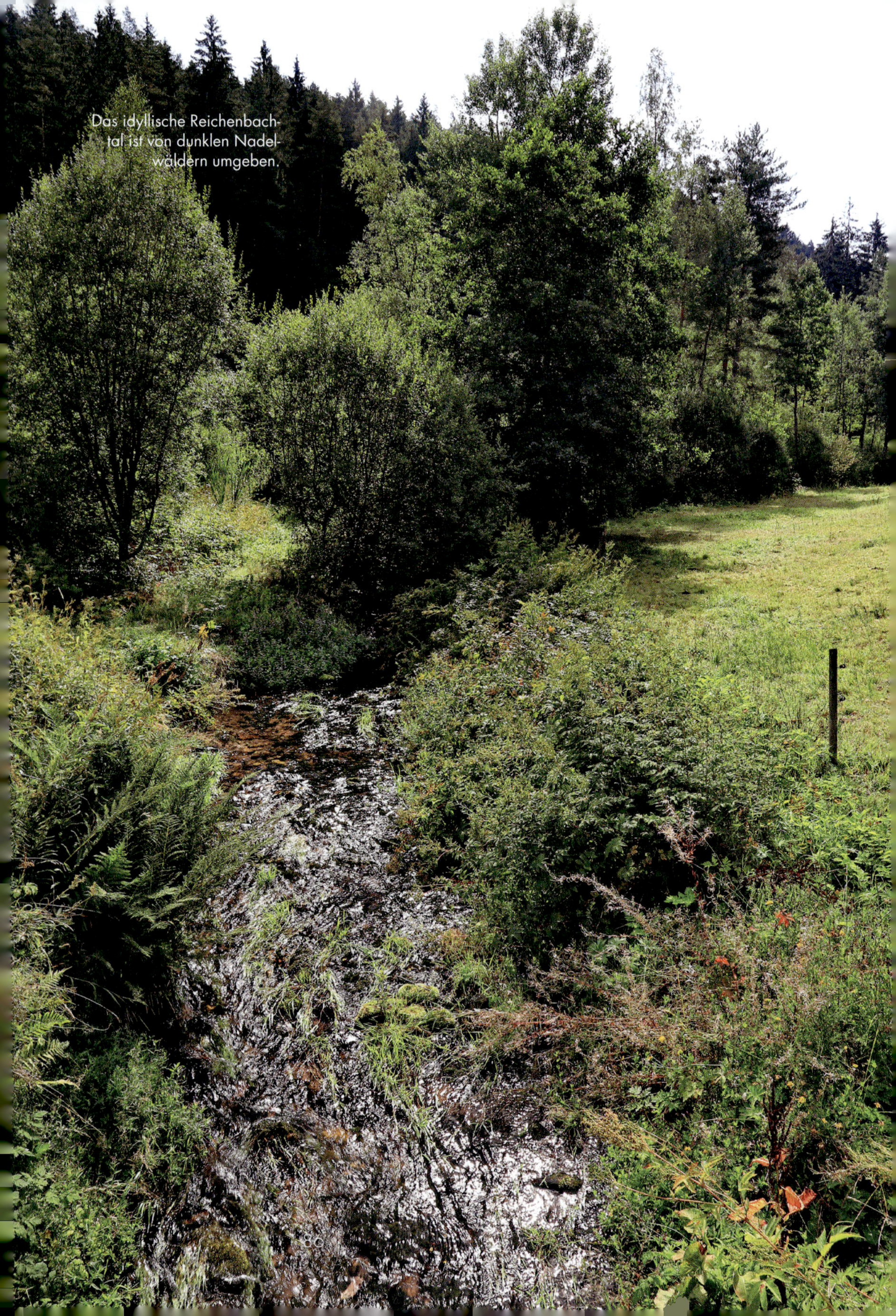

Das idyllische Reichenbachtal ist von dunklen Nadelwäldern umgeben.

Reuthäberle (590 m) ④. Hier biegen wir scharf links ab in Richtung »Pavillon«.

Zurück über die Klosterquelle

Es geht nun hinab ins Reichenbachtal bis zum links einer Kreuzung stehenden **Pavillon** (542 m) ⑤. Er wurde 2002 von der Ortsgruppe Klosterreichenbach des Schwarzwaldvereins erbaut. Links am Wegrand steht auch ein Gedenkstein für die Gründer dieser Ortsgruppe. Im Pavillon befinden sich Tisch und Bänke. Wir gehen rechts am Pavillon vorbei. Gleich danach kann man auf einem Balkenweg nach links einen kurzen Abstecher zur Quellstube der Klosterquelle machen. Den Bach sieht man zwar kaum, hört ihn aber plätschern und rauschen. Danach wandern wir weiter in Richtung »Parkplatz Schwimmbad«. Etwas später erreichen wir die noch vom Anfang her bekannte Verzweigung, nun geht es auf demselben Weg zurück zum Ausgangspunkt.

Kloster und Klosterkirche

Abschließend lohnt sich eine Besichtigung der ehemaligen Klosterkirche St. Gregor und überhaupt der Klosteranlage. Am Parkplatz führt ein Weg durch die Klostermauer hinauf in das Areal. Links des Platzes steht der Gefängnisturm, daneben ein Kräutergarten. Durch den Rest des Kreuzgangs in der Ecke kann man in die Kirche gelangen. Die Klosteranlage wurde Ende des 19. Jahrhunderts im Stil des Historismus erneuert. Die karg wirkende Kirche besitzt einen prächtig verzierten romanischen Pfeiler (12. Jh.), ein zierliches spätgotisches Sakramentshäuschen, ein hölzernes Kruzifix und einen Taufstein aus dem 16. Jahrhundert. In der Vorhalle, dem Paradies, befinden sich große Sandsteinepitaphe. Die beiden fein gearbeiteten Türklopfer mit Löwenköpfen stammen aus der ersten Hälfte des 12. Jahrhunderts. Hinter der Kirche steht das Kasten genannte Gebäude, das vor 1300 als Infirmerie (Krankenhaus) des Klosters errichtet wurde. Um 1500 wurde das damals recht verfallene Haus als Fruchtkasten wiederaufgebaut, später diente es als Schulhaus, dann wieder als Fruchtkasten, Bindthaus und Weinkeller. Der direkt vor der Mauer stehende Gefängnisturm wurde bis etwa 1955 noch als solcher genutzt.

Blick auf die ehemalige Klosterkirche

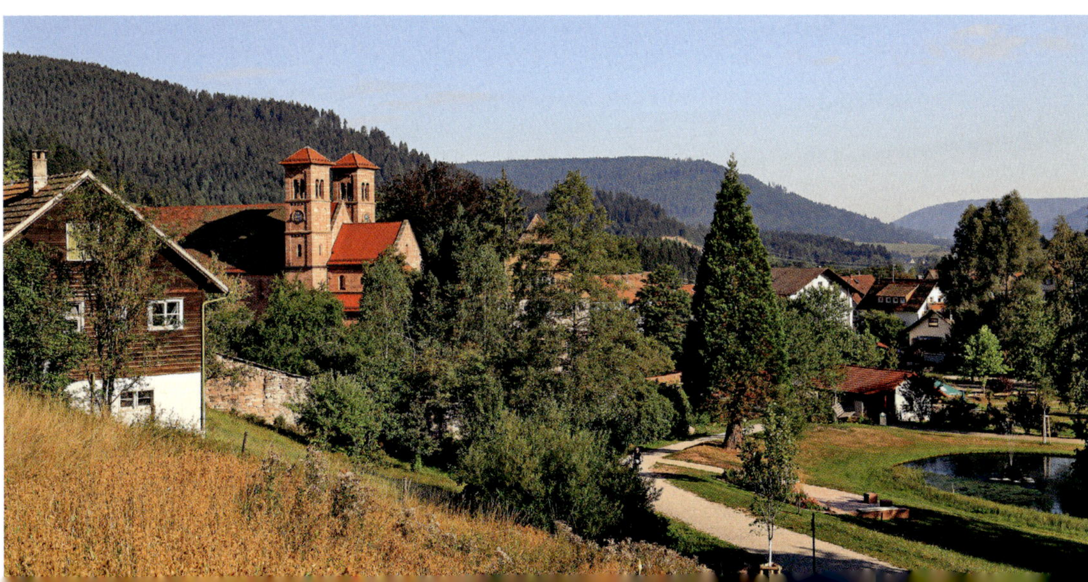

20 Rund um Kälberbronn

Immer wieder Aussicht

leicht | 4,7 km | 90 Hm | 1.15 Std.

Altersempfehlung
Ab 8 Jahren

Tourencharakter
Leicht, die Wanderung verläuft bis auf zwei Stellen auf festen Wegen, dort auf schönen, gut zu gehenden Naturwegen.

Kinderwagen
Nein

Ausgangs-/Endpunkt
Pfalzgrafenweiler-Kälberbronn, Wanderparkplatz Große Tannen am nördlichen Ende der Großen Tannenstraße am Waldrand

GPS
48.539846, 8.492800

Karte
Freizeitkarte F504 Freudenstadt, 1:50000, Landesamt für Geoinformation und Landentwicklung Baden-Württemberg (LGL)

Anfahrt
Auto: A81 bis Gärtringen, dann über Nagold, Egenhausen und Pfalzgrafenweiler zum Ausgangspunkt in Kälberbronn
Bus & Bahn: Bahn bis Schopfloch bei Freudenstadt, weiter mit dem Bus nach Kälberbronn, Haltestelle Rathaus; Info: www.efa-bw.de

Einkehr
Kälberbronn

Information
www.pfalzgrafenweiler.de

Die Wanderung führt rund um Kälberbronn, das idyllisch inmitten einer Rodungsinsel und umgeben von weiten Waldgebieten liegt. Wir können uns an schönen Wäldern erfreuen, sehen immer wieder mächtige, markante alte Bäume und genießen oft die Aussicht.

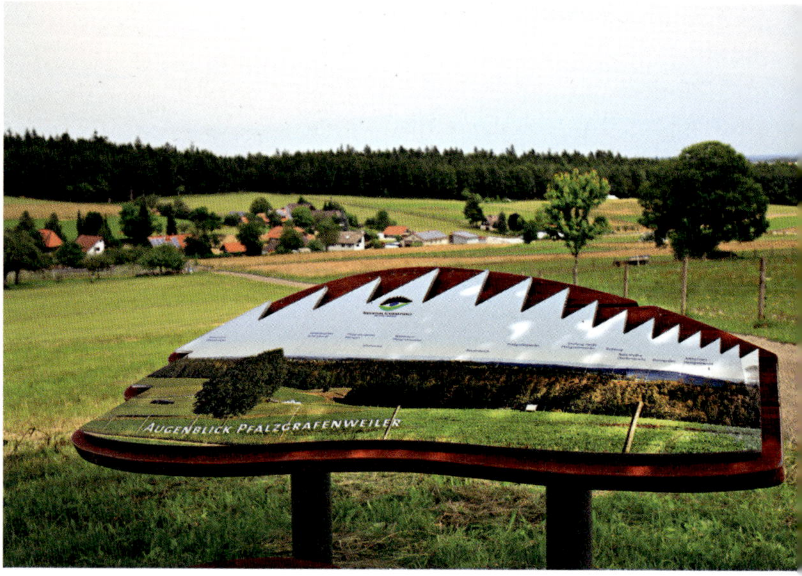

Am Waldrand entlang zur Landstraße Am **Ausgangspunkt** sehen wir das Wanderschild Große Tannen (731 m). Hier folgen wir mit dem Wanderzeichen blaue Raute dem Heidelbeerweg in Richtung Stutzweg. Es geht immer am Ortsrand entlang, bereits jetzt mit prächtiger Aussicht, bis zum Wanderschild **Stutzweg** (740 m). Hier gehen wir geradeaus weiter in Richtung »Igelsberger Weg«.

Aussicht vom AugenBlick Bald erreichen wir die Straße, dort halten wir uns rechts und kommen zum Wanderschild **Igelsberger Weg** (732 m) ❶. Hier biegen wir links ab, überqueren die

Straße und wandern auf den einzeln dastehenden Baum zu, hier finden wir den aussichtsreichen **AugenBlick** des Naturparks, außerdem eine Tafel, auf der die Aussicht erklärt ist ❷.

Wir nehmen den etwas nach rechts abknickenden Weg. Wo der Asphaltweg nach links abknickt, wandern wir mit dem Wanderzeichen gelbe Raute am Waldrand entlang auf einem Naturweg bergab. Unten treffen wir auf den querenden **Jägerweg** ❸. Wir folgen dem breiten Schotterweg mit der gelben Raute nach links.

Linke Seite: Beim AugenBlick des Naturparks bietet sich uns eine Aussicht auf Kälberbronn und seine Umgebung.

Hat man eine solche Begegnung, hebt das gleich die Stimmung.

Auf einem Waldpfad zurück Wo wir auf die **K4729** ❹ treffen, überqueren wir sie und gehen dahinter kurz hinauf zum

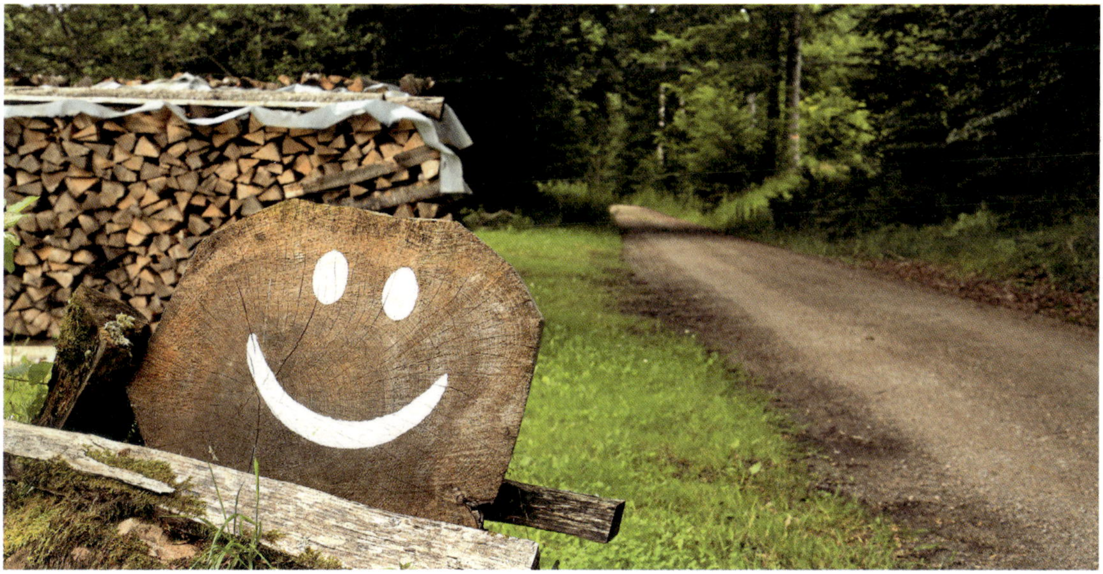

Wanderschild Dampfe (650 m). Hier halten wir uns links. Nun wandern wir auf einem etwas holprigen, aber gut zu gehenden Waldpfad, mal im, mal außerhalb des Waldes. Später geht der Pfad wieder in einen befestigten Weg über.

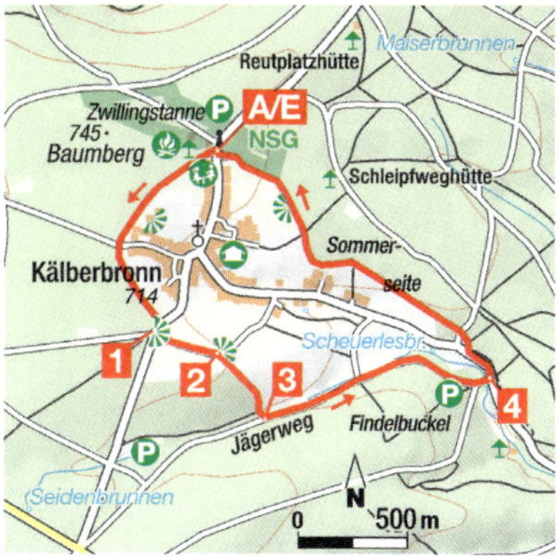

Wir kommen am Schild Schleifweg (708 m), dann an den durch Figuren erkenntlichen Wichtelweg vorbei, außerdem an der Hohlen Buche und weiteren mächtigen, aber abgestorbenen Baumstämmen. Danach erreichen wir wieder unseren Ausgangspunkt.

21 Über den Egenhäuser Kapf

Heide und viel Aussicht

leicht	5,3 km	90 Hm	1.30 Std.

Altersempfehlung
Ab 8 Jahren

Tourencharakter
Wir wandern auf Pfaden und festen Wegen.

Kinderwagen
Nein

Ausgangs-/Endpunkt
Egenhausen, Parkplatz Kapf, Kapfweg

GPS
48.560992, 8.626249

Karte
Freizeitkarte F502 Pforzheim, 1:50 000, Landesamt für Geoinformation und Landentwicklung Baden-Württemberg (LGL)

Anfahrt
Auto: A81 bis Ausfahrt Gärtringen, weiter über Nagold nach Egenhausen; der Parkplatz befindet sich vor dem Ort rechts bei Gebäude Walddorfer Straße 21
Bus & Bahn: Bahn oder S-Bahn bis Herrenberg, weiter mit dem Bus bis Egenhausen Haltestelle Rathaus; Info: www.efa-bw.de

Einkehr
Egenhausen

Information
www.egenhausen.de, www.naturparkschwarzwald.de

Der Egenhäuser Kapf an der Nahtstelle zwischen den Gäulandschaften und dem Schwarzwald bietet nicht nur typische Hecken zwischen den Wiesen, sondern auch weite Aussichten. Kein Wunder, Kapf kommt schließlich von »kapfen«, das heißt Ausschau halten.

Durch die Heide Hinter dem **Parkplatz** folgen wir dem Zeichen des Gäurandwegs des Schwarzwaldvereins; es geht auf einem schönen Pfad und mit herrlicher Aussicht durch die Heidelandschaft des Egenhäuser Kapfs hinauf.

Bald treffen wir auf einen Grill- und Rastplatz, etwas erhöht finden wir mit dem **AugenBlick** des Naturparks auch zwei Panoramatafeln, auf denen die Aussicht erklärt ist. Weiter dem Zeichen folgend, stoßen wir vor dem Sendemast und rechts eines Holzhauses auf einen Schotterweg. Ihm folgen wir in Gehrichtung nach links. Gleich darauf weist uns das Zeichen nach rechts, wieder auf einen Pfad und auf den Sendemast zu. Wir treffen auf eine Straße, der wir nach links ❶ folgen.

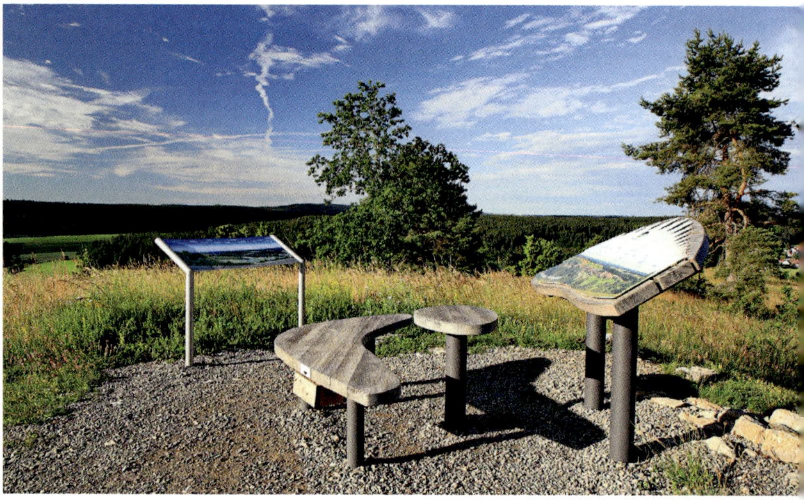

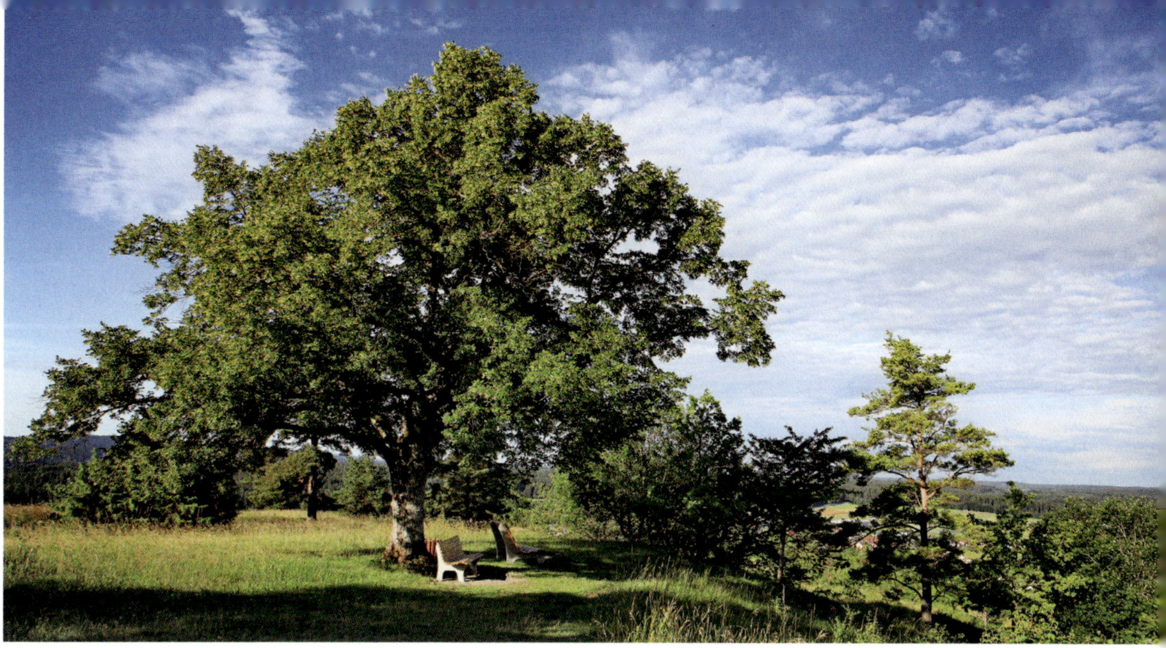

Die Tour führt an mächtigen Bäumen vorbei.

Linke Seite: Am AugenBlick genannten Aussichtspunkt des Naturparks

Zwischen Waldstücken, Wiesen und Feldern

Bald kommen wir an einem Parkplatz vorbei und gelangen dort zum Schild **Kapf** (620 m) ❷. Hier gehen wir mit der gelben Raute geradeaus weiter, ebenso beim Schild Denzweg (614 m). Nach einiger Zeit biegen wir am Schild **Kapfweg** (587 m) ❸ links ab. Auch am nächsten Querweg halten wir uns links. Wir wandern mit der gelben Raute auf den Wald zu. In ihm biegen wir gleich rechts ab und kommen zum Schild **Bei der Kohlgrube** (610 m) ❹. Hier zweigen wir links ab und folgen wieder dem Zeichen des Gäurandwegs.

Wir gehen noch ein Stück durch den Wald, danach verlassen wir ihn. Ab jetzt wandern wir bis zum Schluss auf einem wunderbaren Panoramaweg. Zuerst geht es hinab zu einem Querweg beim Schild **Täschacker** (560 m) ❺, dort geht es nach links weiter.

Auf dem Panoramaweg

Wir kommen an den Schildern Panoramaweg (570 m) und Unterm Kapf (576 m) vorbei. Bald sehen wir bei einer Bank links den Parkplatz. Man kann auf den Pfadspuren zu ihm gehen oder noch bis vor das nächste Haus dem Weg folgen und dann nach links zum Ausgangspunkt spazieren.

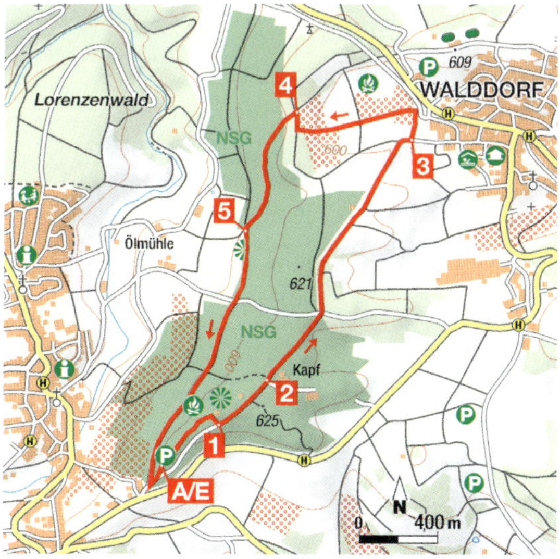

22 Vorbei am Freudenstädter Aussichtsturm

Größte Tanne und weite Aussicht

mittel	8,2 km/ 6,2 km	70 Hm	2.10 Std./ 1.40 Std.

Altersempfehlung
Ab 8 Jahren

Tourencharakter
Die Tour verläuft auf asphaltierten und geschotterten Wegen.

Kinderwagen
Ja

Ausgangs-/Endpunkt
Freudenstadt, Parkplatz Lauferbrunnen an der L405/Schömberger Straße

GPS
48.441843, 8.397090

Anfahrt
Auto: A81 bis Ausfahrt Rottenburg a.N., dann B28 und B14 über Eutingen und Dornstetten bis nach Freudenstadt, dort links ab in L405
Bus & Bahn: Bahn und S-Bahn bis Freudenstadt, Bus bis Freudenstadt Haltestellen Lauferbrunnen oder Promenadenplatz (von hier wandert man hinauf zum Aussichtsturm); Info: www.efa-bw.de

Einkehr
Berghütte Lauterbad; Freudenstadt

Information
www.freudenstadt.de

Wir erleben bei dieser Tour eine Mischung aus Wald und Freiflächen, kommen an einer lauschigen Rosenpergola vorbei und können in einer Gaststätte mit herrlichem Fernblick einkehren. Unterwegs sehen wir beeindruckende, mächtige Tannen, wie sie für den Nordschwarzwald typisch sind.

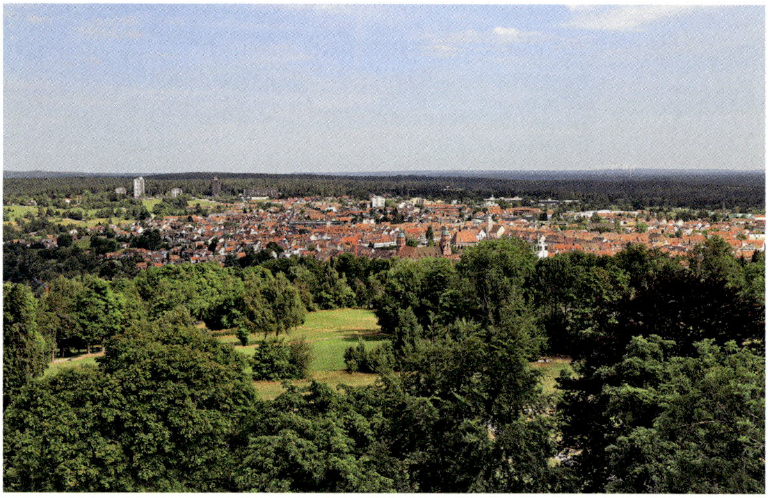

Vom Aussichtsturm hat man einen großartigen Blick auf Freudenstadt.

Zum Herzog-Friedrich-Turm Wir gehen am Parkplatz am Schild Lauferbrunnen (808 m) nach Osten zur L405 und biegen links ab. An der Vereinigung mit der L404 zweigen wir rechts ab auf einen Forstweg (Wölperweg). Er bringt uns in weitem Linksbogen zu einem Parkplatz.

Dort biegen wir vor der Landstraße rechts ab in die Alte Schömberger Straße. Sie verläuft asphaltiert durch den Wald bis zur Kienberghütte am Waldrand. Wir behalten noch kurz unsere Richtung bei, dann folgen wir dem Weg nach rechts (1). Vorbei an der Wetterwarte kommen wir zu einem Querweg mit der Haltestelle Kienberg der Kurbahn. Nach rechts gehen wir zum Schild

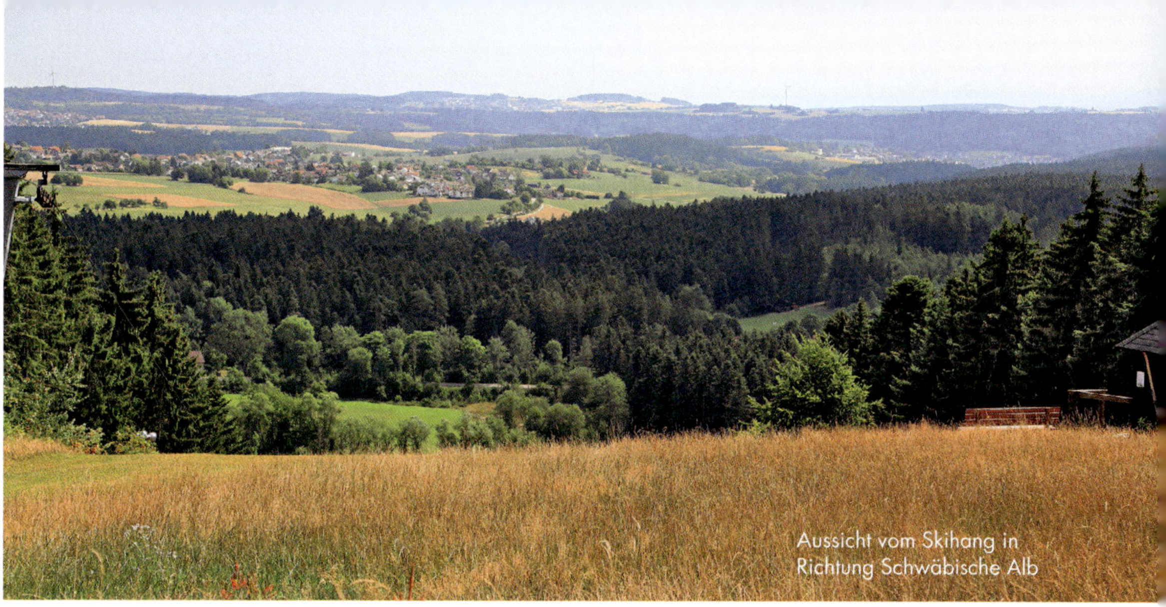

Aussicht vom Skihang in Richtung Schwäbische Alb

Friedrichshöhe (799 m). Hier biegen wir links ab in den Frank-Buchmann-Weg. Links sehen wir bald die Rosenpergola, die im Frühsommer ein herrliches Blütenbild zeigt. Nach links kommt man zum bereits sichtbaren **Herzog-Friedrich-Turm** ❷.

Karte

Wanderkarte W235 Freudenstadt, 1:25 000, Landesamt für Geoinformation und Landentwicklung Baden-Württemberg (LGL) in Zusammenarbeit mit dem Schwarzwaldverein e.V.

Ansonsten folgen wir dem asphaltierten Weg bis zu einer Kreuzung mit dem Logentannenweg. Wir biegen rechts ab und wandern zum Wald, jetzt geht es auf einem Schotterweg weiter in Richtung »Berghütte Lauterbad«.

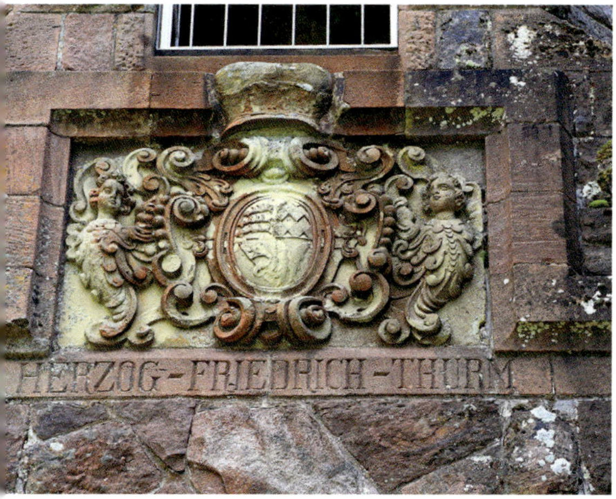

Prachtvoll gestaltetes Wappen über dem Eingang des Aussichtsturmes

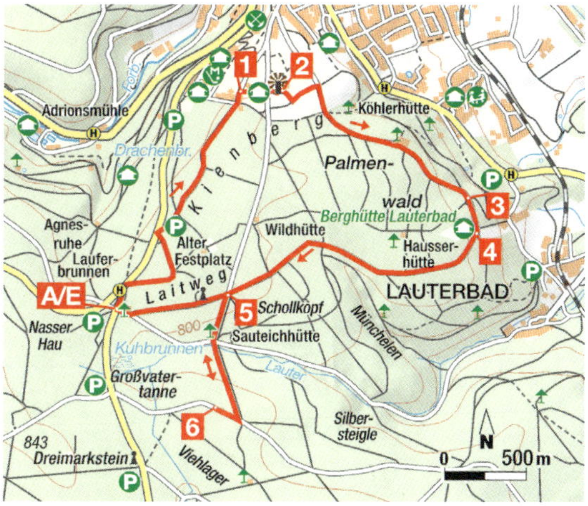

Zurück über den Zollernblick Wir ignorieren den rechts abgehenden Hasenstallweg und gehen bis zur Logenhütte. Dort behalten wir unsere Richtung bei und kommen zu einer Verzweigung, wo wir den linken, etwas abwärtsführenden Weg in Richtung »Lauterbad« nehmen. Am Schild Zollernblicksteig (748 m) ❸ zweigen wir rechts in den mittleren der Wege ab, jetzt steigt es etwas an.

Herzog-Friedrich-Turm

Der Herzog-Friedrich-Turm wurde 1899 als Geschenk der Bürger zum 300-jährigen Jubiläum der Stadt im zeittypischen Stil eines alten Bergfrieds aus Buntsandstein erbaut. Über dem Eingang sehen wir ein prächtiges württembergisches Wappen. Von dem 25 Meter hohen Turm hat man eine herrliche Sicht auf Freudenstadt, über die Schwarzwaldhöhen und bei guten Bedingungen bis zur Schwäbischen Alb.

Bald erreichen wir die **Waldgaststätte Berghütte Lauterbad** ❹. Von hier haben wir den so benannten Zollernblick. Wir folgen weiter dem anfangs etwas steiler ansteigenden Schotterweg. Immer mit leichtem Auf und Ab und vorbei am Schild Burgkopf (770 m) kommen wir zum Schild Äußere Riviera (807 m) ❺. Hier kann man einen Abstecher zur mächtigen Großvatertanne machen. Hierzu hält man sich links, passiert eine Hütte und biegt etwas später rechts ab. Kurz darauf steht rechts die **Dicke Tanne** ❻. Zurück zum Abzweig ❺ gehen wir denselben Weg.

Dort halten wir uns links. Vorbei am **Großen Stein** (807 m) mit dem namensgebenden mächtigen Sandsteinbrocken sowie dem Wald der Erinnerung erreichen wir die Skihütte Lauferbrunnen (753 m); gleich darauf sind wir am Parkplatz Lauferbrunnen (808 m).

Die Großvatertanne ist einer der mächtigsten Bäume im Schwarzwald.

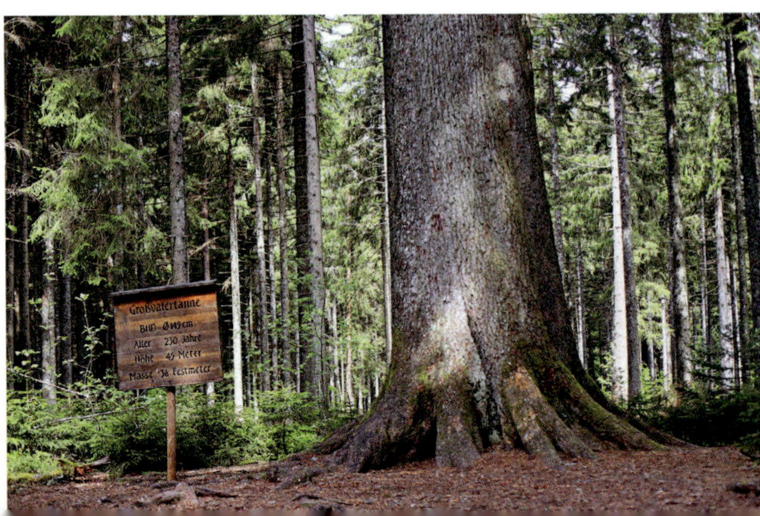

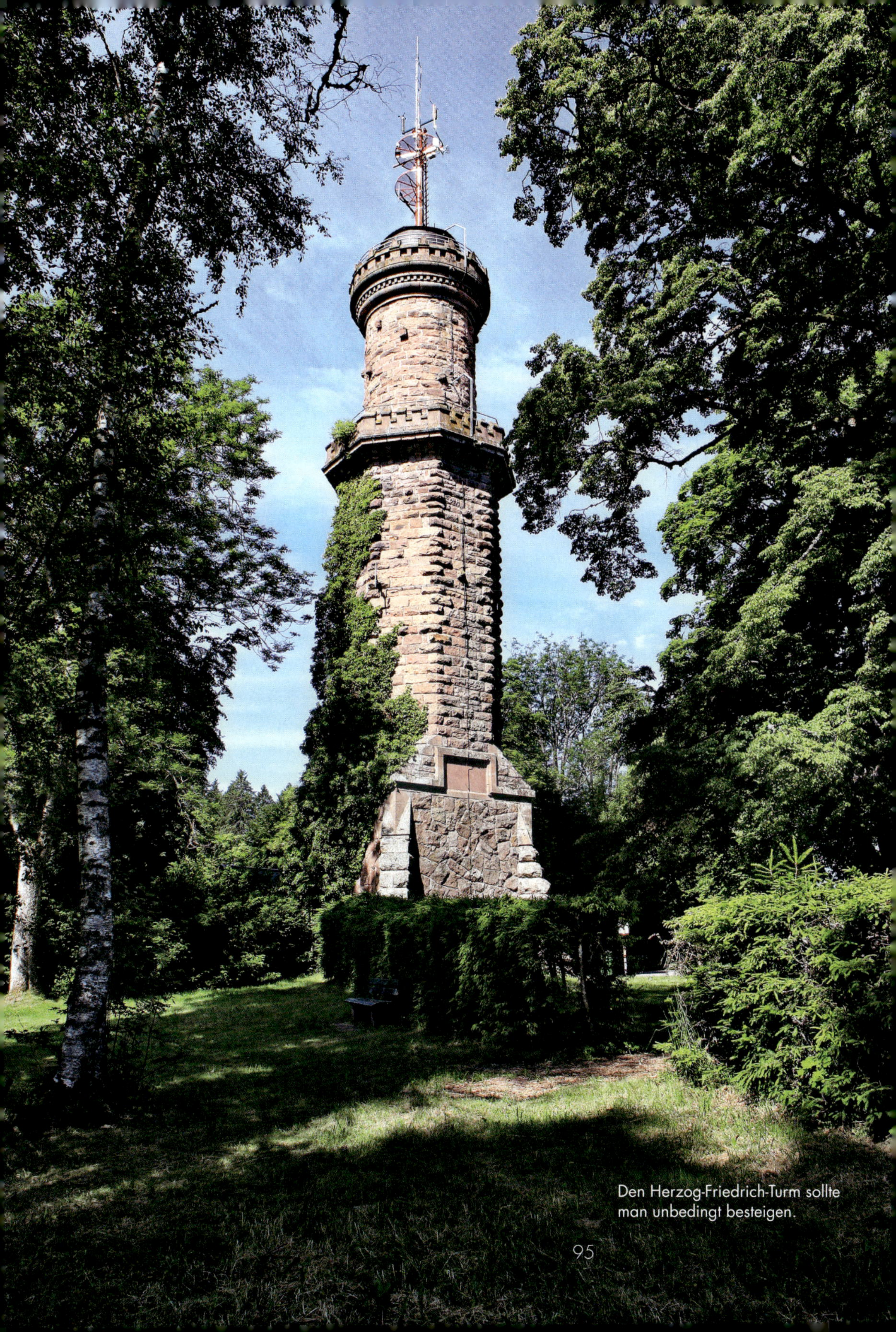

Den Herzog-Friedrich-Turm sollte man unbedingt besteigen.

23 Durch den Freudenstädter Wald

Zwischen mächtigen Tannen

mittel | 8,5 km | 50 Hm | 2.10 Std.

Altersempfehlung
Ab 10 Jahren

Tourencharakter
Die Tour verläuft auf geschotterten Wegen. Nach dem Wanderschild Alter Hau steigt es vorübergehend etwas steiler an.

Kinderwagen
Ja

Ausgangs-/Endpunkt
Freudenstadt, Parkplatz Lauferbrunnen an der L405/Schömberger Straße

GPS
48.441843, 8.397090

Karte
Wanderkarte W235 Freudenstadt, 1:25 000, Landesamt für Geoinformation und Landentwicklung Baden-Württemberg (LGL) in Zusammenarbeit mit dem Schwarzwaldverein e.V.

Anfahrt
Auto: A81 bis Ausfahrt Rottenburg a.N., dann B28 und B14 über Eutingen und Dornstetten bis nach Freudenstadt, dort links ab in L405
Bus & Bahn: Bahn und S-Bahn bis Freudenstadt, Bus bis Freudenstadt Haltestelle Lauferbrunnen; Info: www.efa-bw.de

Einkehr
Freudenstadt

Information
www.freudenstadt.de

Dieser Vorschlag ist eine reine Waldwanderung mit mächtigen Tannen, Farnen und vielen grünen Szenerien. Mangels außergewöhnlicher Attraktionen ist diese Wanderung vor allem für diejenigen gedacht, die gerne ruhige und ungestörte Touren durch einen teilweise urigen Wald unternehmen.

Auf dem Salzleckerweg zu Schaukelliege und Aussicht Am Schild Lauferbrunnen (808 m) am Parkplatz wandern wir nach Westen, überqueren in Richtung »Eiserne Hand« die L404 und gehen dahinter im Salzleckerweg weiter. Links sehen wir bald einen altertümlichen, gusseisernen Wegweiser. Etwas später sind wir am Schild **Eiserne Hand** (820 m) (1).

Hier spazieren wir geradeaus weiter. Kurz danach kommen wir an der Forstmeister-Preu-Hütte vorbei, unterhalb der sich eine Liegewiese befindet; dort haben wir nicht nur einen herrlichen Blick nach Freudenstadt, auch eine Schaukelliege ist hier angebracht. Schließlich erreichen wir die Kreuzung beim Schild

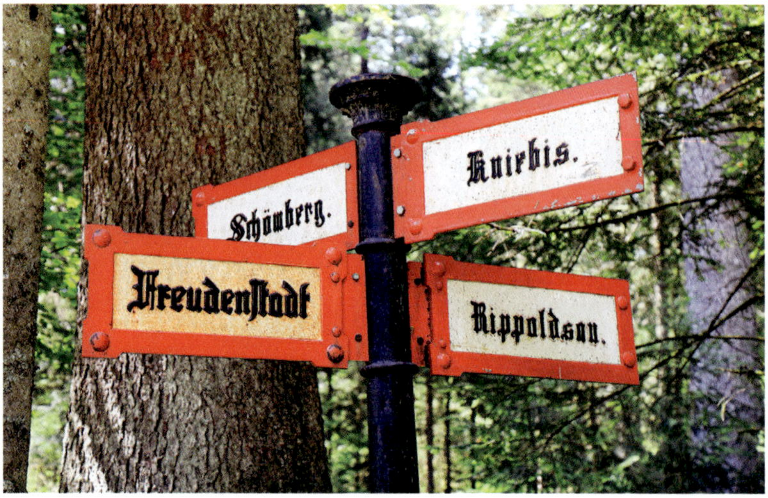

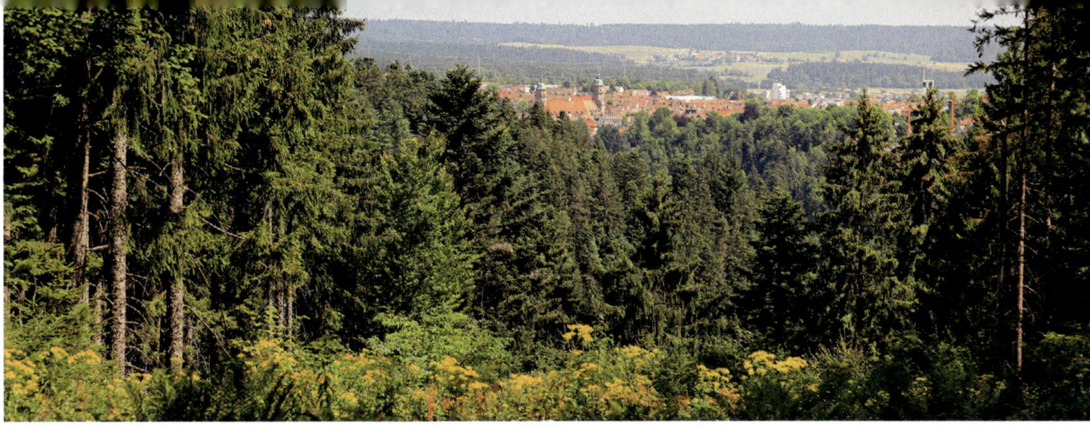

Blick über den dichten Wald nach Freudenstadt

Krumme Buche (855 m) ❷. Hier biegen wir links ab und folgen dem Asphaltweg hinab zum Schild **Alter Hau** (819 m) ❸. Wo der Asphaltweg rechts abknickt, geht unser Weg geradeaus weiter, nun als Schotterweg anfangs etwas steiler aufwärts. Bald wird es aber wieder flacher und wir wandern relativ eben durch einen prächtigen Wald.

Zurück über den Fliegerstein

Am Schild **Schwenke** (831 m) ❹ biegen wir rechts ab und überqueren bald die L404, dahinter steht das Schild Fliegerstein (827 m). Danach nehmen wir an der Verzweigung den linken Weg. Links der nächsten Kreuzung sehen wir den Fliegerstein. Er erinnert an zwei Soldaten, die am 23. März 1917 bei einem Übungsflug hier abstürzten, als ihr Flugzeug von einer Schneebö erfasst wurde. Kurz danach erreichen wir das Schild **Nasser Hau** (822 m) ❺, hier biegen wir links ab. Immer diesem Weg folgend, gelangen wir schließlich wieder zu unserem Ausgangspunkt.

Linke Seite: An diesem Schild sieht man, wie in früheren Zeiten Wegweiser gestaltet wurden.

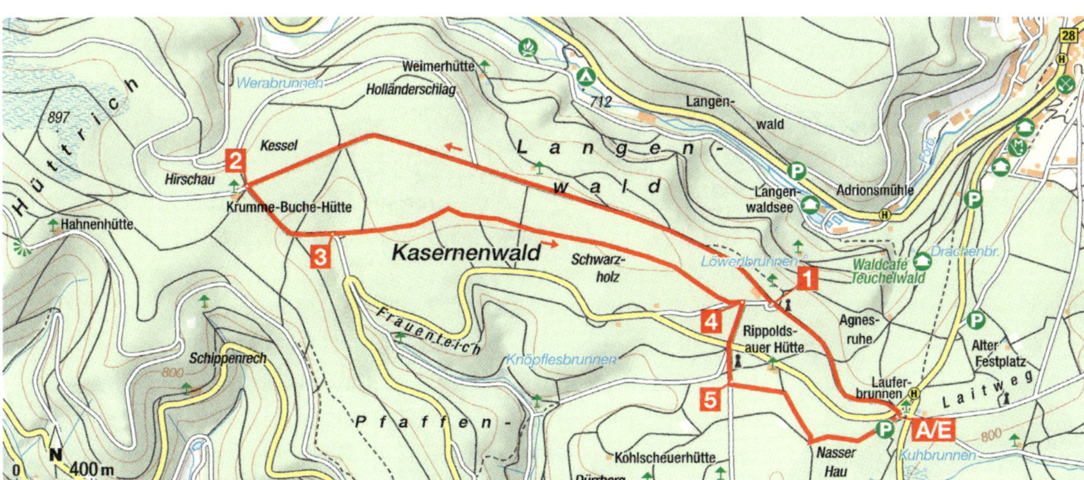

24 Attraktionen um Loßburg

Vom Zauberland zum Aussichtsturm

leicht | 4,7 km | 100 Hm | 1.15 Std.

Altersempfehlung
Ab 6 Jahren

Tourencharakter
Leicht, wir wandern auf festen Wegen.

Kinderwagen
Ja

Ausgangs-/Endpunkt
Loßburg, Schömberger Straße, Parkplatz Naturpark Zauberland, hinter dem Freibad

GPS
48.410955, 8.446255

Karte
Wanderkarte W235 Freudenstadt, 1:25 000, Landesamt für Geoinformation und Landentwicklung Baden-Württemberg (LGL) in Zusammenarbeit mit dem Schwarzwaldverein e.V.

Anfahrt
Auto: A81 bis Empfingen, dann über Glatt nach Loßburg
Bus & Bahn: Bahn bis Freudenstadt, Bus bis Loßburg-Rodt, Haltestelle Oberndorfer Straße; Info: www.efa-bw.de

Einkehr
Loßburg

Information
www.lossburg.de

In Loßburg hat man sich etwas für Kinder einfallen lassen: das Zauberland. Über den idyllischen Kinzigsee und den Kinzigursprung wandern wir dann hinauf zum Aussichtsturm. Unterwegs sollte man aufmerksam durch den Wald wandern, er ist recht urtümlich und bietet einige idyllische Szenen mit von Moos überzogenem Totholz.

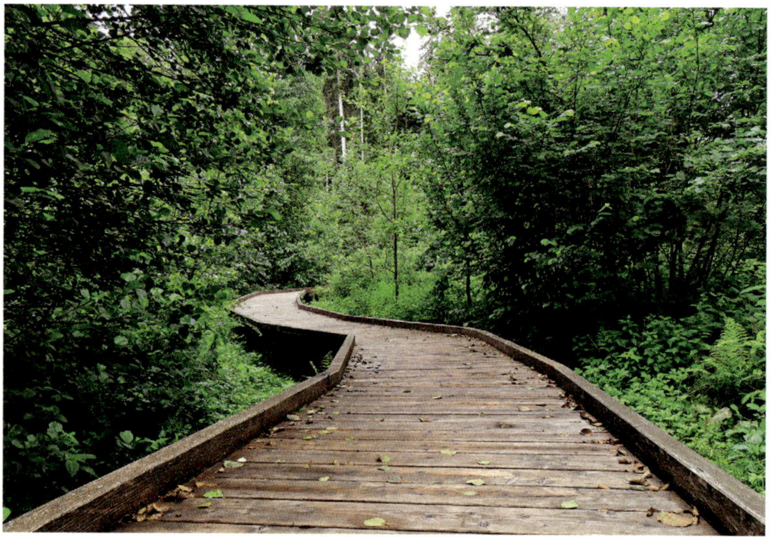

Ein Stück wandert man auch auf einem Holzbohlenweg durch das Zauberland.

Durch das Zauberland zum Kinzigsee Wir gehen vom **Parkplatz** zum Wanderschild Loßburg Freibad (658 m). Dort überqueren wir die Straße und halten uns auf dem Weg nach ihr links. Nun betreten wir das Zauberland. Kinder sind vielleicht nur schlecht zum Weitergehen zu bewegen, man kann ihnen aber sagen, dass man auf dem Rückweg wieder hier vorbeikommt, dann hat man Zeit, sich länger aufzuhalten. Wir sollten uns von dem Gewirr der Wege nicht irritieren lassen: Jetzt zu Beginn der Wanderung gehen wir links unterhalb des **Pavillons** entlang, dann halten wir uns vor dem toten, umgedrehten Baumstamm links. Anschließend wandern wir auf einem Bohlenweg weiter.

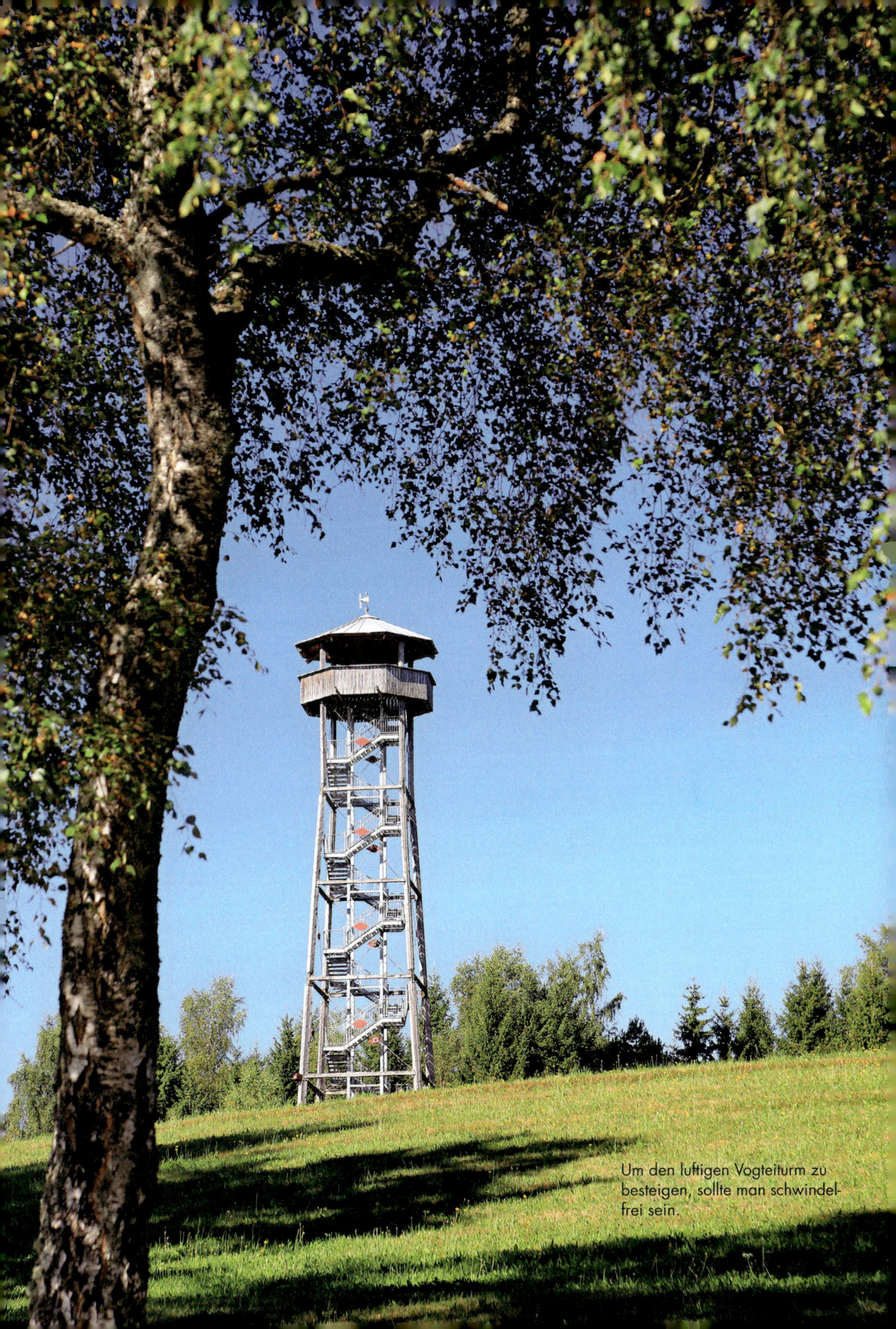

Um den luftigen Vogteiturm zu besteigen, sollte man schwindelfrei sein.

Wir kommen an einer Stelle vorbei, an der man an den Bach gehen kann, danach erreichen wir einen freien Platz. Dort biegen wir am Infoschild »Lebensgrundlage stehendes Gewässer« links ab. Kurz danach gelangen wir an den **Bach**. Wir überqueren ihn und biegen nach ihm rechts ab. Es gibt auch noch einen schmalen Pfad direkt am Ufer. Etwas später stoßen wir auf den 1978 geschaffenen **Kinzigsee** (670 m) 1.

Hinauf zum Vogteiturm Wir gehen links an dem idyllischen Gewässer entlang und biegen an seinem Ende links ab. Nun wandern wir durch einen zeitweise wild wirkenden Wald. Bald erreichen wir den **Kinzigursprung** 2, eine kleine, rund gefasste Quelle. Dort behalten wir unsere Richtung bei und kommen am Hexenhäusle vorbei, ehe wir uns an der Verzweigung mit der gelben Raute rechts in Richtung »Sandwiese« halten. Nun steigt es etwas stärker an. Wo wir auf einen von rechts kommenden Weg treffen, geht es nach links weiter. Rechts sehen wir gleich einen ehemaligen Steinbruch, in dem bis in die 1950er-Jahre Buntsandstein gebrochen wurde.

Die Strecke verläuft nun durch einen schönen Wald sanft bergauf bis zum Schild Waldlehrpfad (750 m) 3. Hier biegen wir rechts ab in den breiten Forstweg. Bald verlassen wir den Wald und wandern entlang von Kleingärten, bis wir nach links zum Aussichtsturm **Vogteiturm** (740 m) 4 gehen können. Am Abzweig sehen wir den Breuningerstein.

Auf dem Rückweg noch einmal durchs Zauberland Danach folgen wir dem Weg weiter abwärts bis zum Parkplatz Vogtei-

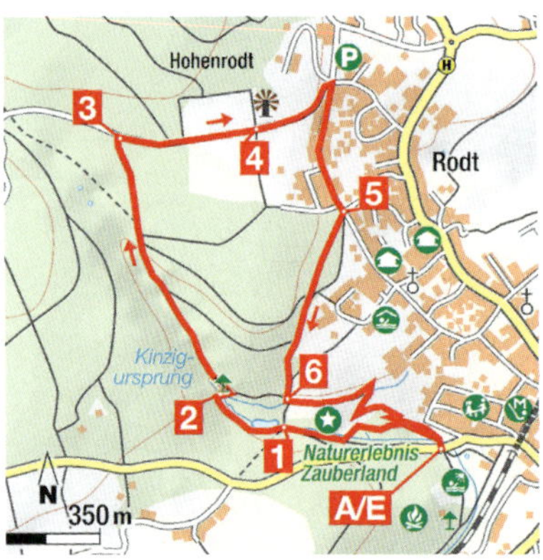

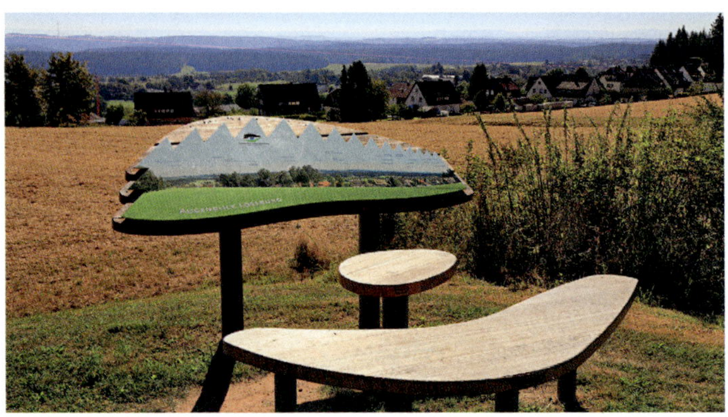

Vom AugenBlick des Naturparks Schwarzwald Mitte/Nord hat man einen schönen Blick zur Schwäbischen Alb.

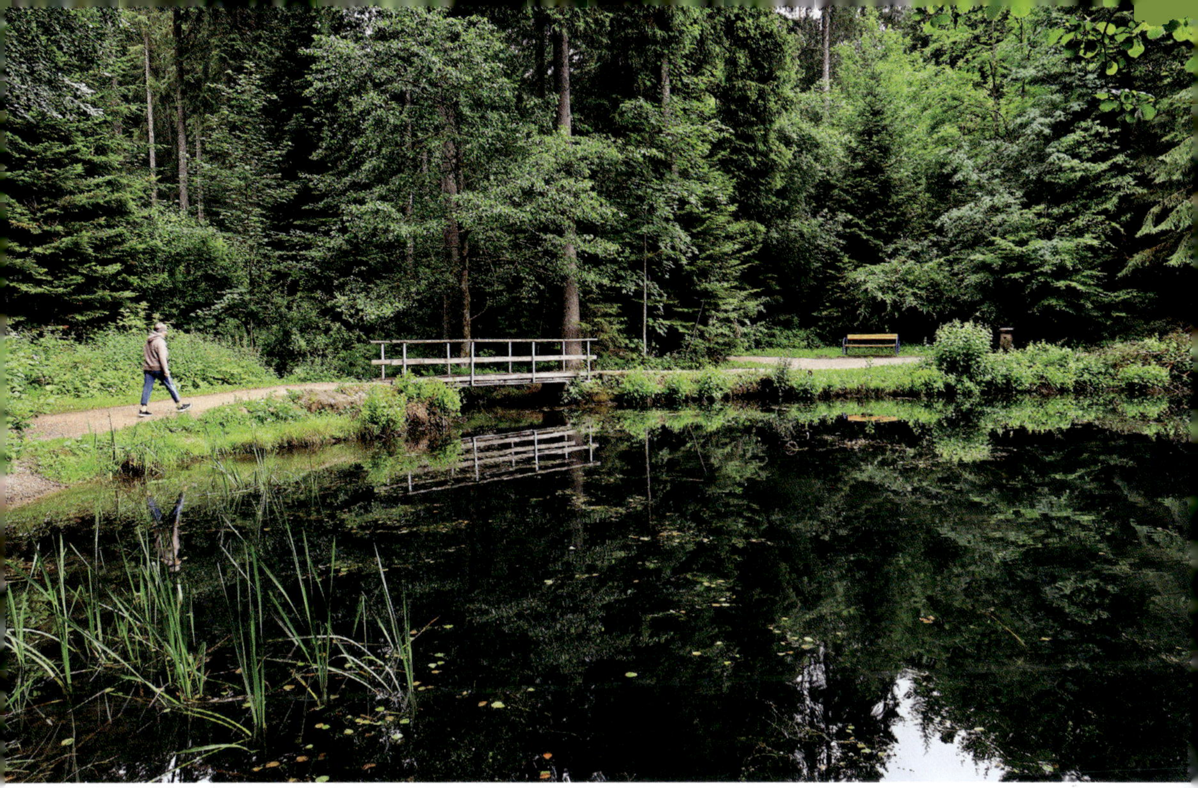

turm (715 m). Dort biegen wir rechts ab in den Breuningerweg und wandern durch das Wohngebiet, später kurz in der Oberen Schulstraße, bis zum Wanderschild Schlössleeck (714 m). Hier biegen wir in der Straße Pflegersäcker rechts ab in den **Wald** 5. Gleich darauf steht rechts der Hochbehälter Loßburg. Hier nehmen wir den dort abgehenden Wanderweg, der mit der gelben Raute markiert ist.

Am idyllischen Kinzigsee, oberhalb befindet sich die Kinzigquelle.

Bald treffen wir am Schild Farngartenweg (714 m) wieder auf die Straße und gehen geradeaus weiter. Nach weiterem Bergab passieren wir eine Blockhütte, dann biegen wir vor dem **Kinzigsee** 6 links ab. Nach dem Bauerngarten der Gemeinschaftsschule Loßburg zieht der Weg nach rechts hinab und bringt uns zurück ins Zauberland und zum Pavillon. Jetzt gehen wir auf bekanntem Weg zurück.

Breuningerstein und Aussichtsturm

Der Breuningerstein erinnert an Erwin Breuninger aus der Familie des Kommerzienrates Eduard Breuninger (Kaufhaus Breuninger in Stuttgart). Er kam im Ersten Weltkrieg bei einem Luftkampf in Flandern ums Leben.

Der Aussichtsturm auf der Rodter Höhe ist 35 Meter hoch, seine auf 172 Stufen erreichbare Aussichtsplattform liegt auf 31 Metern Höhe. Er wurde 2002 zum 100-jährigen Jubiläum der Ortsgruppe Loßburg des Schwarzwaldvereins aus einer Kombination von unbehandeltem Douglasienholz und Stahl erbaut und wiegt 206 Tonnen.

25 Durch die Weinberge von Gengenbach

Wandern am Schwarzwaldrand

mittel | 8,8 km | 130 Hm | 2.30 Std.

Altersempfehlung
Ab 10 Jahren

Tourencharakter
Wir wandern überwiegend auf festen Wegen und Sträßchen, stellenweise aber auch auf Naturwegen.

Kinderwagen
Nein

Ausgangs-/Endpunkt
Gengenbach, Parkplatz 7, Kinzigtalhalle, im Zwickel Brückenhäuserstraße/Brambachstraße; die anderen Parkplätze sind meist gebührenpflichtig

GPS
48.397012, 8.021404

Karte
Wanderkarte W234 Achern, 1:25000, Landesamt für Geoinformation und Landentwicklung Baden-Württemberg (LGL) in Zusammenarbeit mit dem Schwarzwaldverein e.V.

Anfahrt
Auto: A5 bis Ausfahrt Offenburg, dann B33a und B33 nach Gengenbach
Bus & Bahn: Bahn bis Gengenbach Bahnhof; Info: www.efa-bw.de

Einkehr
Gengenbach

Information
www.gengenbach.de

Bei dieser Wanderung kommen wir zwar auch durch Waldstücke, aber hauptsächlich sehen wir die Schwarzwaldhöhen. Große Teile der Tour verlaufen in den Weinbergen, von denen man oft einen hervorragenden Blick nicht nur auf die bewaldeten Schwarzwaldhänge, sondern auch auf die Stadt und ins Kinzigtal hat.

Durch die Altstadt Wenn wir am kostenlosen **Parkplatz P7** starten, folgen wir der Brückenhäuserstraße in Richtung Zentrum. Bald durchqueren wir das mächtige Kinzigtor (1) – vor ihm gibt es weitere, allerdings kostenpflichte Parkmöglichkeiten. Dann spazieren wir durch das Zentrum, überqueren den Marktplatz vor dem **Rathaus** und werfen vielleicht einen Blick in die Nebengassen mit ihrer Fachwerkpracht. Auf der anderen Seite verlassen wir das Zentrum wieder durch einen Torturm und gehen noch geradeaus weiter. Kurz darauf biegen wir aber rechts ab in die Schwedenstraße (2). Ihr folgen wir kurz, dann zweigen wir an der Rechtskurve links ab und steigen die Treppe hinauf zur Otto-Ernst-Sutter-Straße. Ihr folgen wir nach links. Am Schild **Am Sozebuckel** (195 m) (3) biegen wir scharf rechts ab und wandern noch etwas an den Häusern entlang, dann kommen wir in die Weinberge.

Weinberge und eine Kapelle Wir wandern nun mit teils prächtiger Aussicht durch die Weinberge. Der Weg schlängelt sich eben dahin, es folgt Bank auf Bank, und aus der Stadt hört man geschäftiges Treiben und Stimmengewirr. Am Schild An der Stirn (200 m) gehen wir geradeaus weiter und kommen hinauf zum Schild Im Baumgarten (230 m). Hier zieht unser Weg nach rechts. Wer will, macht aber zuerst einen Abstecher zu der Kapelle, die sich schon lange links oben zeigt.

Man geht hierzu geradeaus weiter hinauf zur Eckkapelle (235 m). Hier hält man sich links und erreicht bald die **Jakobskapelle** (4).

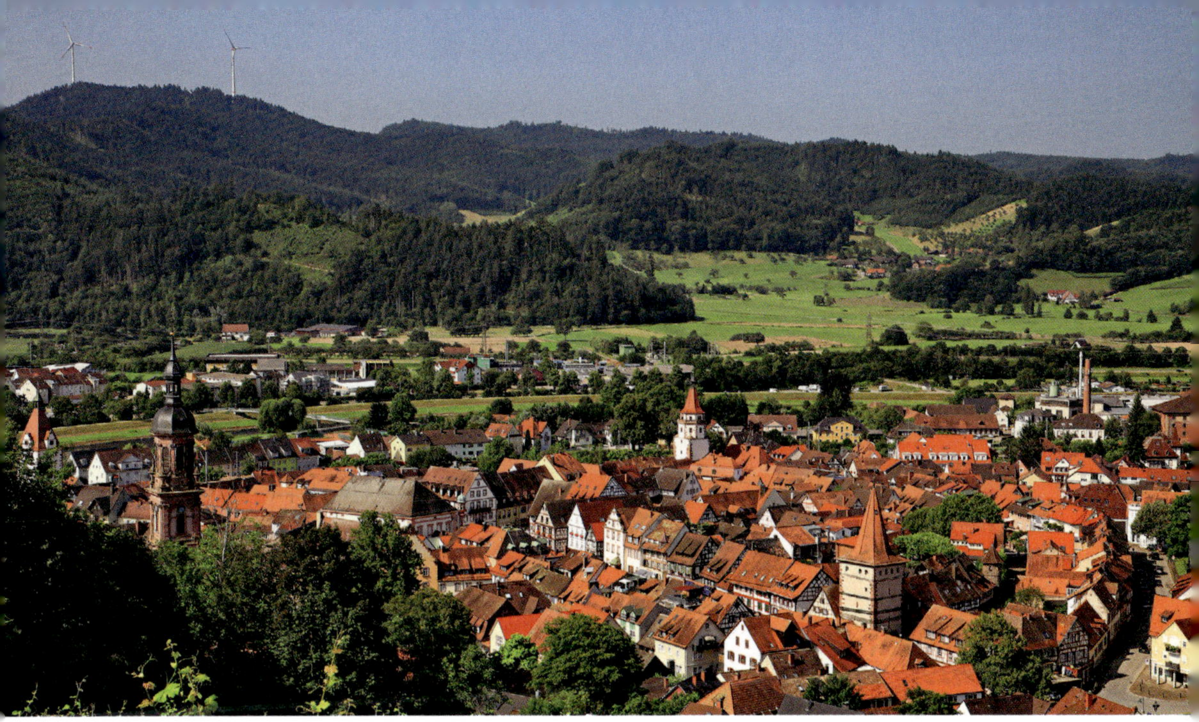

Blick über Gengenbach auf die Schwarzwaldhöhen

Sie sollte man nicht nur besichtigen, sondern man hat dort auch einen grandiosen Blick hinab nach Gengenbach, das direkt unter einem liegt, zu den Schwarzwaldbergen und ins Kinzigtal.

Weinberge und noch eine Kapelle Danach gehen wir wieder zurück und halten uns links. Nun steigt es etwas an und wir erreichen nach einiger Zeit einen **Pavillon** 5, der uns ebenfalls eine schöne Sicht bietet.

Von ihm aus wandern wir etwas zurück, dann aber geradeaus den Berg hinauf in Richtung »Portiunkulakapelle«. Nach etwas Bergauf treffen wir auf einen querenden Weg. Hier nehmen wir

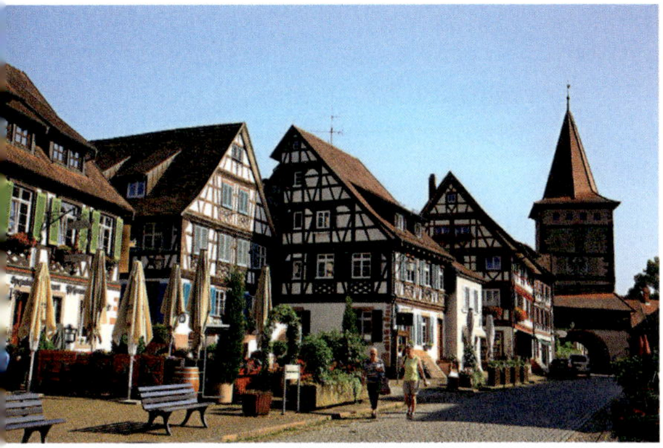

Gengenbach ist auch als Fachwerkparadies bekannt.

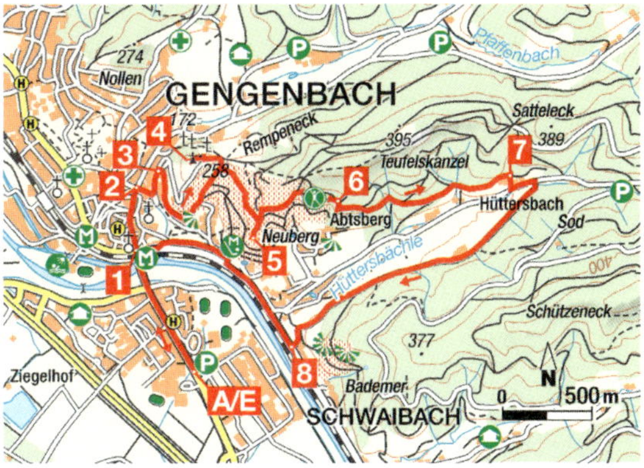

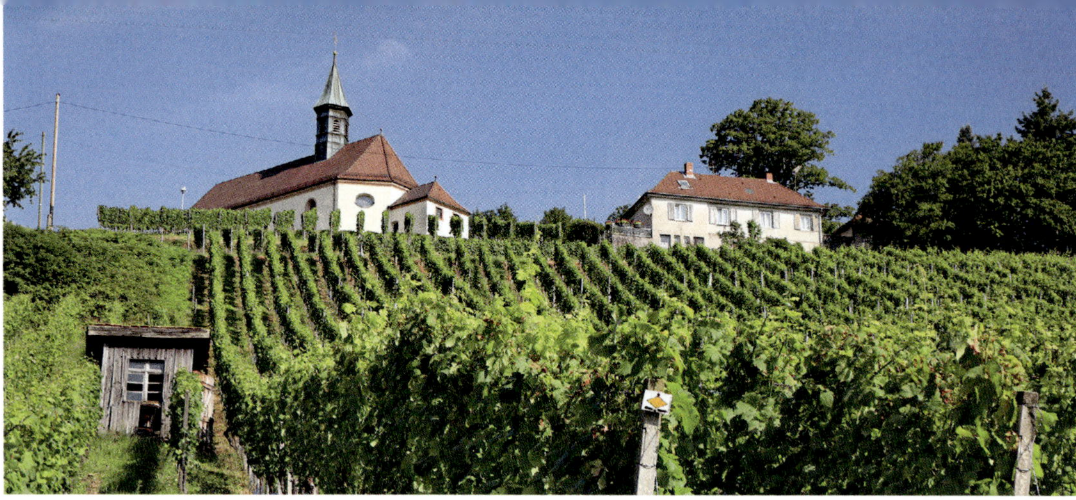

Blick über die Weinberge zur Jakobskapelle

den rechten der beiden rechts abgehenden Weg, der relativ eben durch die Weinberge weiterführt. Nach einer Linkskurve steigt es etwas an. Am Waldrand beschreibt der Weg eine Links-/Rechtszacke und bringt uns bald zu der **Portiunkulakapelle** 6.

Zurück durch den Wald Danach wandern wir im Wald weiter bis zu einer Kreuzung. Hier zweigen wir am Schild Abtsberg (210 m) rechts ab auf einen Pfad. Er fällt erst steil ab, dann verläuft er mäßig steil weiter. Nach einem querenden breiten Forstweg wird unser Weg auch breiter, kurz darauf halten wir uns aber rechts und wandern wieder auf einem Pfad.

Nun führt uns der Weg hoch über dem Tal. Rechts unten sehen wir bald einen Hof, wir gehen aber weiter bis zum nächsten **Hof** 7. Nach ihm verläuft der Wanderweg nach rechts zu einer Straße, hier sehen wir auch die Hausnummer 7 an dem Hof. An der querenden Straße biegen wir links ab. Nach ein paar Häusern gehen wir am Schild **Hinter Hüttersbach** (254 m) nach rechts über den Bach. Nun wandern wir auf dem Oberen Hüttersbacher Weg immer über dem Tal sanft bergab. Wir passieren die Schilder Oberer Hüttersbach (255 m) und Einach (225 m) und erreichen schließlich die **Kinzigstraße** 8. Hinter ihr verläuft die Bahnlinie, dahinter fließt die Kinzig.

Wir biegen rechts ab und wandern entlang der Straße. Nach dem Minigolfplatz können wir den etwas weiter rechts verlaufenden Weg nehmen. Er bringt uns durch die Parkanlage Schneckenmatt, in der wir auch einen Ententeich und Kleintiergehege finden. Danach erreichen wir wieder das Kinzigtor, von dem aus man zu den verschiedenen Ausgangspunkten gehen kann.

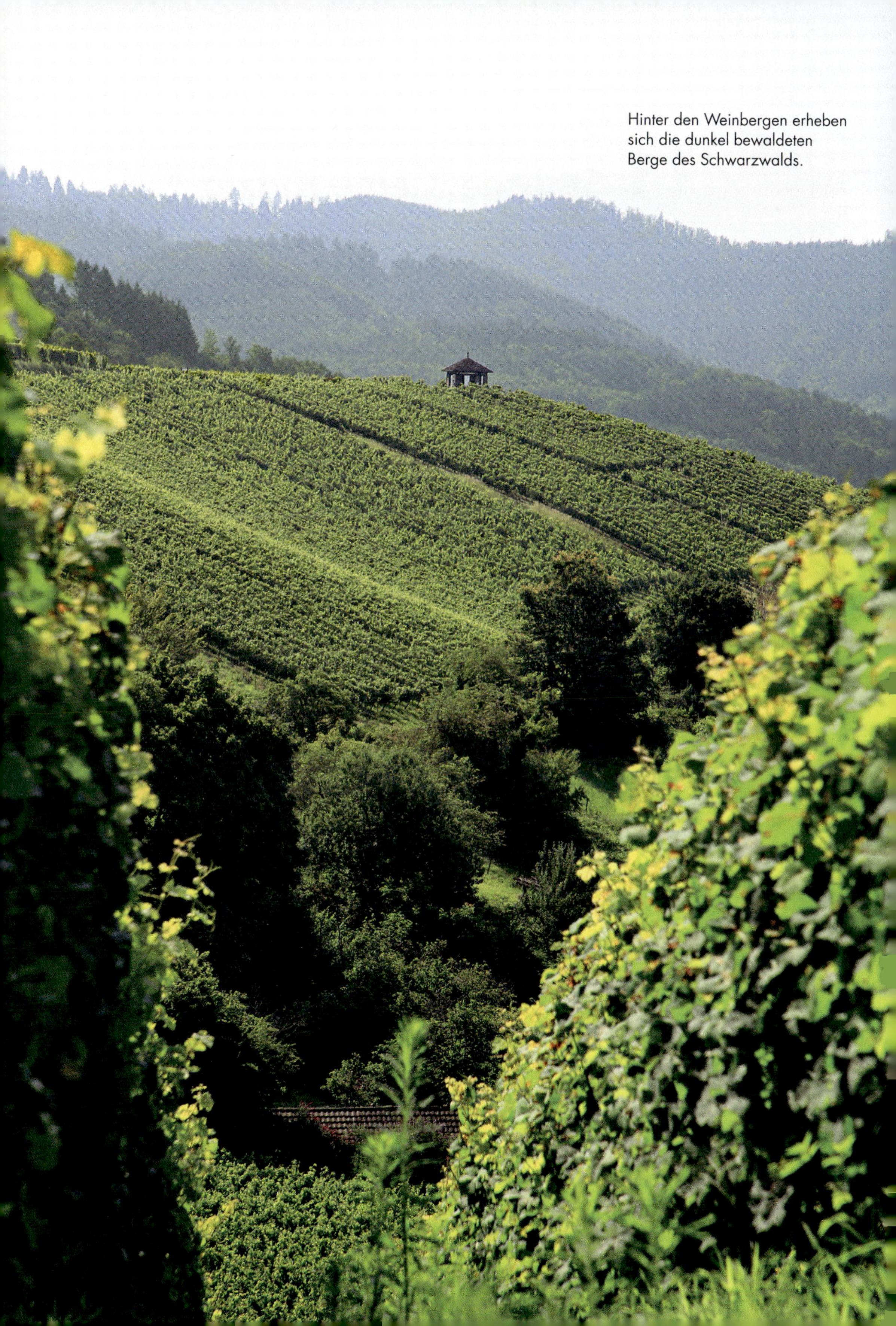

Hinter den Weinbergen erheben sich die dunkel bewaldeten Berge des Schwarzwalds.

26 Von Reinerzau zum Stausee Kleine Kinzig

Entlang des Baches zum Stausee

leicht | 5,1 km | 110 Hm | 1.40 Std.

Altersempfehlung
Ab 8 Jahren

Tourencharakter
Einfache Tour, meist auf festen Wegen. Der Aufstieg zur Staumauer findet auf einem steilen, wurzeligen Pfad statt (Alternative im Kasten Kinderwagen).

Ausgangs-/Endpunkt
Alpirsbach-Reinerzau, Berneckstraße, gleich nach dem Abzweig von der Reinerzauer Talstraße und den ersten Häusern zweigt man links ab zum Parkplatz Schauriese

GPS
48.383745, 8.371972

Karte
Wanderkarte W235 Freudenstadt, 1:25 000, Landesamt für Geoinformation und Landentwicklung Baden-Württemberg (LGL) in Zusammenarbeit mit dem Schwarzwaldverein e.V.

Anfahrt
Auto: A81 bis Ausfahrt Empfingen, dann über Glatt nach Loßburg, danach über Schömberg nach Süden nach Reinerzau
Bus & Bahn: Bahn bis Freudenstadt, Bus bis Alpirsbach-Reinerzau, Haltestelle Oberes Dörfle; Info: www.efa-bw.de

Einkehr
Keine

Information
www.alpirsbach.de

Der See, zu dem diese Wanderung führt, ist ein schönes, leicht zu erreichendes Ziel. Beim Aufstieg wandern wir immer neben dem glucksenden Bach, der uns viele schöne Bilder liefert. Auf dem Rückweg quert man auch einen Bach, der mit kleinen Wasserfällen und Kaskaden ebenfalls eine interessante Abwechslung ist.

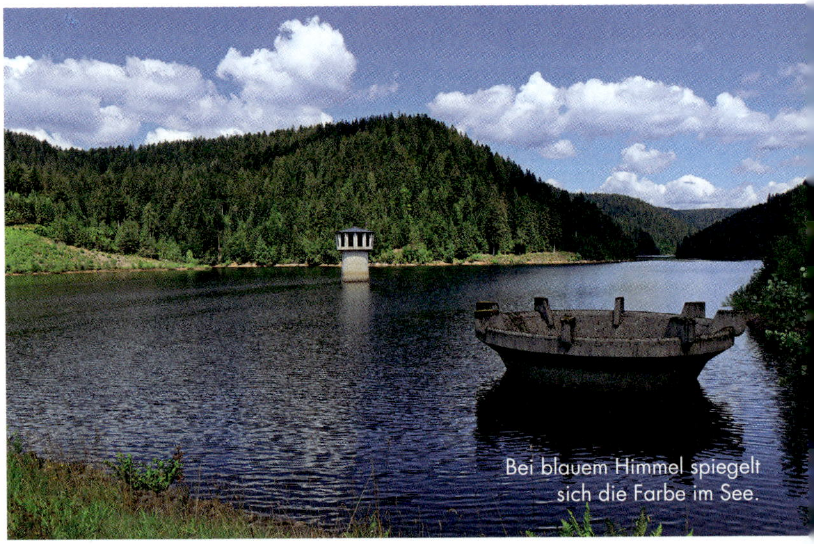

Bei blauem Himmel spiegelt sich die Farbe im See.

Entlang des Baches hinauf Wir gehen vom **Parkplatz Schauriese/Wasserpfad** (520 m) etwas zurück und biegen gleich nach der Brücke links ab – »Wanderweg zur Talsperre Schwarzwälder Wasserpfad« ist angeschrieben. Nun wandern wir entlang der Kleinen Kinzig, die hier wirklich noch ganz klein ist. Links befindet sich der Wald, rechts sehen wir teilweise Wiesen. Vom Bach können wir immer wieder kleine Ausschnitte sehen.

Nach einer Weile liegt links hinter dem Bach das **Wasserwerk** des Zweckverbandes Kleine Kinzig (ZVWKK). Hier können wir auch ein Wasserrad beobachten. Rechts wächst die mächtige Staumauer nach oben. Vor ihr folgen wir dem nach rechts aufwärts ziehenden Weg. Kurz darauf werden wir nach einer Rechtskurve mit der gelben Raute nach links auf den »Wanderweg Kleine Kinzig« ❶ verwiesen. Etwas später halten wir uns vor der Staumauer rechts auf einen wurzeligen **Naturweg** ❷. Er steigt steil an; wer dies nicht möchte, folgt am Abzweig dem breiten Weg noch etwas weiter, bis man auf den vom Tal kommenden Weg trifft. Auf ihm geht es dann nach links etwas bequemer hinauf. Schließlich sind wir oben und stehen am Wanderschild **Staudamm Kleine Kinzig** (610 m) ❸ und an der Staumauer. Wer will, kann dem Weg entlang des Sees etwas folgen. Ansonsten gehen wir nach links über den Damm.

Rückweg mit Wasserfall Auf der anderen Seite ❹ biegen wir links ab. Nun geht es auf einem breiten Weg durch den Wald und meist abwärts. Nach einer Kreuzung sehen wir rechts einen Bach, der hier einen kleinen Wasserfall und Kaskaden bildet ❺. Unten im Tal angelangt, liegt links unser Ausgangspunkt.

»Kleine-Kinzig-Talsperre«

Der Stausee Kleine Kinzig, die »Kleine-Kinzig-Talsperre«, ist etwa drei Kilometer lang, 450 Meter breit und bis zu 60 Meter tief. Sie dient der Trinkwasserversorgung, der Niedrigwasseraufhöhung, dem Hochwasserschutz sowie der Stromerzeugung durch Elektroturbinen.

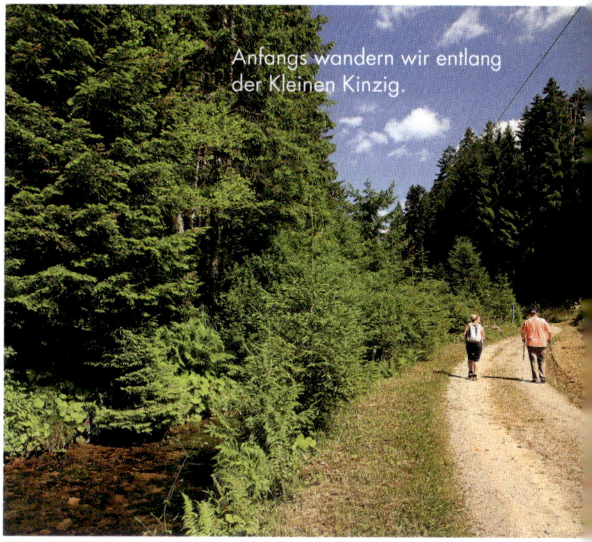

Anfangs wandern wir entlang der Kleinen Kinzig.

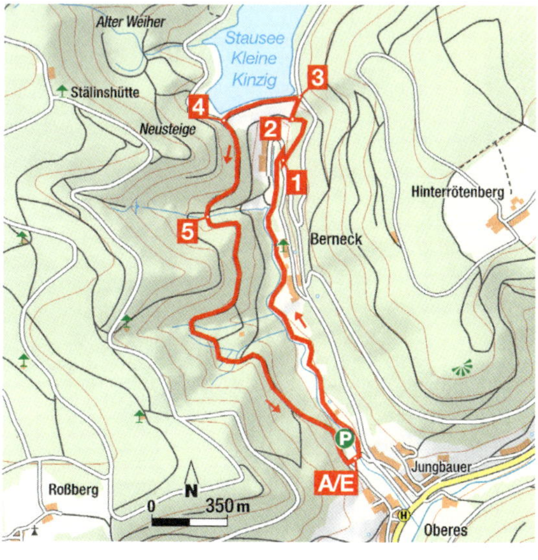

Kinderwagen

Mit stabilem Kinderwagen ja, abgesehen von dem Stück auf dem Pfad. Dann sollte man aber den wurzeligen Pfad kurz vor der Staumauer umgehen und nach der Rechtskurve auf dem breiten Weg bis zum vom Tal kommenden Weg gehen und dort links abbiegen.

27 Auf den Brandenkopf

Durch dunklen Wald zum Aussichtsturm

mittel | 4,1 km | 170 Hm | 1.15 Std.

Altersempfehlung
Ab 8 Jahren

Tourencharakter
Wir wandern vorwiegend auf Forstwegen, ein Stück auf Pfaden.

Kinderwagen
Nein

Ausgangs-/Endpunkt
Oberharmersbach, Parkplatz Bettelfrau

GPS
48.347633, 8.164197

Anfahrt
Auto: A81 bis Ausfahrt Rottweil, dann auf der B462 über Schiltach nach Wolfach und weiter nach Norden in Richtung Bad Rippoldsau-Schapbach. In Walke links ab in Richtung Freudenstadt. Der Weg schlängelt sich erst durchs Tal, dann durch den Wald hinauf zum Kreuzsattel. Etwas weiter erreicht man den Parkplatz Bettelfrau. Ausweichparkplätze findet man bei der Steigleshütte.
Bus & Bahn: Keine geeignete Verbindung

Einkehr
Beim Brandenkopfturm

Information
www.oberharmersbach.de

Schon die Anfahrt durch das Erzenbachtal, ein für den mittleren Schwarzwald typisches Tal mit einem mäandernden Bächlein und alten Höfen, bietet schöne Szenen. Um den Brandenkopf selbst verlaufen Wanderungen in den tiefen Schwarzwaldwäldern mit hohen, dunklen Tannen.

Vorbei an einer Hütte stetig bergauf Wir folgen vom **Parkplatz Bettelfrau** der Straße Brandenkopf nach Westen bis zu einem links liegenden Parkplatz. In ihn biegen wir ein (1). Wir wandern links der kleinen Hütte im Farnlehenkopfweg weiter bergauf, vorerst mit dem Zeichen des Westwegs. Kurz danach kommen

Brandenkopf und Bettelfrau

Der Brandenkopf hatte ursprünglich den Namen Varn-Lehenkopf, erhielt jedoch den Namen Brenntenkopf, nachdem 1730 ein gewaltiger Waldbrand 50 Morgen Wald vernichtet hatte. Der erste hölzerne Aussichtturm wurde 1905 errichtet; er wurde 1929 durch den heutigen 33 Meter hohen Turm ersetzt. Von ihm aus sieht man von den Vogesen über die Berner Alpen bis zur Schwäbischen Alb. Von Zell aus führte der erste Naturlehrpfad Deutschlands hinauf zu seinem Gipfel. Das Brandenkopfhaus stammt von 1983.

Der Name Bettelfrau geht auf eine Sage zurück. Dieser zufolge jagte der Geist einer Frau insbesondere den Wallfahrern aus Oberharmersbach nach, die über die Passhöhe kamen und nach Maria Einsiedeln in der Schweiz wollten. Der Geist fand jedoch seine Ruhe, als ein Mann einmal für sie in der Wallfahrtskirche eine Messe lesen ließ. Man erzählte sich außerdem, dass es sich dabei um den Geist einer Frau handelte, die hier im Winter erfroren war.

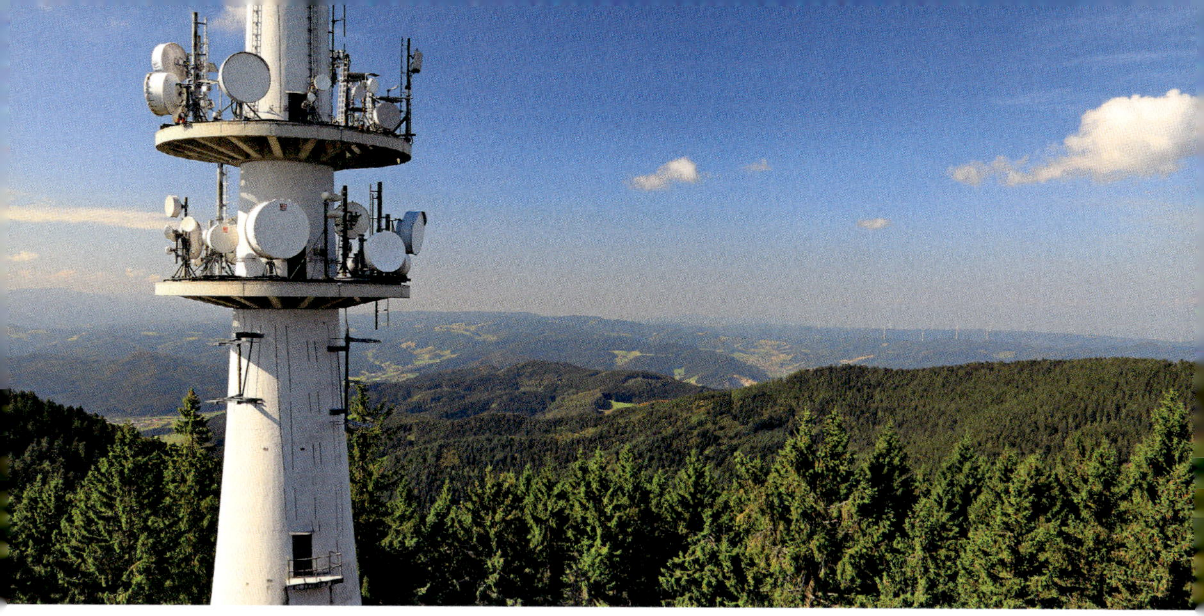

Blick vom Aussichtsturm über die Schwarzwaldhöhen

wir am Schild Steiglehütte (790 m) vorbei, danach am Schild Spitzbrunnen (835 m).

Wir spazieren bis zu einem Windrad, kurz vor ihm oder bei ihm biegen wir mit der roten Raute links ab. Nun passieren wir das Schild **Farnlehenkopf** (910 m) 2 und wandern in wenigen Minuten nach links hinauf zum **Aussichtsturm** auf dem Brandenkopf 3 und zu der Gaststätte.

Rückweg vom Aussichtsturm Nach der Besteigung und vielleicht einer Einkehr gehen wir zwischen dem Turm und dem Sendemast mit der roten Raute auf einem steinigen Pfad bergab zum Schild **Oberer Brandenkopf Weg** (920 m) 4. Hier halten wir uns mit dem Zeichen in den zweiten Weg von links in Richtung »Bettelfrau«. Er führt uns bergab, vorbei an einem Brunnen, zum Schild Am Steigleskopf (820 m). Dort treffen wir auf einen Forstweg, dem wir in Gehrichtung folgen. Am Schild Bettelfrau (805 m) biegen wir links ab und wandern hinab zum Parkplatz Bettelfrau.

Karte

Wanderkarte W239 Lahr/Schwarzwald, 1:25 000, Landesamt für Geoinformation und Landentwicklung Baden-Württemberg (LGL) in Zusammenarbeit mit dem Schwarzwaldverein e.V.

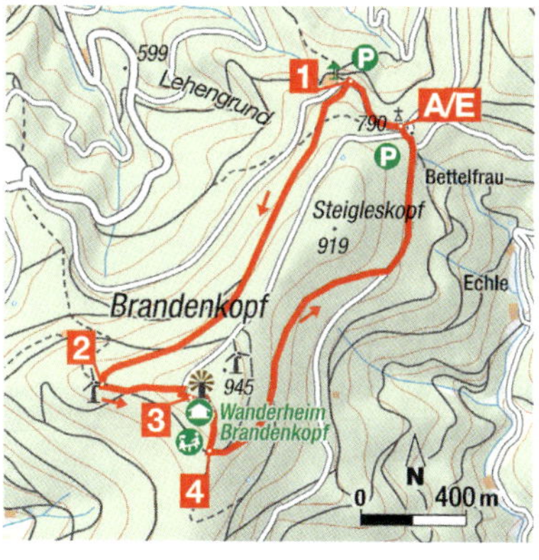

28 Um St. Roman

Wald und Panorama

leicht | 5,5 km | 140 Hm | 1.40 Std.

Altersempfehlung
Ab 8 Jahren

Tourencharakter
Wir wandern auf festen Wegen.

Kinderwagen
Ja

Ausgangs-/Endpunkt
Wolfach, St. Roman, vor dem Hotel; einen Ausweichparkplatz findet man bei der Wallfahrtskirche St. Romanus

GPS
48.329293, 8.290398

Karte
Wanderkarte W240 Oberdorf am Neckar, 1:25 000, Landesamt für Geoinformation und Landentwicklung Baden-Württemberg (LGL) in Zusammenarbeit mit dem Schwarzwaldverein e.V.

Anfahrt
Auto: A81 bis Ausfahrt Rottweil, dann auf der B462 nach Schiltach, weiter auf der B294, nach Lehengericht rechts abbiegen
Bus & Bahn: Keine geeignete Verbindung

Einkehr
Benzenhof, St. Roman

Information
www.wolfach.de

Die kleine ehemalige Wallfahrtssiedlung St. Roman liegt gemütlich zwischen Wäldern und Wiesen in ein Tal eingeschmiegt. Immer wieder haben wir von unserem Wanderweg einen schönen Blick auf die Umgebung.

Über die Wallfahrtskirche zum Teufelsstein Wir gehen zunächst vom **Parkplatz** aus zum Wildgehege und anschließend am Hotel vorbei zum Schild St. Roman Adler (642 m). Nach rechts geht es hinauf zur **Wallfahrtskirche** ❶. Nach ihr wandern wir in den Wald. Es steigt immer sanft an, bis wir den **Teufelstein** (750 m) ❷ erreichen.

Waldwanderung zum Kohlplatz Hier halten wir uns links. An einer Verzweigung können wir den rechten oder den linken Weg nehmen und wandern bis zu einem querenden Weg. Beim rechten Weg stoßen wir dort auf das Schild Vorder Hals (762 m). In beiden Fällen biegen wir links ab ❸ und erreichen mit leichtem Bergab den Waldrand. Hier steht rechts das Schild **Kohlplatz**

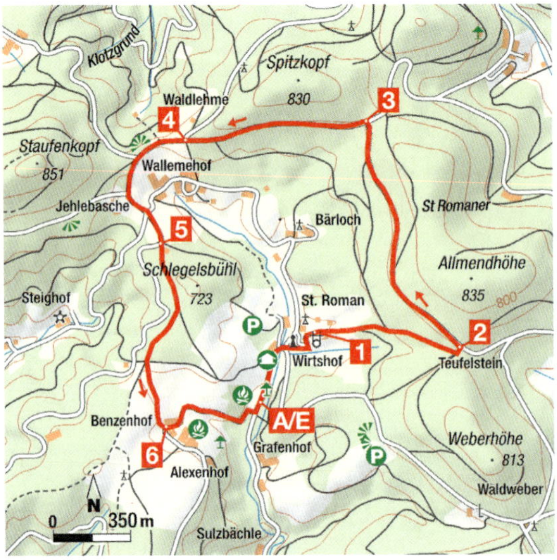

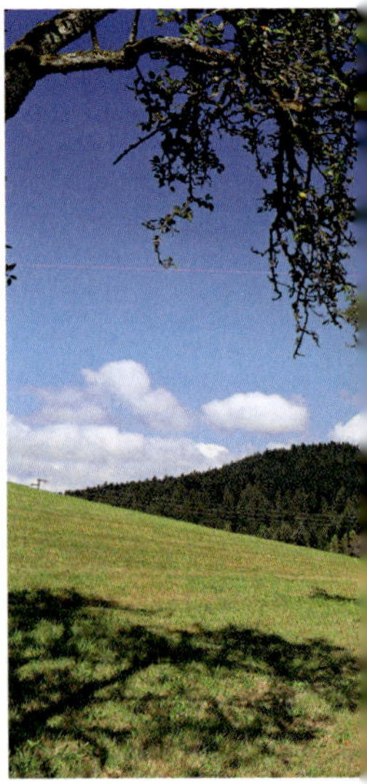

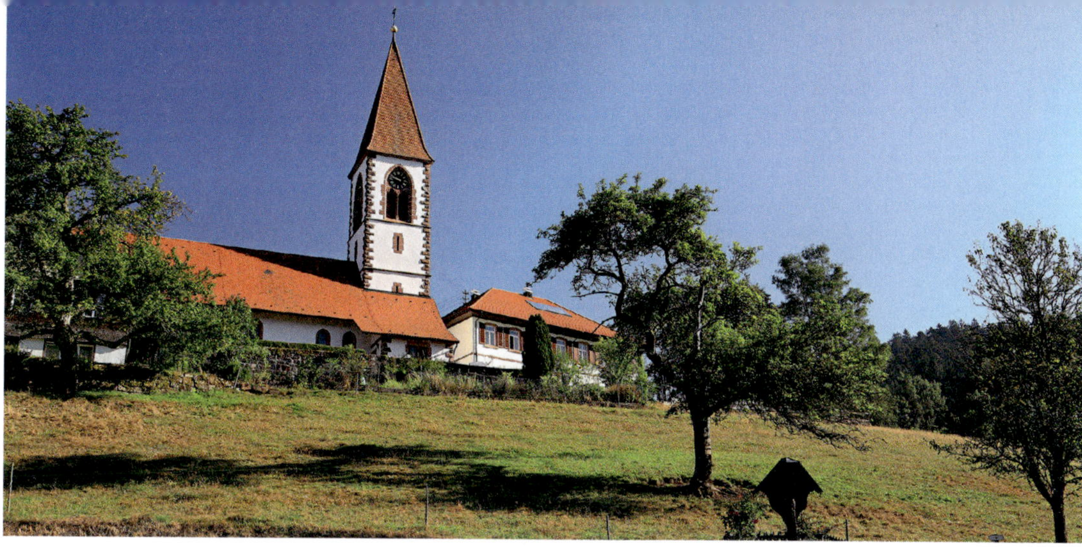

(725 m) **4**. Nun haben wir nach rechts und links über die Freifläche einen schönen, weiten Ausblick.

Blick zur Wallfahrtskirche

Zurück mit Aussicht Wir gehen geradeaus über den Sattel zum Waldrand. Dort biegen wir am Schild **St. Romaner** Höhe (725 m) links ab. Gleich darauf wandern wir am Schild Jehlebasche (715 m) vorbei und kommen hinab zum Schild Jehlebasche Höhe (705 m). Nun spazieren wir gerade auf den Waldrand zu, wo wir das Schild **Schlegelsbühl** (715 m) **5** sehen.

Wir gehen geradeaus in den Wald hinein. Kurz darauf folgen wir an der Verzweigung der gelben Raute nach rechts in Richtung »Benzenhof«. Nach etwas Bergab verlassen wir den Wald. Am

Links: Die zwischen den weiten Wäldern liegenden Wiesen bieten oft einen idyllischen Anblick.

Rechts: Am Teufelsstein

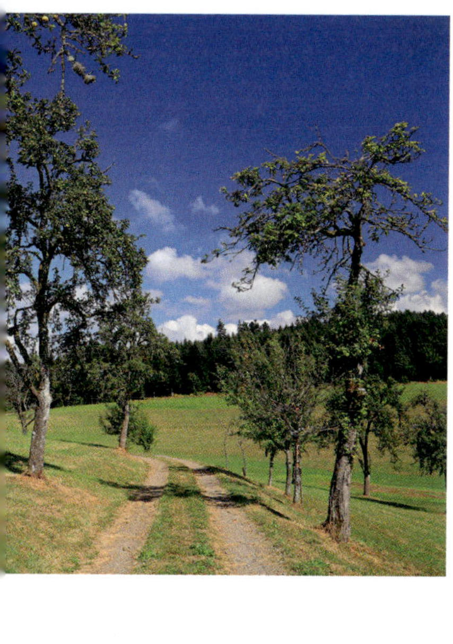

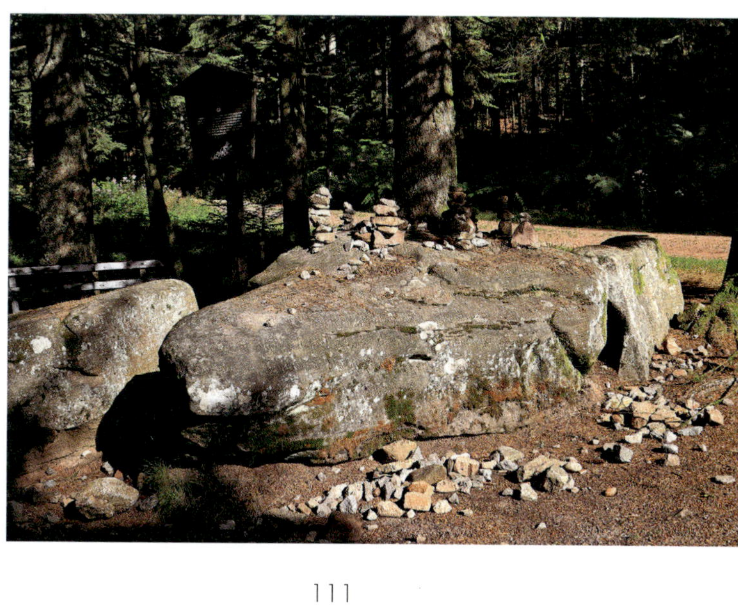

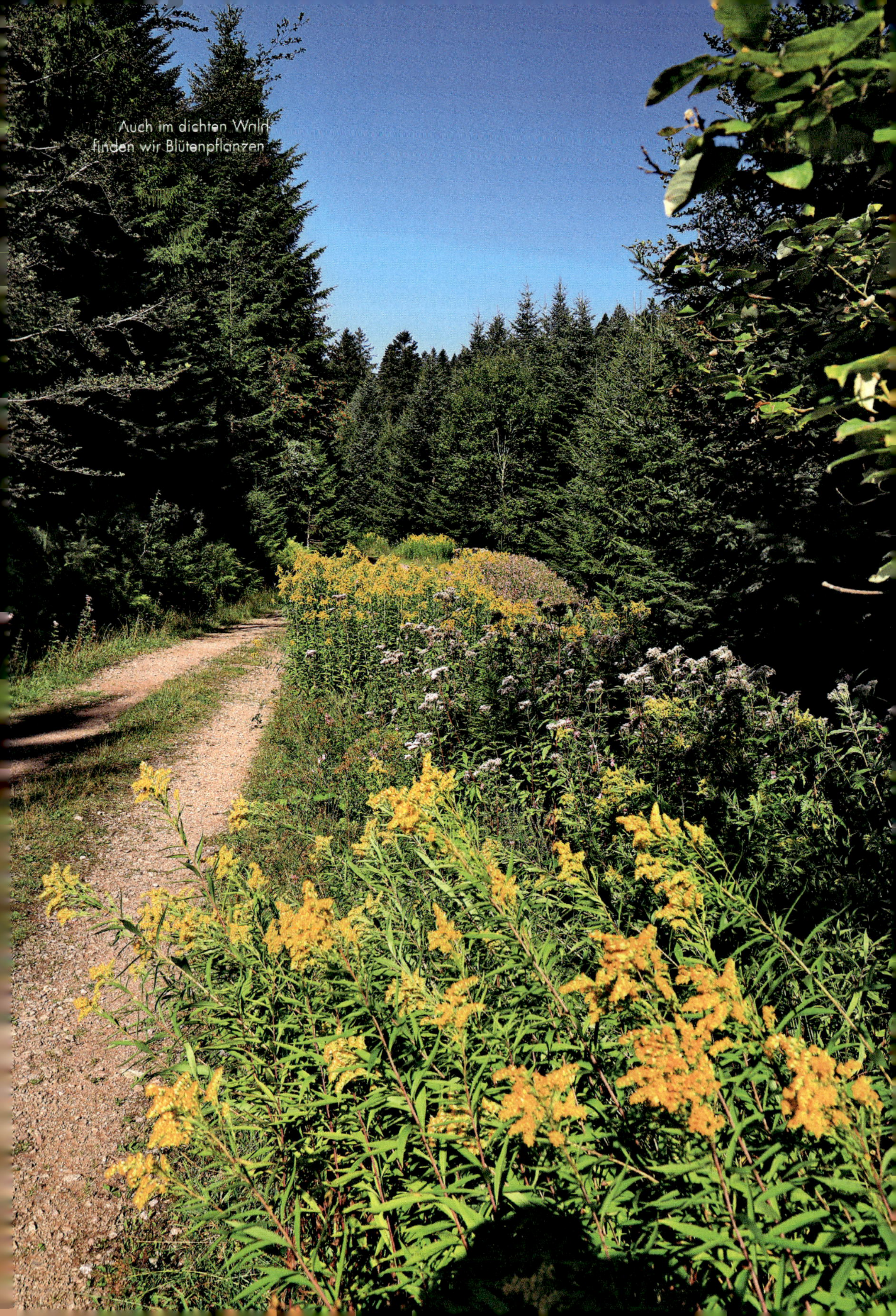

Auch im dichten Wald
finden wir Blütenpflanzen

nächsten Wanderschild gehen wir geradeaus weiter zum bereits sichtbaren Benzenhof.

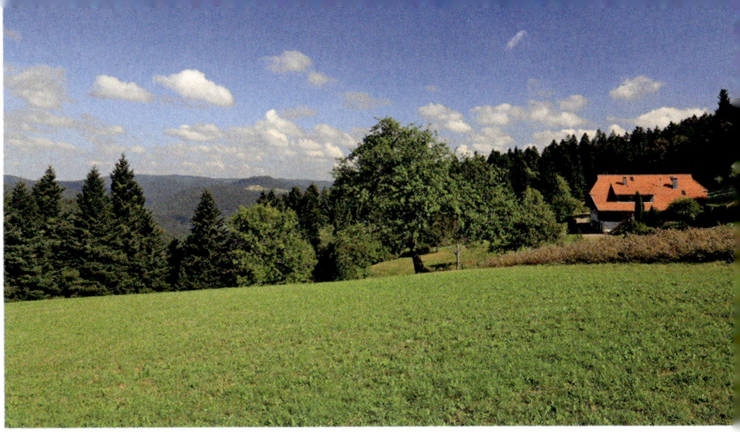

Landschaft bei St. Roman

Zwischen den Häusern steht bei der allgemein nutzbaren Wassertretanlage das Schild **Eckenhöfe Benzenhof** (675 m) **6**. Hier halten wir uns links und wandern auf der Zufahrtsstraße hinab zu der Querstraße, auf der wir nach St. Roman gefahren sind. Links in Richtung Hotel oder bei der Wallfahrtskirche liegt unser Ausgangspunkt.

St. Roman

Der Volksschriftsteller Heinrich Hansjakob (1837–1916) besuchte 1896 auch St. Roman, wobei er im Gasthaus Adler einkehrte. Damals war der Wirt der ehemalige Bachvogt aus der Zeit der Flößerei auf dem Heubach. Hansjakob schrieb über ihn, dass er »Vater von 24 lebendigen Kindern« war. Der aus Haslach stammende Hansjakob war auch Pfarrer in Hagnau am Bodensee und in Freiburg. Er war auch politisch tätig und ein beliebter Volksschriftsteller. Ihm ist der 54 Kilometer lange Hansjakobweg gewidmet, der auch durch St. Roman führt.

Die Wallfahrtskirche, die auch am Jakobsweg liegt, wurde 1360 erstmals als Filialkirche von Wolfach erwähnt und 1784 zur Pfarrkirche. Sie besitzt sehenswerte Objekte aus Holz: Nicht nur die Skulpturen, sondern auch der Altartisch ist aus einem Wurzelstock gefertigt. Das gotische Sandsteinsakramentshäuschen an der Wand trägt die Jahreszahl 1481. Der Kirchenpatron St. Roman soll Mädchen geholfen haben, einen Mann zu finden, und so erhielt die Kirche am Tag des Heiligen, dem 9. August, früher auch Besuch von älteren »Mädchen«. Der Spruch dazu hieß: »Suchst Du einen Mann, wallfahr nach St. Roman.« Das heutige Bauwerk stammt von 1922, der Turm von 1902. An der Kirchendecke sieht man die Hofzeichen der Bauern der Umgebung, die beim Bau durch Mitarbeit und Spanndienste geholfen haben. An der Außenwand ist ein Gedenkstein an den Heubacher Beiförster Josef Anton Fürst angebracht, der hier mit seiner Frau und einigen seiner 13 Kinder begraben ist. Ihn hat der Schwarzwälder Volksschriftsteller Heinrich Hansjakob als »Fürst vom Teufelstein« literarisch verewigt.

Der etwa sechs Kubikmeter große Teufelstein geht der Sage nach auf den Bau der Kirche in St. Roman zurück. Als der Teufel nämlich den Kirchenbau bemerkte, war er derart erbost, dass er die Kirche mit dem größten Stein, den er finden konnte, zerstören wollte. Da kam jedoch der Herrgott vorbei und markierte diesen Stein mit drei Kreuzen. Daraufhin wurde er so schwer, dass ihn der Teufel trotz aller Anstrengung nicht mehr anheben konnte. Seine Fingerabdrücke sollen heute noch im Stein zu sehen sein.

29 Aussichtsturm auf dem Mooswaldkopf

An der badisch-württembergischen Grenze

mittel | 8,9 km | 110 Hm | 2.30 Std.

Altersempfehlung
Ab 8 Jahren

Tourencharakter
Wir wandern auf festen Wegen.

Kinderwagen
Nein

Ausgangs-/Endpunkt
Lauterbach-Fohrenbühl, Parkplatz vor Gedächtnishaus und Aussichtsturm

GPS
48.241163, 8.300587

Karte
Wanderkarte W248 Furtwangen im Schwarzwald, 1:25 000, Landesamt für Geoinformation und Landentwicklung Baden-Württemberg (LGL) in Zusammenarbeit mit dem Schwarzwaldverein e.V.

Anfahrt
Auto: A81bis Rottweil, dann auf der B462 nach Schramberg und weiter auf der L108 über Lauterbach nach Fohrenbühl, dort ist der Weg zum Gedächtnishaus/Aussichtsturm ausgeschildert
Bus & Bahn: Bahn bis Rottweil, Bus bis Schramberg, danach Anrufbus; Info: www.efa-bw.de

Einkehr
Fohrenbühl, Gedächtnishaus

Information
www.lauterbach-schwarzwald.de

Der Fohrenbühlkopfturm auf dem Mooswaldkopf bietet uns einen weiten Blick über den Schwarzwald. Aber nicht nur von dort, sondern auch vom Weg, einem richtigen Panoramaweg, haben wir eine prächtige Aussicht. Zudem zeigt der Wald viele alte Bäumen und große Farnbestände – Schwarzwald also, wie man es sich vorstellt.

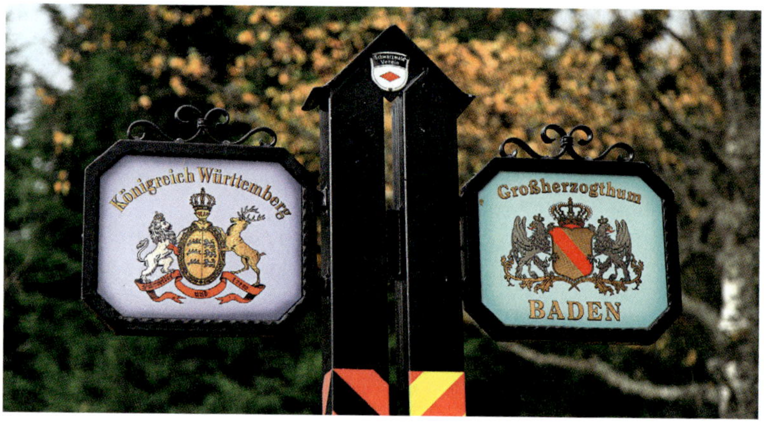

Erstmal weg vom Aussichtsturm Wir folgen vom **Parkplatz vor dem Gedächtnishaus/Fohrenbühlturm** zuerst kurz der Zufahrtsstraße wieder zurück, zweigen aber vor ihrer Linkskurve mit der roten Raute rechts ab auf einen Pfad. Nun wandern wir auf diesem bis zum Schild Kohlplatz (830 m). Gleich danach verläuft ein breiter Forstweg. Hier biegen wir am Schild Kohlplatz (819 m) rechts ab. Etwas später nehmen wir an einer Verzweigung den linken, steil bergab führenden Weg.

Kurz vor der Straße – sie ist bereits zu sehen – zweigen wir scharf links ab in den **Mooswaldrundweg** ❶. Er verläuft eben und mündet später in die Straße. Ihr folgen wir nach links. Wir wandern erst durch den Wald, später durch die Wiesenflächen, die uns wieder einen weiten Blick bieten.

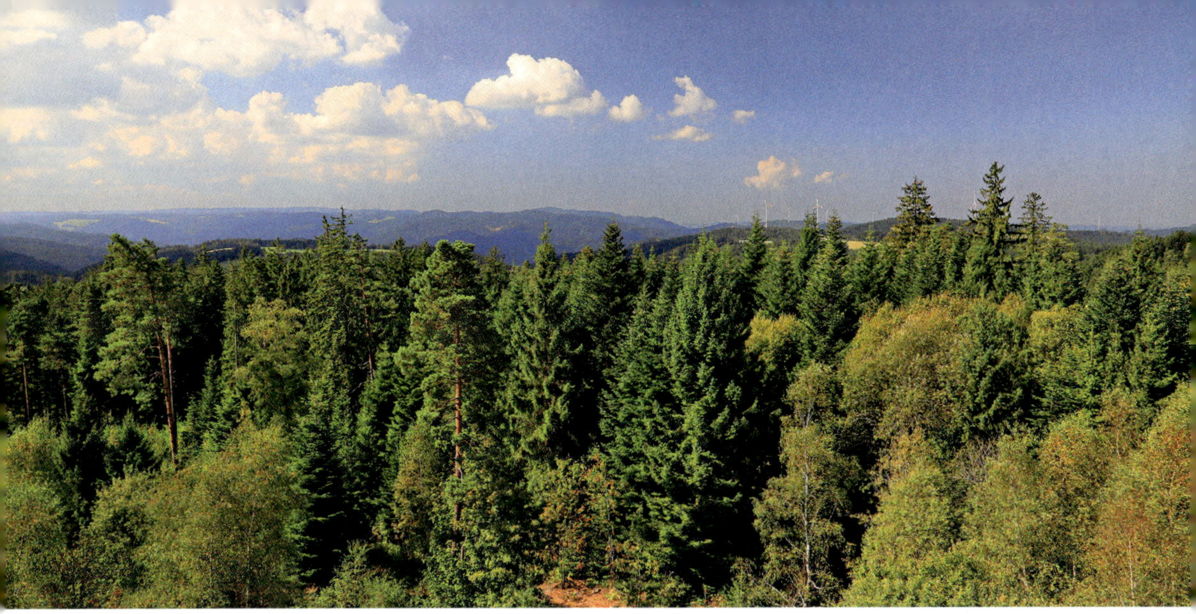

Blick vom Aussichtsturm über den Schwarzwald

Linke Seite: Beim Gedächtnishaus wird man auf die ehemalige Grenze aufmerksam gemacht.

Vorbei an den Waldhäusern Links oben liegt die Häusergruppe **Waldhäuser** ❷. Gleich nach ihnen sehen wir am Waldrand das Schild Bei den Waldhäusern (808 m). Nun können wir entweder vom Wanderschild aus auf einem Pfad – allerdings im Wald – weiterwandern, oder wir folgen der Straße, von der wir weiter die Aussicht genießen können.

Bald erreichen wir das Schild Mooswald (795 m). Wir kommen in den Wald und folgen gleich danach dem nach links abzweigenden Pfad. Nach kurzem Anstieg stoßen wir beim Schild Mooswald (811 m) auf den querenden Waldweg, der die zuvor

Aussichtsturm und Gedächtnishaus

1905 wurde auf dem Gipfel des Mooswaldkopfs, an der Grenze zwischen Württemberg und Baden, eine Unterkunftshütte mit angeschlossenem Aussichtsturm eingeweiht. Dieser Turm war zunächst 16 Meter hoch. 1929 wurde er auf die heutige Höhe von 21 Metern erhöht. Das in den 1920er-Jahren erbaute Gedächtnishaus Fohrenbühl hat seinen Namen nach einer Passhöhe südlich des Mooswaldkopfs und dient dem Gedenken an die im Ersten Weltkrieg gefallenen Mitglieder des Schwarzwaldvereins. Vor dem Haus sollte man den Grenzpfahl mit dem badischen und württembergischen Wappen, die vom Landesvermessungsamt angebrachte Bronzeplatte zur Erinnerung an die Grenzvermessung und direkt beim Haus den großen Grenzstein von 1842 beachten.

Ruhetage für das Gedächtnishaus sind Mittwoch und Donnerstag, dann kann der Turm auch nicht bestiegen werden. Ansonsten sind Turm und Gaststätte ab 11 Uhr geöffnet.

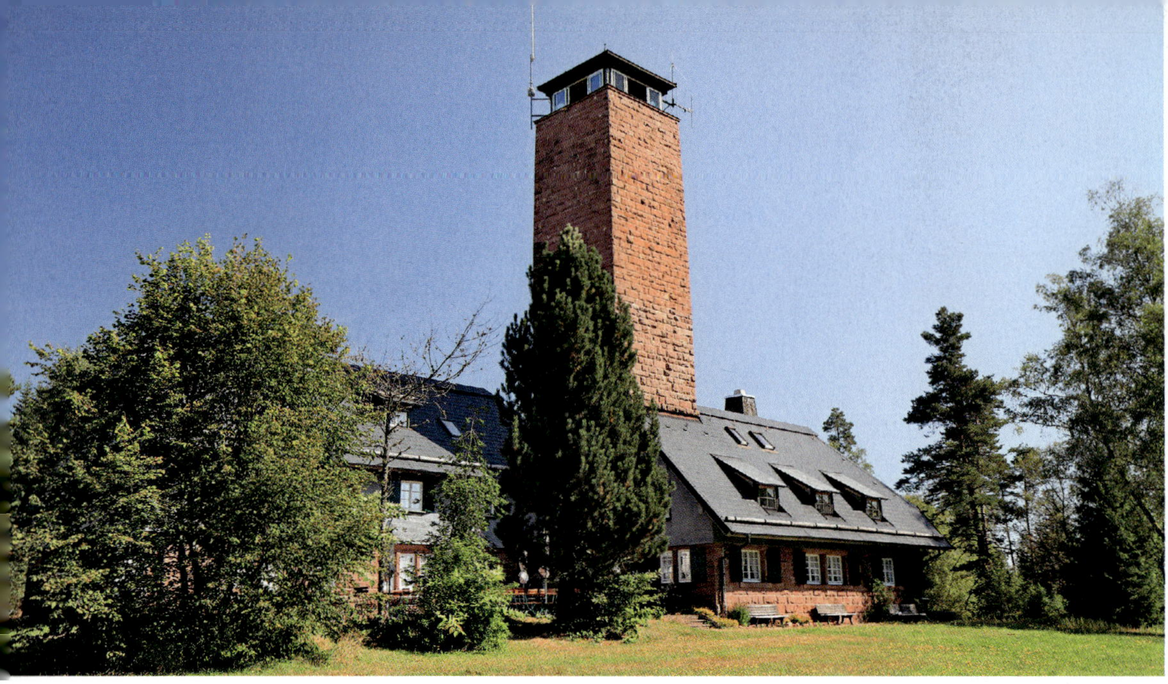

Das Gedächtnishaus ist vom Aussichtsturm überragt.

erwähnte alternative Möglichkeit gewesen wäre. Nach rechts wandern wir nun auf einem Pfad zum **Waldparkplatz** 3.

Am Wanderschild Fohrenbühl Waldparkplatz (797 m) führt nach links die Zufahrtsstraße zu Gedächtnishaus und Turm hinauf. Rechts davon verläuft der mit der roten Raute des Mittelwegs markierte Wanderweg, der direkt am Gedächtnishaus endet. Zuerst aber empfiehlt es sich, gegenüber des Parkplatzes kurz dem zu den Häusern führenden Sträßchen zu folgen. Links von ihm steht nämlich ein Grenzstein von 1842 mit dem badischen und württembergischen Wappen, ähnlich wie der Stein oben am Gedächtnishaus.

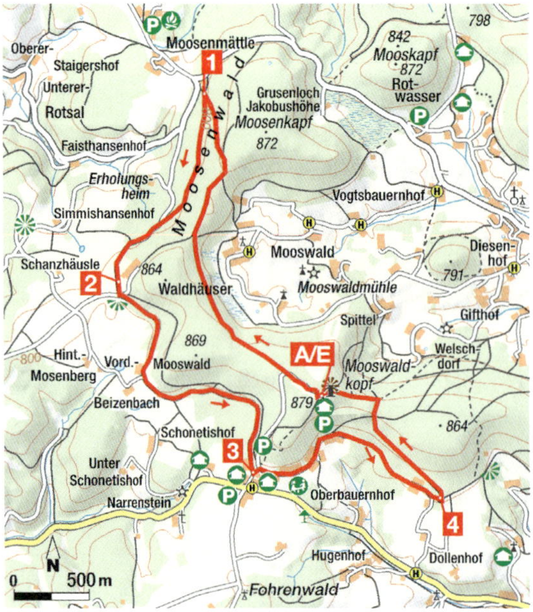

Erweiterung über den Dollenhof Wer die Wanderung noch etwas verlängern will, wandert weiter auf dem prächtigen Panoramaweg bis zum Schild **Dollenhof** (770 m) 4. Hier geht es nach links hinauf zum Schild Hochreutewald (844 m), wo wir links abbiegen. Wir wandern am Schild Am Mooswaldkopf vorbei und erreichen schließlich das **Gedächtnishaus Fohrenbühl** (879 m) und den **Fohrenbühlturm**. Ihn sollte man auf jeden Fall besteigen.

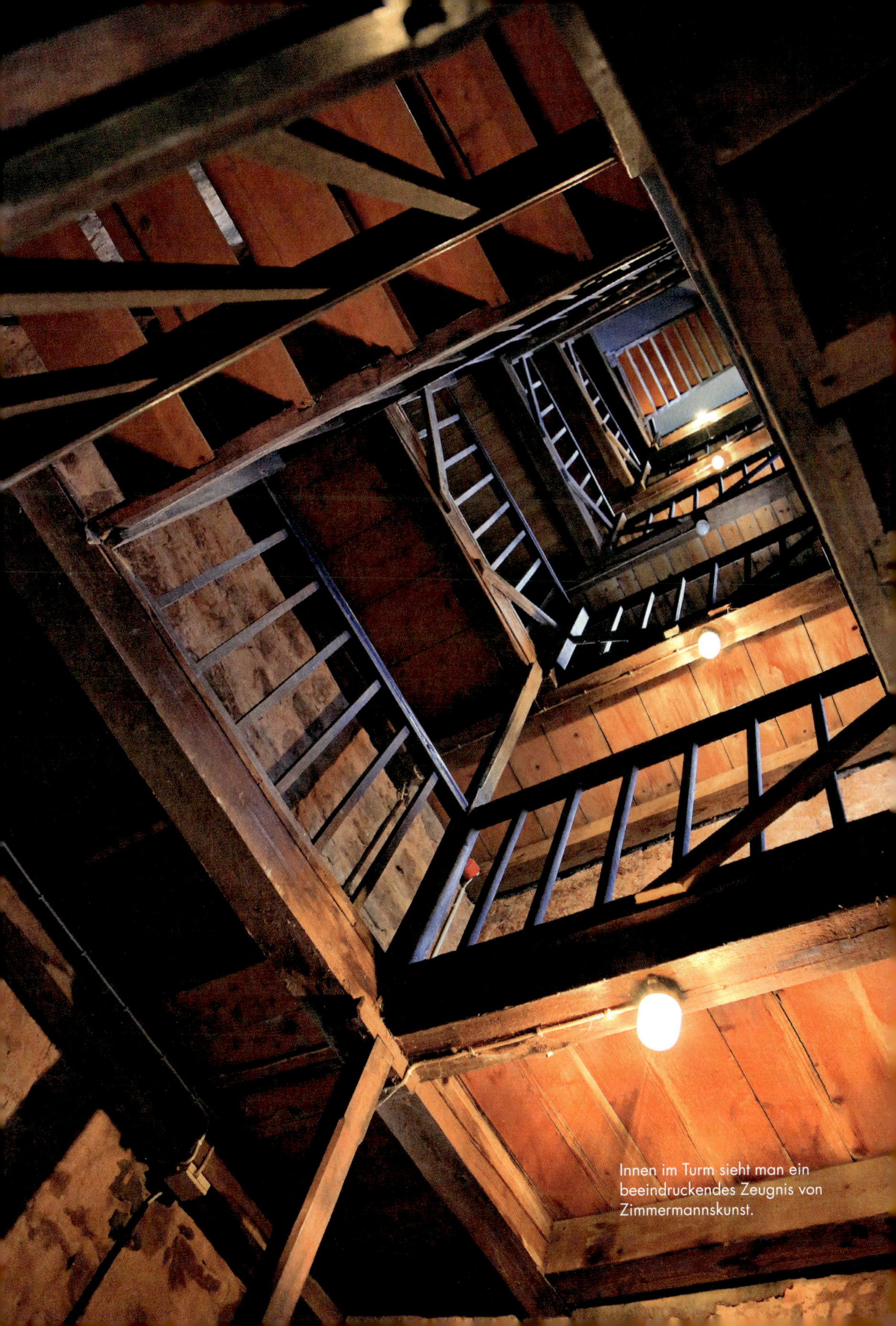

Innen im Turm sieht man ein beeindruckendes Zeugnis von Zimmermannskunst.

30 AugenBlick-Wanderung bei Tennenbronn

Höhenrunde zwischen Wald und Weiden

mittel | 7,5 km | 100 Hm | 2 Std.

Altersempfehlung
Ab 10 Jahren

Kinderwagen
Nein

Ausgangs-/Endpunkt
Schramberg-Tennenbronn, Wanderparkplatz Remsbach beim Ferienpark Tennenbronn oder Parkplatz Auerhahnweg (direkt davor), Ende der Affentälerstraße

GPS
48.204706, 8.353600

Karte
Wanderkarte W248 Furtwangen im Schwarzwald, 1:25 000, Landesamt für Geoinformation und Landentwicklung Baden-Württemberg (LGL) in Zusammenarbeit mit dem Schwarzwaldverein e.V.

Anfahrt
Auto: A81 bis Ausfahrt Rottweil, dann über Weiler und Hardt nach Westen und hinab zur L175, auf ihr nach links zum Ortsrand von Tennenbronn, dort in der Affentälestraße hinauf bis zum Ferienpark
Bus & Bahn: Bahn bis Oberndorf oder Rottweil, Bus bis Tennenbronn, Haltestelle Ferienpark; Info: www.efa-bw.de

Einkehr
Ferienpark

Information
www.schramberg.de

Diese Höhenrunde verläuft auf den Bergen oberhalb von Tennenbronn, wir gehen durch Weiden und schöne Waldstücke. Außerdem haben wir immer wieder eine schöne Aussicht, nicht zuletzt vom AugenBlick des Naturparks Schwarzwald Mitte/Nord.

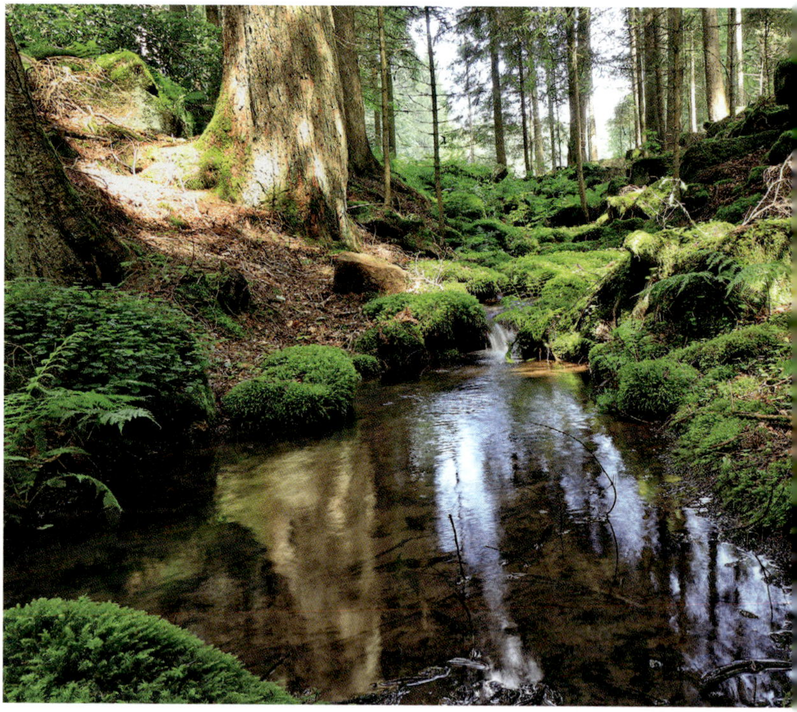

Durch Wald und über Wiesen zum AugenBlick Wir gehen vom Parkplatz mit dem Wanderschild **Bei Remsbach Ferienpark** (805 m) aus hinab zum Parkplatz Auerhahnweg. Dort biegen wir links ab in den Buchenweg. Vor dem ersten Haus orientieren wir uns links und spazieren etwas bergauf zum Wald. Dort wandern wir geradeaus weiter zu einem Asphaltweg, biegen rechts, dann aber gleich links ab.

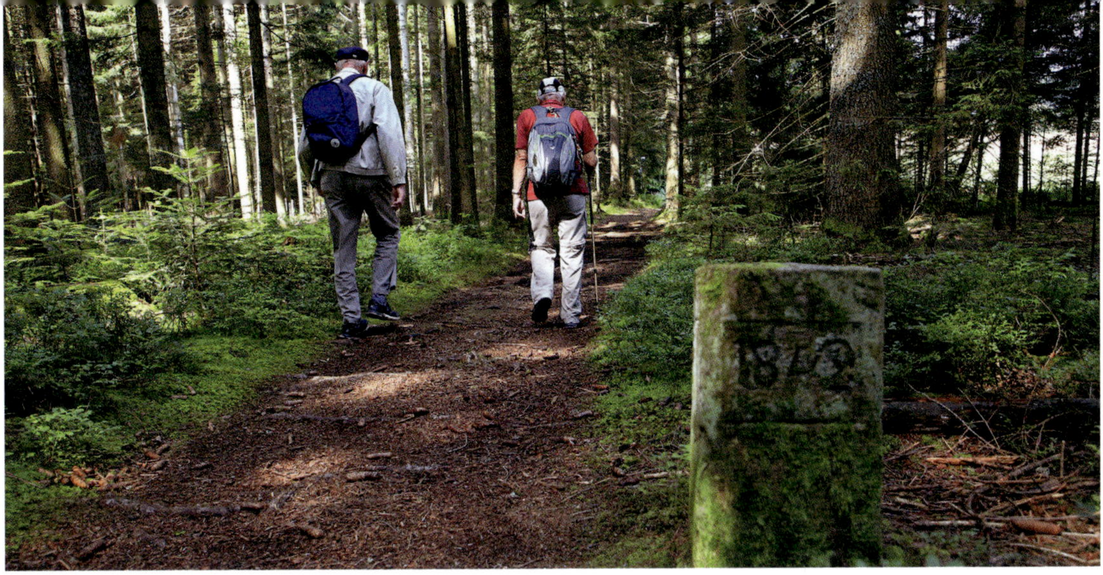

Die Wanderung führt an einigen alten Grenzsteinen vorbei.

Linke Seite: Idyllischer Bachlauf im Wald

Wir durchqueren ein kurzes Waldstück, danach bietet sich uns ein weiter Blick über die Wiesen. Nach einer Bank mit geschnitzten Eulen biegen wir am Schild Purpen (814 m) links ab in den Wald. Ihn verlassen wir bald wieder und gehen am Schild Purpen (813 m) geradeaus über die Wiese zum Schild Purpenmoos (821 m) und zum **AugenBlick** ❶ des Naturparks Schwarzwald Mitte/Nord. Hier ist auf einer Tafel die Aussicht erklärt.

Zur Grenze Danach gehen wir zum Wald. Nach ihm haben wir beim Schild Auf der Ecke (827 m) nach rechts einen freien Blick. Wir kommen wieder in den Wald, biegen aber kurz darauf vor einer Freifläche mit Häusern links ab. Kurz wandern wir auf einem Asphaltweg, dann werden wir nach links auf einen Pfad im Wald verwiesen. Er knickt an einer Waldecke mit dem Wald rechts ab. Bald überqueren wir beim Schild **Ecke** (823 m) ❷ ein Sträßchen. Nach links kann man hier die Tour abkürzen (gestrichelte Variante).

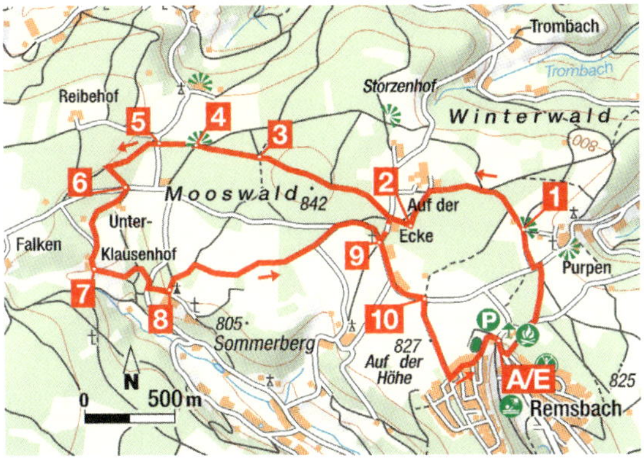

Tourencharakter

Wanderung ohne große Höhenunterschiede, auf Pfaden, festen Wegen und Sträßchen. Ein großer Teil des Weges verläuft parallel zum Auerhahnweg. Macht man nur die kurze Tour mit der angegebenen Abkürzung, ist die Strecke 3,2 km lang und nimmt etwa 50 Min. Zeit in Anspruch.

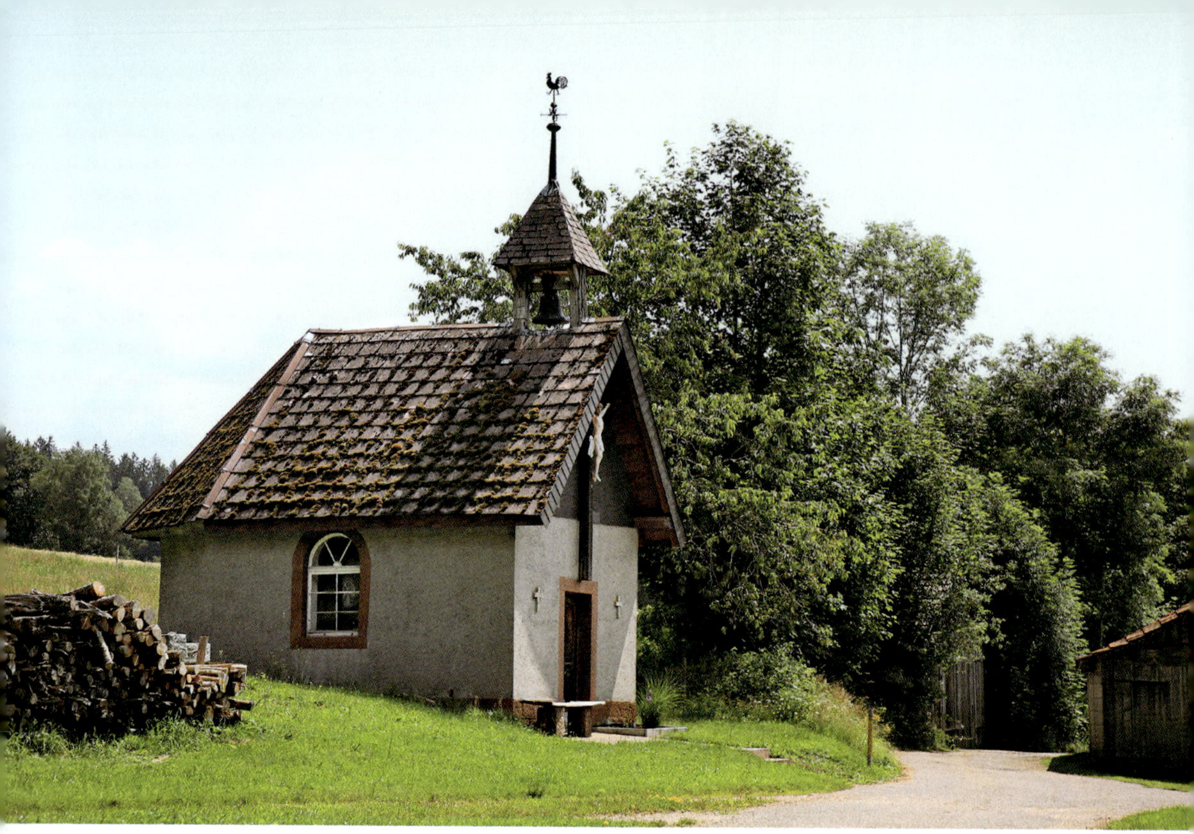

Kleine Hofkapelle beim Klausenhof

Ansonsten wandern wir weiter im Wald. Wo rechts hinter dem Waldrand die Wiese aufhört, biegen wir links ab. Wir gehen nun etwas durch den Wald bis zu einem unbefestigten breiten Weg. Hier spazieren wir geradeaus weiter. Nun führt uns der Weg entlang einer ehemaligen Grenze, was wir an **Grenzsteinen** 3 mit den Wappen des Großherzogtums Baden und des Königreichs Württemberg erkennen. Eine Informationstafel erklärt, was es mit den komplizierten Grenzen in Tennenbronn auf sich hat.

Zum Auerhahnbalzplatz

Am Schild **Sulzbachblick** (825 m) 4 sehen wir am Waldrand nicht nur den letzten Grenzstein, sondern haben auch wieder eine schöne Aussicht. Wir halten uns links, wandern weiter im Wald und kommen zum Schild überm Vogelandres (827 m) 5. Hier nehmen wir nach dem Sträßchen den am Schild links abgehenden Weg. Kurz darauf biegen wir am Schild Beim Schnapsbrenner (838 m) links ab und gehen auf einem unbefestigten Pfad hinab zur Straße 6.

Wir biegen rechts in die Straße ein, werden aber kurz darauf nach links auf einen auf den Karten nicht verzeichneten Pfad verwiesen. Er bringt uns zu einer **Infotafel** zum Auerhahnbalzplatz beziehungsweise zum Auerhahn und zu der Jagd auf ihn; hier finden wir auch eine Himmelsliege und einen geschnitzten Auerhahn.

Vorbei an Höfen Danach gehen wir hinab zu dem **Hof** und folgen vor ihm den Zeichen nach rechts in den Wald. Kurz darauf wandern wir am Waldrand entlang und kommen am Schild Unterfalken (816 m) vorbei. Bald erreichen wir einen **Bauernhof** 7. Bei ihm biegen wir links ab und gelangen in den Wald. Dort überqueren wir einen Bach, danach knickt der Weg rechts ab. An der Verzweigung beim Schild beim Klausenhof (783 m) gleich darauf verlassen wir den Auerhahnweg. Wir halten uns links und erreichen ein Sträßchen.

Im Sommer kann man auch weidenden Kühen begegnen.

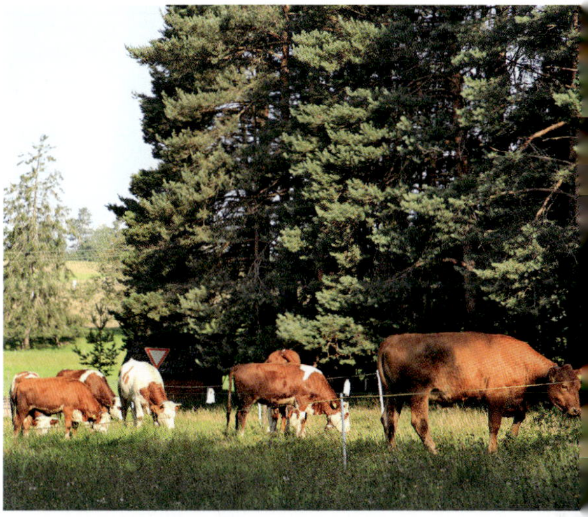

Nach ihm stoßen wir auf ein Bauernhaus mit tief herabgezogenem Dach, dem Klausenhof. Zwischen ihm und der kleinen **Hauskapelle** 8 biegen wir mit dem Zeichen links ab. An der Verzweigung im Wald halten wir uns rechts. Wir wandern danach links an einem Waldstück vorbei und biegen nach ihm rechts ab. Nun geht es zwischen Wiesen hindurch, dann durch ein kurzes Waldstück und danach einige Zeit am Waldrand entlang bis zu einer Straße.

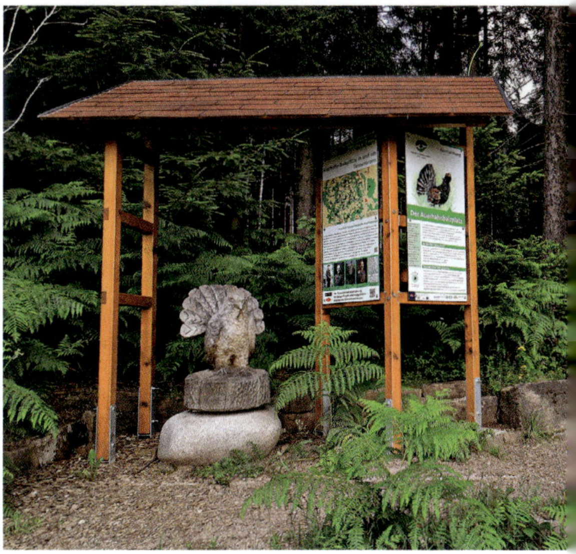

Zurück zum Ferienpark Hier biegen wir rechts ab und kommen zu einer Querstraße mit dem Schild **Ecke** (825 m) 9. Hier treffen auch diejenigen Wanderer ein, die die Abkürzung genommen haben. Wir folgen der Straße nach rechts, wandern am Schild Beim Auerhahn (825 m) vorbei und kommen zu einem langgestreckten Gehölz. Dort biegen wir beim Schild **Remsbachhöhe** (818 m) 10 rechts ab und erreichen den **Ferienpark**. Nach den ersten Häusern biegen wir links ab, an der Querstraße vor Haus Nr. 27 noch einmal. Nach kurzem Bergab sind wir wieder an unserem Ausgangspunkt.

Am Auerhahnbalzplatz gibt es interessante Informationen zu diesem selten gewordenen Vogel.

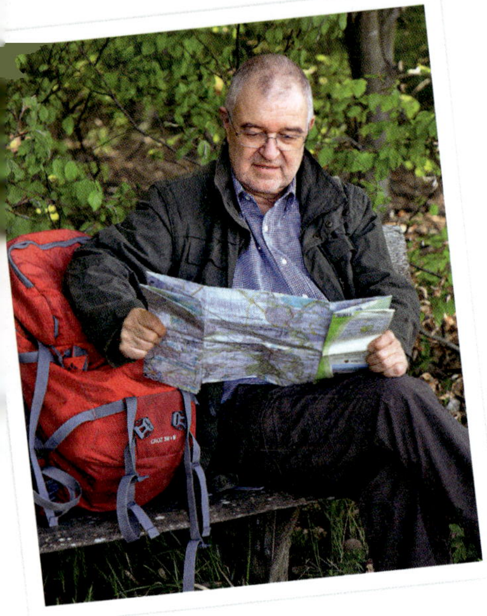

Zugabe

Als Wandermuffel unterwegs *Die Frage, was ein Wandermuffel eigentlich ist, hat sich sicher der eine oder andere schon gestellt. Nun, ein Wandermuffel ist sicher niemand, den man als »Kilometerfresser« bezeichnen würde, und wahrscheinlich auch keiner, der besonders anstrengende Touren bevorzugt. Der Wandermuffel möchte die Sache eher gemütlich angehen. Wandern, aber in Maßen. Deshalb sind die Touren in diesem Buch auch kürzer und weniger anstrengend als »normale« Wandervorschläge. Trotzdem sind es keine Spaziergänge.*

Bis in die Mitte des Schwarzwalds *In diesem Buch habe ich nicht die übliche Dreiteilung des Mittelgebirges vorgenommen, sondern es in eine nördliche und südliche Hälfte geteilt. Der beschriebene nördliche Schwarzwald endet in diesem Buch etwa im Kinzigtal, sodass auch ein Teil des mittleren Schwarzwalds enthalten ist, ebenso die Weinberge der Ortenau ganz im Westen, die am Schwarzwaldabhang zur Rheinebene hin stehen.*

Hotspots und Unbekanntes *Die Spanne der Touren dieses Buches reicht von den allgemein bekannten Hotspots bis zu verschwiegenen Touren, fast Geheimtipps. Das schließt bekannte und beliebte Ziele wie das Alte Schloss mit den Battertfelsen bei Baden-Baden und die Krokusblüte bei Zavelstein ebenso ein wie eine Einsiedlerhöhle bei Hirsau oder eine Umrundung des Vogelskopfes in der Nähe des Nationalparkhauses am Ruhestein – Touren also, die sicher nicht so sehr im Fokus der meisten Wanderer stehen.*

Ich wünsche Ihnen ein frohes und entspanntes Wandern, allzeit gutes Wetter und viele angenehme Begegnungen.

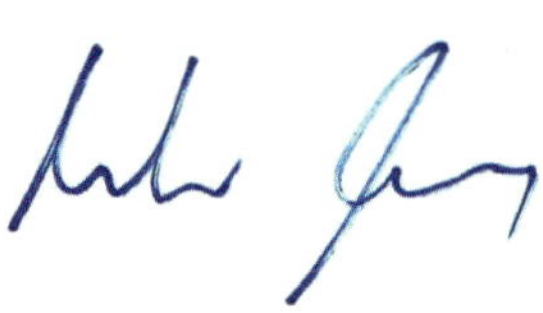

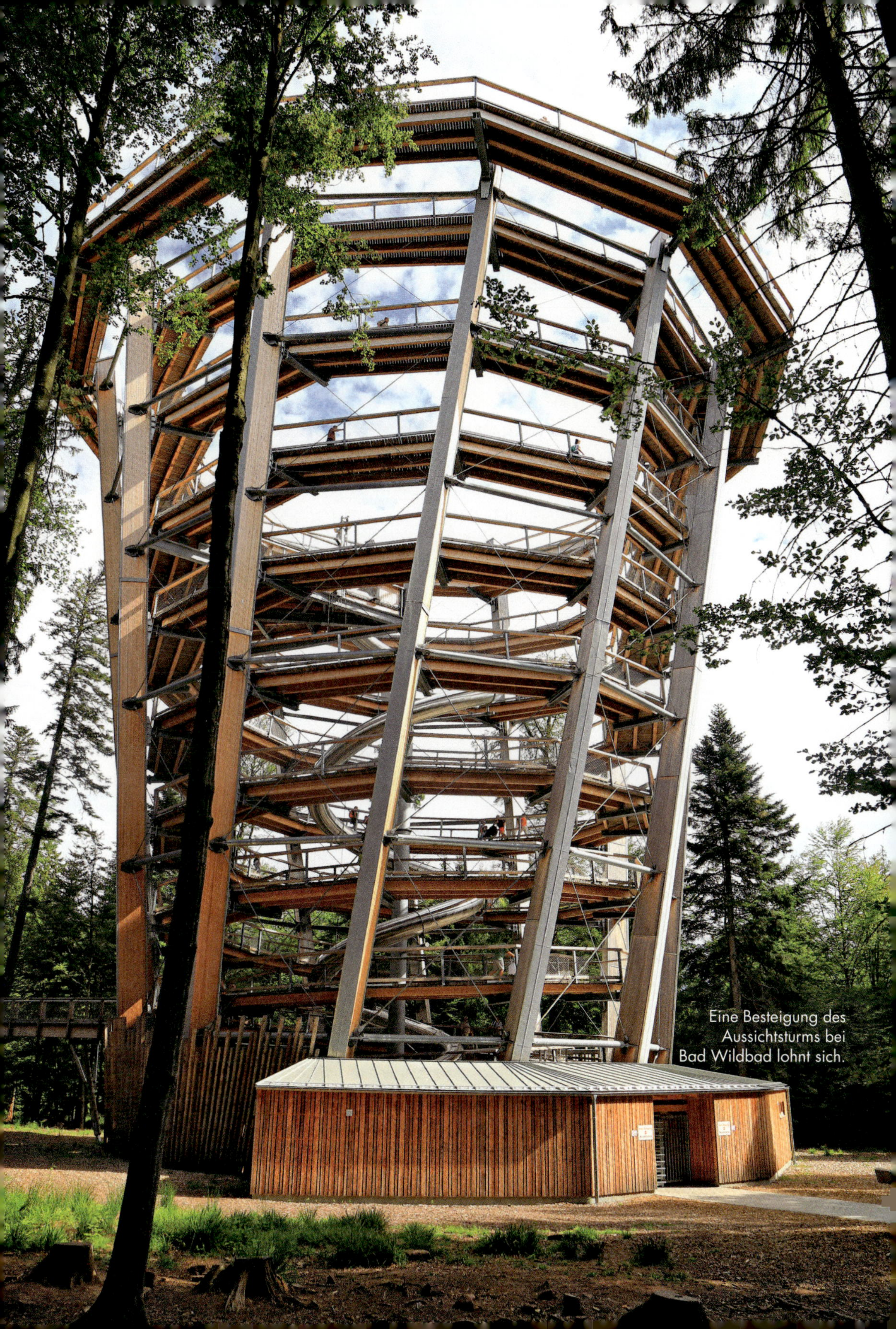

Eine Besteigung des Aussichtsturms bei Bad Wildbad lohnt sich.

Register

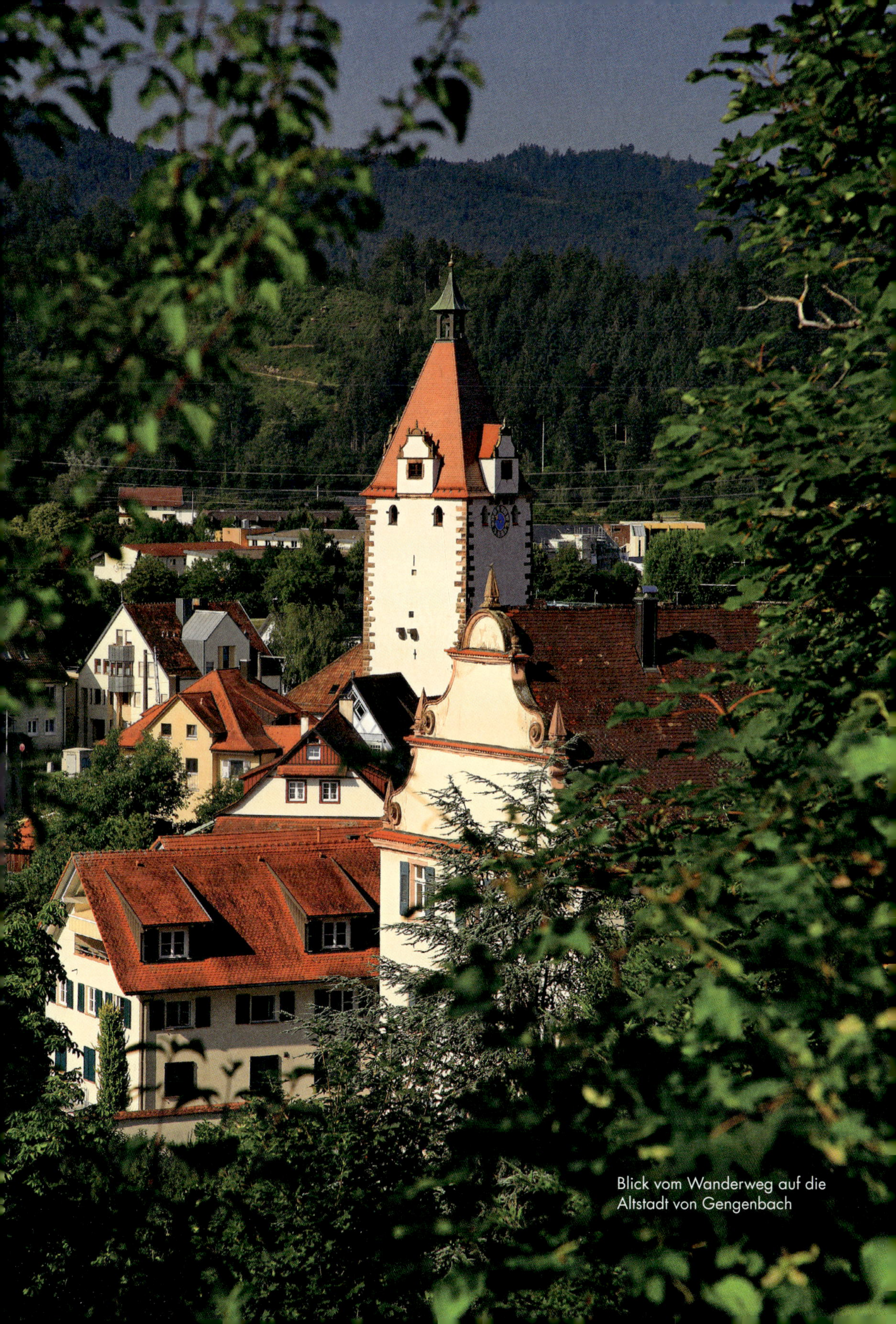

Blick vom Wanderweg auf die
Altstadt von Gengenbach

Ebenfalls erhältlich …

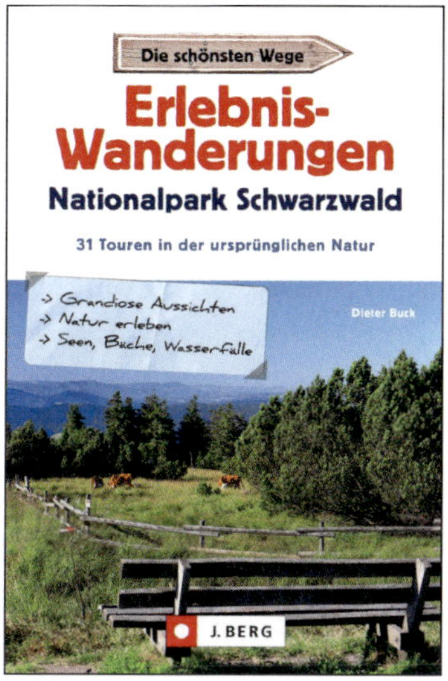

ISBN 978-3-86246-707-5

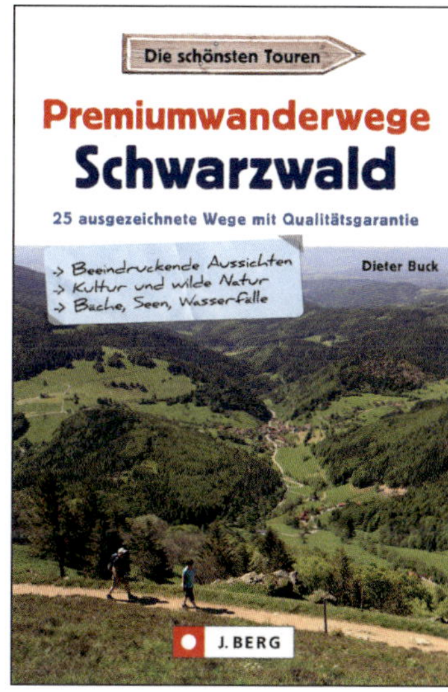

ISBN 978-3-86246-726-6

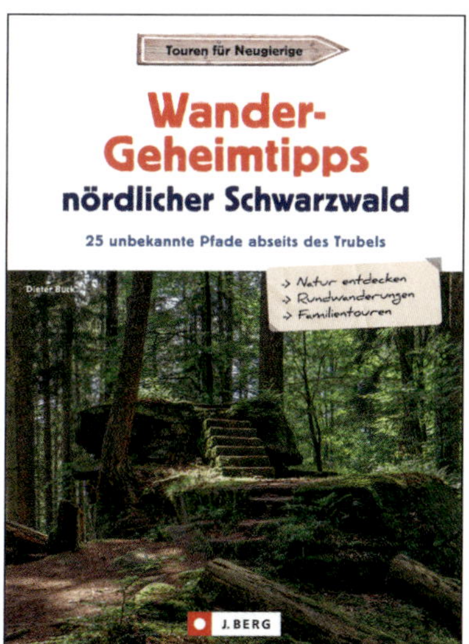

ISBN 978-3-86246-761-7

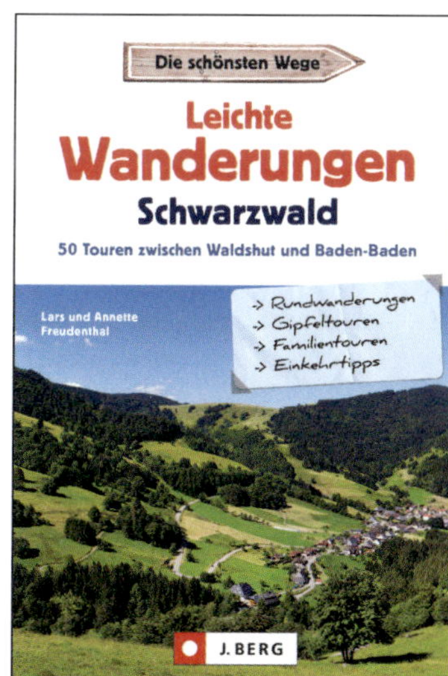

ISBN 978-3-86246-805-8

J. BERG

www.j-berg-verlag.de

Impressum

Verantwortlich: Sabine Klingan
Lektorat, Redaktion und Layout: Verlagsbüro Wais & Partner, Stuttgart
Kartografie: Bruckmann Kartografie, Heidi Schmalfuß
Repro: P.R.O. Medien
Herstellung: Bettina Schippel
Printed in Slovenia by Florjancic Tisk D.o.o.

★★★★★

Sind Sie mit diesem Titel zufrieden? Dann würden wir uns über Ihre Weiterempfehlung freuen. Erzählen Sie es im Freundeskreis, berichten Sie Ihrem Buchhändler oder bewerten Sie bei Onlinekauf. Und wenn Sie Kritik, Korrekturen, Aktualisierungen haben, freuen wir uns über Ihre Nachricht an Bruckmann Verlag, Postfach 40 02 09, D-80702 München oder per E-Mail an lektorat@verlagshaus.de

Unser komplettes Programm finden Sie unter www.j-berg-verlag.de

In diesem Buch wird aus Gründen der besseren Lesbarkeit das generische Maskulinum verwendet. Weibliche und anderweitige Geschlechteridentitäten werden dabei ausdrücklich mitgemeint, soweit es für die Aussage erforderlich ist.

Empfehlung der Redaktion
Sie sind auf der Suche nach weiterführender Literatur? Dann empfehlen wir Ihnen den Titel »Premium Wanderwege Schwarzwald« von Dieter Buck. Oder Sie werfen einen Blick in die Zeitschrift SCHÖNER SÜDWESTEN. Hier werden Sie bestimmt fündig.

Bildnachweis: Alle Bilder im Innenteil und auf den Umschlagseiten stammen vom Autor mit folgenden Ausnahmen: Autorenfotos S. 122 & Umschlagklappe (© Melanie Buck), S. 7 (Baiersbronn Touristik), S. 18, 19, 21 (© Stadt Ettlingen)
Umschlagvorderseite: Blick auf den Mummelsee, Tour 15 (Shutterstock/Arthur Palmer)
Umschlagrückseite: Aussicht zum Schliffkopfgipfel, Tour 17

Die Deutsche Nationalbibliothek verzeichnet diese Publikation in der Deutschen Nationalbibliografie; detaillierte bibliografische Daten sind im Internet über http://dnb.d-nb.de abrufbar.

ISBN 978-3-86246-822-5